聞いて覚えるコーパス英単語

キクタン
【 Basic 】
4000

英語の超人になる！
アルク学参シリーズ

「英語の超人になる！」
アルク学参シリーズ刊行に寄せて

大学合格のために必死で勉強する、これは素晴らしい経験です。しかし、単に大学に合格さえすればいいのでしょうか？ 現在の日本に必要なのは、世界中の人々とコミュニケーションを取り、国際規模で活躍できる人材です。総理大臣になってアメリカ大統領と英語で会談したり、ノーベル賞を受賞して英語で受賞スピーチを行ったり、そんなグローバルな「地球人」こそ求められているのです。アルクは、大学受験英語を超えた、地球規模で活躍できる人材育成のために、英語の学習参考書シリーズを刊行いたします。

Preface
最新の語彙習得メソッドが生んだ「ゼッタイに覚えられる」単語集です!

1日わずか16語、1分半でも大丈夫。「耳」と「目」からのダブルインプットで10週間後には4000語レベルに!

今まで何冊も単語集を買ったけれど、やり遂げることができなかったり、覚えることができなかった──そんな経験はありませんか? 『キクタンBasic 4000』は、そんな方のために作られた「ゼッタイに覚えられる」単語集です。では、「やり遂げる」にはどうすればいいのでしょうか?

答えは、1日の学習量にあります。本書は1日の学習語彙数を16語に限定。10週間、計70日の「スケジュール学習」ですので、必ずやり遂げることができます。また、「覚える」ためには「耳」からの学習が不可欠です。楽しい音楽に乗りながら語彙を身につけていく「チャンツCD」を2枚用意していますので、耳と目からの「ダブルインプット」で語彙の定着度が飛躍的に高まります。

今話題の「コーパス」を徹底分析! 出る順、レベル順に覚えられるので、ムリなくムダなく、語彙が身につく!

見出し語の選出には徹底的にこだわりました。過去の入試問題のデータに加え、膨大な数の書き言葉と話し言葉を集めたデータベース、「コーパス」をコンピューターで分析し、使用頻度(出る順)と難易度(レベル順)を基に見出し語を選んでいますので、ムリなくムダなく語彙を学習することが可能です。

将来、英語を使って世界に羽ばたいていく皆さんは、「受験英語」にとどまることない「実用英語」も身につけておく必要があります。本書は、生の英語を収めたコーパスを基に作られていますので、大学生そして社会人になってからも世界で渡り合える語彙力の素地が身につきます。「英語の超人」への第1歩を目指して、一緒に頑張りましょう!

Contents
**1日16語、10週間で
4000語レベルの1120語をマスター！**

まずは3週間をかけて 2000語レベルに！

Week 1
Page11 ▶ 41
★★☆☆
Level 1-2＿動詞 1〜7

Week 2
Page43 ▶ 73
★★☆☆
Level 1-2＿名詞 1〜5
副詞 1〜2

Week 3
Page75 ▶ 105
★★☆☆
Level 1-2＿形容詞 1〜3
多義語 1〜2
日常語 1〜2

ここで差がつく 3000語レベルへ！

Week 4
Page107 ▶ 137
★★★☆
Level 3＿動詞 1〜5
多義語 3〜4

Week 5
Page139 ▶ 169
★★★☆
Level 3＿名詞 1〜5
日常語 3〜4

Week 6
Page171 ▶ 201
★★★☆
Level 3＿形容詞 1〜3
多義語 5〜6
日常語 5〜6

4000語レベルを目指して ラストスパート！

Week 7
Page203 ▶ 233

★★★★
Level 4＿動詞 **1**〜**3**
人物 **1**〜**2**
社会 **1**〜**2**

Week 8
Page235 ▶ 265

★★★★
Level 4＿動詞 **4**〜**7**
科学 **1**〜**2**
政治 **1**

Week 9
Page267 ▶ 297

★★★★
Level 4＿名詞 **1**〜**6**
政治 **2**

Week 10
Page299 ▶ 329

★★★★
Level 4＿形容詞 **1**〜**4**
経済 **1**〜**3**

Preface
Page3

本書の4大特長
Page 6 ▶ 7

本書とCDの利用法
Page 8 ▶ 9

Index
Page 331 ▶ 353

【記号説明】
- ★：色のついた星マーク1つは「1000語レベル＝Level 1」を表します。
- CD-A1：「CD-Aのトラック1を呼び出してください」という意味です。
- ❶：発音とアクセントに注意すべき単語についています。
- ≒：同意語または類義語を表します。
- ⇔：反意語または反対語を表します。
- 動名形副前接助：順に、動詞、名詞、形容詞、副詞、前置詞、接続詞、助動詞を表します。
- ➕：補足説明を表します。
- 見出し語の定義中の（ ）：補足説明を表します。
- 見出し語の定義中の［ ］：言い換えを表します。
- ＊派生語・関連語の定義中では、（ ）は［ ］で扱われています。

だから「ゼッタイに覚えられる」!
本書の4大特長

1
最新のコーパスデータを徹底分析!

**試験に出る!
日常生活で使える!**

大学入試のための単語集である限り、「試験に出る」のは当然──。『キクタンBasic 4000』の目標は、そこから「実用英語」に対応できる語彙力をいかに身につけてもらうかにあります。見出し語の選定にあたっては、過去の入試問題のデータに加えて、最新の語彙研究であるコーパス*のデータを徹底的に分析。単に入試を突破するだけでなく、将来英語を使って世界で活躍するための土台となる「4000語レベルのBasic語彙」が選ばれています。

＊コーパス：実際に話されたり書かれたりした言葉を大量に収集した「言語テキスト・データベース」のこと。コーパスを分析すると、どんな単語がどのくらいの頻度で使われるのか、といったことを客観的に調べられるので、辞書の編さんの際などに活用されている。

2
「耳」と「目」をフル活用して覚える!

**「聞く単(キクタン)」!
しっかり身につく!**

「読む」だけでは、言葉は決して身につきません。私たちが日本語を習得できたのは、赤ちゃんのころから日本語を繰り返し「聞いてきた」から──『キクタンBasic 4000』は、この「当たり前のこと」にこだわり抜きました。本書では、音楽のリズムに乗りながら楽しく語彙の学習ができる「チャンツCD」を2枚用意。「耳」と「目」から同時に語彙をインプットしていきますので、「覚えられない」不安を一発解消。ラクラク暗記ができます!

『キクタンBasic 4000』では、過去の入試問題データと最新の語彙研究であるコーパスを基にして収録語彙を厳選していますので、「試験に出る」「日常生活で使える」ことは当然のことと考えています。その上で「いかに語彙を定着させるか」――このことを私たちは最も重視しました。ここでは、なぜ「出る・使える」のか、そしてなぜ「覚えられるのか」に関して、本書の特長をご紹介いたします。

3
1日16語、10週間の スケジュール学習！

ムリなく マスターできる！

「継続は力なり」、とは分かっていても、続けるのは大変なことです。では、なぜ「大変」なのか？ それは、覚えきれないほどの量の単語をムリに詰め込もうとするからです。本書では、「ゼッタイに覚える」ことを前提に、1日の学習語彙量を16語にあえて抑えています。さらに、10週間、計70日の「スケジュール学習」ですので、ペースをつかみながら、効率的・効果的に語彙を身につけていくことができます。

4
生活スタイルで選べる 3つの「モード学習」を用意！

1日最短1分半、 最長5分でOK！

今まで語彙集を手にしたとき、「どこからどこまでやればいいのだろう？」と思ったことはありませんか？ 見出し語と定義、派生語・関連語、フレーズ、例文……1度に目を通すのは、忙しいときには難しいものです。本書は、Check 1（単語＝見出し語＋定義）→Check 2（フレーズ）→Check 3（センテンス）と、3つのチェックポイントごとに学習できる「モード学習」を用意。生活スタイルやその日の忙しさに合わせて学習分量を調整することができます。

生活スタイルに合わせて選べる
Check 1▶2▶3の「モード学習」
本書とCDの利用法

Check 1

該当のCDトラックを呼び出して、「英語→日本語→英語」の順に収録されている「チャンツ音楽」で見出し語とその意味をチェック。時間に余裕がある人は、太字以外の定義と派生語も押さえておきましょう。

Check 2

Check 1で「見出し語→定義」を押さえたら、その語が含まれているフレーズをチェック。フレーズレベルで使用例を確認することで、学習語彙の定着度が高まります。

Check 3

Check 2のフレーズレベルから、Check 3ではセンテンスレベルへとさらに実践的な例に触れていきます。ここまで学習すると、「音」と「文字」で最低6回学習語彙に触れるので、定着度は格段にアップします。

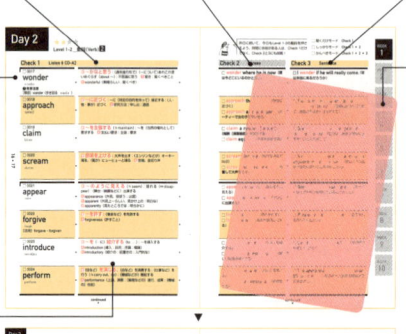

見出し語

1日の学習語彙は16語です。見開きの左側に学習語彙が掲載されています。「チャンツ音楽」は上から順に語が登場します。最初の8つの語彙が流れたら、ページをめくって次の8語に進みましょう。

定義・派生語

ここで使われている記号の意味は以下の通りです。動動詞、名名詞、形形容詞、副副詞、接接続詞、前前置詞、助助動詞。

チェックシート

本書に付属のチェックシートは復習用に活用してください。Check 1では見出し語の定義が身についているか、Check 2と3では訳を参照にしながらチェックシートで隠されている語がすぐに浮かんでくるかを確認しましょう。

Quick Review

前日に学習した語彙のチェックリストです。左ページに日本語、右ページに英語が掲載されています。時間に余裕があるときは、該当のCDトラックで「チャンツ音楽」も聞いておきましょう。

1日の学習量は4ページ、学習語彙数は16語となっています。1つの見出し語につき、定義と派生語を学ぶ「Check 1」、フレーズ中で語彙を学ぶ「Check 2」、センテンス中で学ぶ「Check 3」の3つの「モード学習」が用意されています。まずは、該当のCDトラックを呼び出して、「チャンツ音楽」のリズムに乗りながら見出し語と定義を「耳」と「目」で押さえましょう。時間に余裕がある人は、Check 2とCheck 3にもトライ！

こんなキミにオススメ！
3つの「学習モード」

部活に恋に忙しいA君には！

聞くだけモード
Check 1

学習時間の目安：1日1分半

とにかく忙しくて、できれば単語学習は短時間で済ませたい人にオススメなのが、Check 1だけの「聞くだけモード」。該当のCDトラックで「チャンツ音楽」を聞き流すだけでもOK。でも、時間があるときはCheck 2とCheck 3で復習も忘れずに！

けっこうマメなBさんには！

しっかりモード
Check 1 ▶ Check 2

学習時間の目安：1日3分

周囲からは「マメ」で通っているけれど、忘れっぽいのが玉にキズな人にオススメなのが、Check 1とCheck 2を学習する「しっかりモード」。声に出してフレーズを読む「音読」をすれば、定着度もさらにアップするはず。

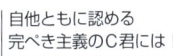
自他ともに認める
完ぺき主義のC君には！

かんぺきモード
Check 1 ▶ Check 2 ▶ Check 3

学習時間の目安：1日5分

やるからには完ぺきにしなければ気が済まない人には「かんぺきモード」がオススメ。ここまでやっても学習時間の目安はたったの5分。できればみんな「かんぺきモード」でパーフェクトを目指そう！

＊学習時間はあくまでも目安です。時間に余裕があるときは、チャンツ音楽を繰り返し聞いたり、フレーズやセンテンスの音読を重ねたりして、なるべく多く学習語彙に触れるように心がけましょう。
＊CDには見出し語と訳のみが収録されています。

WEEK 1

さあ、Week 1のスタートです！『キクタンBasic 4000』では、2000語、3000語、4000語のレベルごとに、動詞→名詞→形容詞の順で学習していきます。今週は動詞からスタート！

Day 1 【Level 1-2_動詞 1】
▶ 12
Day 2 【Level 1-2_動詞 2】
▶ 16
Day 3 【Level 1-2_動詞 3】
▶ 20
Day 4 【Level 1-2_動詞 4】
▶ 24
Day 5 【Level 1-2_動詞 5】
▶ 28
Day 6 【Level 1-2_動詞 6】
▶ 32
Day 7 【Level 1-2_動詞 7】
▶ 36

Week 1 Review
▶ 40

英語でコレ言える？
Can you say this in English?

カッコに入る語が分かったら、
あなたは2000語レベル?!

▼

この服似合ってる？
Do you think these clothes (　　　) me?

ほんと、よく似合ってる。
They really look nice on you.

彼もそう思ってくれればいいんだけど。
I hope my boyfriend thinks so too.

▼

答えはDay 6でチェック！

WEEK 1
WEEK 2
WEEK 3
WEEK 4
WEEK 5
WEEK 6
WEEK 7
WEEK 8
WEEK 9
WEEK 10

Day 1

★★☆☆

Level 1-2＿動詞(Verb) **1**

Check 1　　Listen)) CD-A1

☐ 0001
pray
/préi/
[同音] prey(餌食)
[類音] play([ゲーム]をする/pléi/)

動 (～を) **祈る**、懇願する (for ～)
名 prayer (祈り[の言葉] /préər/；お祈りする人 /préiər/)

☐ 0002
develop
/divéləp/

動 **～を発達[発展]させる**；(資源・製品など)を開発する；(病気)にかかる；(写真)を現像する
名 development (発達、成長；開発)
形 developing (発展[発達]途上の)

☐ 0003
inform
/infɔ́ːrm/

動 **～に**(…について)**知らせる** (about [of] …)；情報を提供する
名 information (情報；案内)
形 informative (有益な)、informed (見聞の広い)

☐ 0004
complain
/kəmpléin/

動 (～について) **不満を言う** (about [of] ～)；(～について)訴える (about [of] ～)

☐ 0005
examine
/igzǽmin/

動 **～を調査する** (≒ inspect、investigate)；～を診察する；(被告など)を尋問する；～に試験をする
名 examination (調査、検査；試験、テスト)

☐ 0006
owe
/óu/

動 **～を借りている**；(人など)に金銭上の借りがある；～について(…の)恩恵を被っている (to …)；(義務など)を(…に対して)負っている (to …)
形 owing ([金が]借りとなっている、未払いの)

☐ 0007
regard
/rigáːrd/

動 **～を**(…と)**見なす**、考える (as …) (≒ consider)；～を見る；～に注意を払う　名 尊敬、敬意；注意
形 regardless ([～に]注意しない [of ～])
前 regarding (～に関して、～について)

☐ 0008
create
/kriéit/

動 **～を創造する**；～を創作する；～を引き起こす
名 creation (創造；宇宙；創造物)、creature (生き物)
形 creative (創造的な)

---

continued
▼

いよいよDay 1のスタート！ 今週はLevel 1-2（2000語レベル）の動詞をチェック。Check 1のチャンツから始めよう。

☐ 聞くだけモード　Check 1
☐ しっかりモード　Check 1 ▶ 2
☐ かんぺきモード　Check 1 ▶ 2 ▶ 3

WEEK 1

Check 2　Phrase

☐ pray for his safety（彼の安全[無事]を祈る）
☐ pray twice a day（1日に2回お祈りをする）

☐ develop a civilization（文明を発展させる）
☐ develop the natural resources（天然資源を開発する）

☐ inform him of his admission（彼に入学許可を知らせる）

☐ complain about the food（食事について不満を言う）
☐ complain of a headache（頭痛を訴える）

☐ examine the records（記録を調査する）
☐ examine a patient（患者を診察する）

☐ owe $~ to my friend（友人に〜ドルの借りがある）
☐ owe my success to my parents（私の成功は両親のおかげだ）

☐ regard her as my best friend（彼女を親友と見なす）
☐ regard him suspiciously（彼を疑わしげに見る）

☐ create a new trend（新しい流行を創造する）
☐ create great paintings（素晴らしい絵画を創作する）

Check 3　Sentence

☐ She prayed for her father to get well.（彼女は父親が回復するように祈った）

☐ We developed a new plan to sell the product.（私たちはその製品を販売する新しい計画を立てた）

☐ I informed them about the surprise party.（私はそのびっくりパーティーについて彼らに知らせた）

☐ You shouldn't complain so much.（そんなに不平を言うべきではない）

☐ The police examined the scene of the accident.（警察は事故の現場を調査した）

☐ I owe you 1,000 yen.（私はあなたに1000円借りている）

☐ He is regarded as the most successful scientist in the country.（彼は、この国で最も成功した科学者と見なされている）

☐ A sculpture was created for the lobby of the building.（その建物のロビーに彫刻作品が作られた）

WEEK 2
WEEK 3
WEEK 4
WEEK 5
WEEK 6
WEEK 7
WEEK 8
WEEK 9
WEEK 10

continued
▼

Day 1

Check 1　Listen))) CD-A1

0009 warn /wɔ́ːrn/
- 動 **〜に（…を）警告する**、注意する（of [against, about]...）；〜に（…を）通知する（of [about]...）
- 名 warning（警告、注意；戒告；[危険などの]前兆）

0010 remain /riméin/
- 動（依然として）**〜のままである**（≒keep）；（ある場所に）とどまる（≒stay ⇔leave）；残っている　名 残り；遺跡

0011 announce /ənáuns/
- 動 **〜を（…に）公表する**、知らせる（to...）
- 名 announcement（公告、公表、発表）

0012 blame /bléim/
- 動（…ということで）**〜を非難する**（for...）（⇔praise）；〜の責任を（…に）負わせる（on...）　名 責任；非難
- 形 blameless（罪[欠点]のない、非難の余地がない）

0013 gain /géin/
- 動 **〜を得る**（≒get、obtain）；（価値・力など）を増す；（時計が）〜秒[分、時間]進む（⇔lose）　名 増加；利益

0014 add /æd/
- 動 **〜を（…に）加える**（to...）；（数字）を合計する；〜と言い足す
- 名 addition（追加；追加分；増築部分）
- 形 additional（追加の；余分の）

0015 deal /díːl/　[活用] dealt - dealt
- 動（問題などを）**扱う**（with 〜）；（〜に対して）対処する（with 〜）；（〜と）取引する（with 〜）　名 商取引、契約
- 名 dealer（販売人、販売店、業者）

0016 repair /ripéər/
- 動 **〜を修理する**（≒fix）；（人との関係）を修復する；（健康など）を取り戻す；（損失など）を償う　名 修理
- 名 reparation（[〜s] 賠償金；賠償、補償）

Check 2　Phrase

- ☐ warn him of the dangers of smoking（彼に喫煙の危険について警告する）

- ☐ remain quiet for a while（しばらく静かにしている）
- ☐ remain at home（家に残る）

- ☐ announce one's engagement（婚約を発表する）
- ☐ announce dinner（夕食の用意ができたと知らせる）

- ☐ Don't blame me（私のせいにしないでください）
- ☐ blame the defeat on their coach（敗北をコーチのせいにする）

- ☐ gain a victory（勝利を勝ち取る）
- ☐ gain weight（体重が増える）

- ☐ add 3 to 5（5に3を加える）
- ☐ add up the numbers（数字を合計する）

- ☐ deal with a problem（問題を処理する）
- ☐ deal with stress（ストレスに対処する）

- ☐ repair the car（車を修理する）
- ☐ repair one's health（健康を取り戻す）

Check 3　Sentence

- ☐ We were warned about pickpockets.（私たちはすりに注意するよう警告を受けていた）

- ☐ Some stores remain open until midnight.（真夜中まで開いている店もある）

- ☐ The company announced new rules for its workers.（その会社は従業員に新しい社則を知らせた）

- ☐ The speeding driver was blamed for the accident.（スピードを出しすぎた運転手はその事故でとがめを受けた）

- ☐ He couldn't gain access to the website.（彼はそのウェブサイトにアクセスできなかった）

- ☐ I think you need to add more sugar.（砂糖をもう少し加える必要があると思う）

- ☐ You have to deal with this matter soon.（あなたはすぐにこの問題を片づけなければならない）

- ☐ He tried to repair the hole in the roof.（彼は屋根の穴を修理しようとした）

WEEK 1
WEEK 2
WEEK 3
WEEK 4
WEEK 5
WEEK 6
WEEK 7
WEEK 8
WEEK 9
WEEK 10

Day 2

★★☆☆

Level 1-2＿動詞(Verb) **2**

Check 1　Listen 》CD-A2

☐ 0017
wonder
/wʌ́ndər/
❶発音注意
[類音] wander（歩き回る）/wɑ́ndər/

動 **〜かなと思う**；（通例進行形で）（〜について）あれこれ思いめぐらす（about 〜）；不思議に思う　名 驚き；驚くべきこと
形 wonderful（素晴らしい；驚くべき）

☐ 0018
approach
/əpróutʃ/

動 **〜に近づく**；〜に（特定の目的を持って）接近する；（人・物・事が）近づく　名 研究方法；申し出；通路

☐ 0019
claim
/kléim/

動 **〜を主張する**（≒maintain）；〜を（当然の権利として）要求する　名 支払い要求；主張；要求

☐ 0020
scream
/skríːm/

動 **悲鳴を上げる**；大声を出す；（エンジンなどが）キーキー鳴る、（風が）ヒューヒューと鳴る　名 悲鳴、金切り声

☐ 0021
appear
/əpíər/

動 **〜のように見える**（≒seem）；現れる（⇔disappear）；（舞台・映画などに）出演する
名 appearance（外見、容ぼう；出現）
形 apparent（外見上〜らしい、見かけ上の；明白な）
副 apparently（見たところでは；明らかに）

☐ 0022
forgive
/fərɡív/
[活用] forgave - forgiven

動 **〜を許す**；（借金など）を免除する
名 forgiveness（許すこと）

☐ 0023
introduce
/ìntrədjúːs/

動 **〜を**（…に）**紹介する**（to …）；〜を導入する
名 introduction（導入；採用；序論；概論）
形 introductory（紹介の；前置きの；入門的な）

☐ 0024
perform
/pərfɔ́ːrm/

動 （役など）**を演じる**、（曲など）を演奏する；（仕事など）を行う（≒carry out, do）；（機械などが）機能する
名 performance（上演、演奏；[業務などの] 遂行、成果；[機械の] 性能）

continued
▼

昨日に続いて、今日もLevel 1-2の動詞を押さえよう。時間に余裕がある人は、Check 1だけでなく、Check 2と3にも挑戦！

- ☐ 聞くだけモード　Check 1
- ☐ しっかりモード　Check 1 ▶ 2
- ☐ かんぺきモード　Check 1 ▶ 2 ▶ 3

WEEK 1

Check 2　Phrase

☐ wonder where he is now（彼は今どこにいるのかと思う）

☐ approach the building（建物に近づく）
☐ approach a girl at a party（パーティーで女の子に言い寄る）

☐ claim a reward [damages]（報酬［損害賠償］を請求する）
☐ claim equality（平等を要求する）

☐ scream for help（助けを求めて叫ぶ）
☐ scream with excitement（興奮して大声を出す）

☐ appear (to be) sad（悲しそうに見える）
☐ appear on television（テレビに出演する）

☐ forgive an insult（無礼を許す）
☐ forgive a debt（借金を帳消しにする）

☐ introduce a guest（ゲストを紹介する）
☐ introduce a new system（新しい制度を導入する）

☐ perform a ballet（バレエを演じる）
☐ perform an operation（手術をする）

Check 3　Sentence

☐ I wonder if he will really come.（彼は本当に来るだろうか）

☐ The noise gets louder as you approach the factory.（工場に近づくにつれて、騒音はうるさくなってくる）

☐ She claimed that the president had lied to her.（彼女は、社長が彼女にうそをついたと主張した）

☐ She screamed when the monster appeared on the screen.（彼女はその怪物が画面に現れると悲鳴を上げた）

☐ Gary appeared very upset.（ゲーリーはとても気が動転しているようだった）

☐ Please try to forgive me.（どうか私を許してください）

☐ Let me introduce myself.（自己紹介させてください）

☐ The opera was performed in over 20 countries.（そのオペラは20カ国以上で公演された）

WEEK 2 / WEEK 3 / WEEK 4 / WEEK 5 / WEEK 6 / WEEK 7 / WEEK 8 / WEEK 9 / WEEK 10

continued ▼

Day 2

Check 1　Listen 》CD-A2

0025 raise /réiz/
動 **～を持ち上げる**、上げる（≒lift ⇔lower）；（レベル・水準など）を向上させる；（子ども）を育てる　●対応する自動詞はrise（上がる）　名 昇給

0026 gather /gǽðər/
動 **集まる**；（速度・勢いなど）を増す；～を集める（⇔separate）；～を（観察して）知る　名（～s）（布などの）ひだ
名 gathering（集まり、集会）

0027 mean /míːn/
［活用］meant - meant
［同音］mean（卑劣な）
動 **～を意味する**；～を（…のつもりで）言う（as [for] …）；～するつもりである（to do）
名 meaning（意味；意図）
形 meaningful（意味のある）、meaningless（意味のない）

0028 reserve /rizə́ːrv/
動 **～を予約する**（≒book）；～を取っておく（≒keep）；（権利など）を保留する　名 蓄え、備え；慎み、控えめ
名 reservation（予約；特別保留地）
形 reserved（控えめな、遠慮がちな；予約してある）

0029 prepare /pripéər/
動 **～を用意する**、～を準備する；（～に備えて）準備する（for ～）
名 preparation（［しばしば～s］用意、準備、支度）
形 preparatory（準備の、予備の）

0030 lend /lénd/
［活用］lent - lent
動 **～を貸す**（⇔borrow）；（支援など）を与える

0031 guess /gés/
動 **～を推測する**；～を解き当てる；（根拠はないが何となく）～と思う　名 推測、推量

0032 suffer /sʌ́fər/
動 **（～に）苦しむ**（from ～）；（苦痛など）を経験する；（損害など）を被る；（商売などが）悪くなる
名 suffering（苦しむこと、苦痛、不幸）、sufferer（病人；被災者；被害者）

Day 1 》CD-A1
Quick Review
答えは右ページ下

- □ 祈る
- □ ～を発達させる
- □ ～に知らせる
- □ 不満を言う
- □ ～を調査する
- □ ～を借りている
- □ ～を見なす
- □ ～を創造する
- □ ～に警告する
- □ ～のままである
- □ ～を公表する
- □ ～を非難する
- □ ～を得る
- □ ～を加える
- □ 扱う
- □ ～を修理する

Check 2 Phrase

- raise one's head (顔を上げる)
- raise one's status (昇進する)

- gather in crowds (群を成して集まる)
- gather speed (速度を増す)

- mean nothing (何も意味しない)
- What do you mean by that? (それはどういう意味ですか?)

- reserve a ticket (チケットを予約する)
- reserve money for the future (将来のためにお金を取っておく)

- prepare an expedition (探検の準備をする)
- prepare for the worst (最悪の事態に備える)

- lend money (お金を貸す)
- lend support to ~ (~を援助する)

- guess his age (彼の年齢を推測する)
- guess the answer (答えを解き当てる)

- suffer from poverty (貧困に苦しむ)
- suffer heavy losses (大損害を被る)

Check 3 Sentence

- If you have any questions, raise your hand. (質問があれば、手を挙げてください)

- Reporters gathered around the movie star. (レポーターたちがその映画スターの周りに集まった)

- What does this word mean in Japanese? (この単語は日本語でどういう意味ですか?)

- I'd like to reserve a table for two at 6 o'clock. (6時に2人分のテーブルを予約したいのですが)

- She spent all day preparing the meal. (彼女は食事の準備をして1日を過ごした)

- I can't lend you my car this weekend. (今週末は、私の車をあなたに貸すことができない)

- I guess it takes about 10 minutes to get there. (そこへ着くのに10分くらいかかるだろう)

- She suffers from headaches. (彼女は頭痛に苦しんでいる)

WEEK 1 · WEEK 2 · WEEK 3 · WEEK 4 · WEEK 5 · WEEK 6 · WEEK 7 · WEEK 8 · WEEK 9 · WEEK 10

Day 1))CD-A1
Quick Review
答えは左ページ下

- [ ] pray
- [ ] develop
- [ ] inform
- [ ] complain
- [ ] examine
- [ ] owe
- [ ] regard
- [ ] create
- [ ] warn
- [ ] remain
- [ ] announce
- [ ] blame
- [ ] gain
- [ ] add
- [ ] deal
- [ ] repair

Day 3

★★☆☆
Level 1-2＿動詞(Verb) **3**

Check 1   Listen ») CD-A3

0033
doubt
/dáut/
- 動 **〜を疑う**、〜を信じない；〜を疑問に思う 名 疑い；疑惑、疑念
- 形 doubtful（疑わしい；疑っている）
- 副 doubtless（確かに；多分）

0034
exist
/igzíst/
- 動 **存在する**；生存する（≒ live）；生き延びる（≒ survive）；（制度などが）存続する
- 名 existence（存在；生活、暮らし）

0035
waste
/wéist/
❶発音注意
[同音] waist（腰［のくびれ］）
- 動 （金・時間など）**を浪費する**、（機会など）を逃す（≒ miss）；（体力などが）衰弱する 名 浪費；ごみ、廃棄物
- 形 wasteful（無駄の多い）

0036
separate
/sépərèit/
❶アクセント注意
- 動 **〜を分ける**、隔てる；〜を（…から）引き離す（from ...）；別居する 形（/sépərət/）離れた；個々の；個別の
- 名 separation（分離；別離；別居）
- 副 separately（離れて、別々に；単独に）

0037
propose
/prəpóuz/
- 動 **〜を提案する**（≒ suggest）；〜するつもりである（to do [-ing]）；結婚を申し込む
- 名 proposal（計画；案；結婚の申し込み）、proposition（主張、陳述；提案、計画）

0038
deny
/dinái/
- 動 **〜を否定する**（⇔ admit）；（要求など）を与えない、拒否する
- 名 denial（否定；拒否）

0039
bow
/báu/
❶発音注意
[類音] bow（弓 /bóu/）
- 動 （〜に）**おじぎをする**、頭を下げる（to 〜）；（〜に）屈服する（to 〜） 名 おじぎ、会釈

0040
join
/dʒɔ́in/
- 動 **〜に参加する**、加わる（≒ participate [take part] in）；〜を（…に）つなぐ（to ...）（≒ attach）
- 名 joint（関節；人の集まる所）

continued
▼

チャンツを聞く際には、「英語→日本語→英語」の2回目の「英語」の部分で声に出して読んでみよう。そのほうが、定着度が倍増するはず！

- ☐ 聞くだけモード　Check 1
- ☐ しっかりモード　Check 1 ▶ 2
- ☐ かんぺきモード　Check 1 ▶ 2 ▶ 3

WEEK 1

Check 2　Phrase

☐ doubt his word（彼の言葉を疑う）

☐ exist in a variety of forms（さまざまな形で存在する）

☐ waste one's money（お金を浪費する）
☐ waste one's chance（チャンスを棒に振る）

☐ separate the garbage（ごみを分別する）
☐ separate church from state（政教を分離する）

☐ propose a new plan（新しい計画を提案する）
☐ propose to study abroad（留学するつもりだ）

☐ deny a charge（罪状を否認する）
☐ deny a request（要求を拒否する）

☐ bow to the audience（聴衆におじぎする）
☐ bow to public criticism（世論の批判に屈する）

☐ join the line（列に並ぶ）
☐ join the island to the mainland（島を本土とつなぐ）

Check 3　Sentence

☐ I doubt his story is true.（私は彼の話が本当かどうか疑っている）

☐ Many people believe that God exists.（多くの人々が神は存在すると信じている）

☐ Don't waste your time.（時間を無駄にしてはいけません）

☐ He separated the two boys who were fighting.（彼は、けんかをしている2人の少年を引き離した）

☐ He proposed a change to the meeting time.（彼は会議の時間の変更を提案した）

☐ I denied the accusation.（私は言いがかりを否定した）

☐ Japanese people often bow when they meet each other.（日本人はお互いに出会うとしばしば会釈する）

☐ Why don't you join us for a game of tennis?（私たちのテニスの試合に参加しませんか？）

WEEK 2
WEEK 3
WEEK 4
WEEK 5
WEEK 6
WEEK 7
WEEK 8
WEEK 9
WEEK 10

continued
▼

Day 3

Check 1　Listen)) CD-A3

0041 accept /æksépt/
- 動 **〜を受け取る**（⇔refuse）；（説明など）を受け入れる、容認する（≒admit）
- 名 acceptance（受け入れ、承諾；賛成）
- 形 acceptable（承諾し得る、満足できる；好ましい）

0042 solve /sálv/
- 動 （問題など）**を解く**；（困難など）を解決する
- 名 solution（解決；解決策）

0043 contain /kəntéin/
- 動 **〜を含む**；（人数）を収容できる；（感情など）を抑える；〜を封じ込める

0044 agree /əgríː/
- 動 （人と）**意見が一致する**（with 〜）（⇔disagree）；賛成する
- 名 agreement（協定、契約；同意、合意）
- 形 agreeable（適当な、好都合な；愛想のよい）

0045 measure /méʒər/ ❶発音注意
- 動 （寸法・量など）**を測る**；〜を評価する、見積もる　名 （通例〜s）手段、対策；測定、計測
- 名 measurement（[通例〜s] 寸法；測定、計測）

0046 provide /prəváid/
- 動 **〜を与える**；〜に（…を）提供[供給]する（with ...）；〜を（…に）提供[供給]する（to ...）（≒supply）；〜と規定する
- 名 provision（供給；規定、条項）
- 接 provided（〜という条件で、もし〜ならば）

0047 awake /əwéik/
[活用] awaked/awoke - awaked/awoke(n)
- 動 **目が覚める**、起きる（≒wake）；（危険などに）気づく（to 〜）　形 目が覚めて；（〜に）気づいて（to 〜）

0048 remember /rimémbər/
- 動 **〜を覚えている**；〜を思い出す；忘れずに〜する（to do）；〜したことを覚えている（-ing）
- 名 remembrance（記憶；思い出）

Day 2)) CD-A2　Quick Review　答えは右ページ下

- □ かなと思う
- □ 〜に近づく
- □ 〜を主張する
- □ 悲鳴を上げる
- □ 〜のように見える
- □ 〜を許す
- □ 〜を紹介する
- □ 〜を演じる
- □ 〜を持ち上げる
- □ 集まる
- □ 〜を意味する
- □ 〜を予約する
- □ 〜を用意する
- □ 〜を貸す
- □ 〜を推測する
- □ 苦しむ

Check 2 Phrase

- ☐ accept a gift（贈り物を受け取る）
- ☐ accept a majority opinion（多数派の意見を受け入れる）

- ☐ solve a problem（問題を解く）
- ☐ solve the crime（犯罪を解決する）

- ☐ contain a lot of vitamins（ビタミン類を多く含む）
- ☐ contain 20,000 people（2万人を収容できる）

- ☐ agree with him on the issue（その問題で彼と意見が一致する）
- ☐ agree to the plan（計画に賛成する）

- ☐ measure distance（距離を測る）
- ☐ measure one's words（言葉を吟味する、よく考えてものを言う）

- ☐ provide a coupon（クーポンを提供する）
- ☐ provide customers with a service（顧客にサービスを提供する）

- ☐ awake from a dream（夢から覚める）
- ☐ awake to the danger（危険に気づく）

- ☐ remember the event clearly（その出来事をはっきり覚えている）
- ☐ remember to water the flowers（忘れずに花に水をやる）

Check 3 Sentence

- ☐ Do you accept traveler's checks?（トラベラーズチェックは使えますか?）

- ☐ They weren't able to solve the puzzle.（彼らはそのパズルを解けなかった）

- ☐ This coffee contains sugar and cream.（このコーヒーには砂糖とクリームが入っている）

- ☐ He didn't agree with his parents.（彼は両親と意見が一致しなかった）

- ☐ I measured the cupboard before I bought it.（私は買う前に、その食器棚の大きさを測った）

- ☐ We provide parts to more than 50 companies.（私たちは部品を50以上の会社に供給している）

- ☐ I awoke when the telephone rang.（電話が鳴って、私は目が覚めた）

- ☐ Do you remember the way to Jane's house?（ジェーンの家までの道順を覚えていますか?）

| Day 2))) CD-A2
Quick Review
答えは左ページ下 | ☐ wonder
☐ approach
☐ claim
☐ scream | ☐ appear
☐ forgive
☐ introduce
☐ perform | ☐ raise
☐ gather
☐ mean
☐ reserve | ☐ prepare
☐ lend
☐ guess
☐ suffer |

WEEK 1
WEEK 2
WEEK 3
WEEK 4
WEEK 5
WEEK 6
WEEK 7
WEEK 8
WEEK 9
WEEK 10

Day 4

★★☆☆
Level 1-2 ＿動詞(Verb) **4**

Check 1　Listen 》CD-A4

0049 disappear /dìsəpíər/
- 動 (視界から) **消える** (⇔appear)；なくなる；消滅する (≒vanish)
- 名 disappearance (消失、消滅；失踪)

0050 feed /fíːd/ [活用] fed - fed
- 動 **～に餌を与える**；～に肥料を与える；～に (…を) 供給する (with . . .)　名 飼料；ラジオ [テレビ] 放送；供給装置
- 名 feeder (餌箱；[鉄道・道路の] 支線)

0051 mention /ménʃən/ [類音] mansion (大邸宅 /mǽnʃən/)
- 動 **～に言及する** (≒refer to)；～と言う　名 言及；寸評

0052 hate /héit/
- 動 **～をひどく嫌う** (≒dislike ⇔love)；～することを嫌う (to do [-ing])；～するのを残念に思う (to do [-ing])　名 憎悪、嫌悪
- 名 hatred (憎しみ、憎悪)
- 形 hateful (憎い；不愉快な)

0053 notice /nóutis/
- 動 **～に気がつく**；～に (…するように) 通知 [通告] する (to do)　名 掲示、告示；通知；注意
- 動 notify (～に通知する；～に […を] 知らせる [of . . .])
- 形 noticeable (目立つ、顕著な)

0054 hide /háid/ [活用] hid - hidden/hid
- 動 **～を隠す** (≒conceal)；隠れる；(感情など) を包み隠す；(情報など) を秘密にする

0055 punish /pʌ́niʃ/
- 動 **～を** (悪事などで) **罰する** (for . . .)
- 名 punishment (罰、処罰；ひどい扱い)

0056 suggest /səgdʒést/
- 動 **～を提案する** (≒propose)；～だと示唆 [暗示] する (≒imply)
- 名 suggestion (提案；気配、気味)
- 形 suggestive (示唆 [暗示] 的な；[～を] 連想させる [of ～])

continued
▼

チェックシートを使ってる? 復習の際には、Check 1では定義（意味）を、Check 2と3では見出し語がすぐに浮かんでくるかをチェック!

☐ 聞くだけモード　Check 1
☐ しっかりモード　Check 1 ▶ 2
☐ かんぺきモード　Check 1 ▶ 2 ▶ 3

WEEK 1

Check 2　　Phrase

☐ **disappear** from view（見えなくなる）
☐ **disappear** with time（時間とともに消える）

☐ **feed** the cats（ネコたちに餌をやる）
☐ **feed** the scraps to the pig（ブタに残飯をやる）

☐ **mention** one's opinion（自説を述べる）

☐ **hate** injustice（不正を憎む）
☐ **hate** going to the dentist's（歯医者へ行くのを嫌がる）

☐ **notice** a big difference（大きな違いに気づく）
☐ **notice** her to finish the work（その仕事を終えるように彼女に通告する）

☐ **hide** a fact（事実を隠す）
☐ **hide** behind the wall（壁の後ろに隠れる）

☐ **punish** wrongdoers（犯罪者を罰する）
☐ **be punished** for being late（遅刻して罰せられる）

☐ **suggest** a new idea（新しいアイデアを提案する）
☐ The article **suggests** that ~.（その記事によるとどうも~らしい）

Check 3　　Sentence

☐ She walked into the crowd and **disappeared**.（彼女は人込みの中へ歩いていき、姿を消した）

☐ We **feed** the dog twice a day.（私たちはイヌに1日2回、餌を与える）

☐ She didn't **mention** seeing you.（彼女はあなたに会ったとは言わなかった）

☐ Sarah **hates** having her picture taken.（サラは自分の写真を撮られるのをひどく嫌う）

☐ He didn't **notice** the spot on his shirt.（彼はシャツの染みに気づかなかった）

☐ He **hid** the money in a book.（彼はお金を本の中に隠した）

☐ Parents sometimes **punish** their children.（親たちは時に子どもを罰することがある）

☐ I **suggest** taking the bus instead of the train.（列車よりもバスに乗ることを提案します）

WEEK 2
WEEK 3
WEEK 4
WEEK 5
WEEK 6
WEEK 7
WEEK 8
WEEK 9
WEEK 10

continued
▼

Day 4

Check 1　Listen))) CD-A4

0057 imagine /imǽdʒin/
- 動 **～を想像する**；～を思い違いする；～と思う
- 名 imagination（想像力；想像）
- 形 imaginary（想像上の、架空の）、imaginative（想像力に富んだ）

0058 manage /mǽnidʒ/
- 動 **～をうまく取り扱う**（≒cope）；うまく［なんとか］～し遂げる（to do）；（事業など）を経営する
- 名 management（経営、管理）、manager（経営者；部長、課長）

0059 explain /ikspléin/
- 動 **～を説明する**；～（の理由）を弁明する
- 名 explanation（説明；弁明）

0060 depend /dipénd/
- 動 （～に）**頼る**、依存する（on [upon] ～）；（～を）信頼する（on [upon] ～）；（～）次第である（on [upon] ～）
- 名 dependence（頼ること、依存）
- 形 dependent（[～に] 頼っている [on〈upon〉～]；[～] 次第である [on〈upon〉～]）

0061 reply /riplái/
- 動 （～に）**返事をする**（to ～）；（行動などで）応じる；反撃する　名 返事、返答

0062 defend /difénd/
- 動 **～を守る**（⇔attack）；（言論などで）～を擁護する；～を弁護する
- 名 defense（防御；防衛；弁護）
- 形 defensive（防御用の）

0063 drown /dráun/
- ❶発音注意
- [類音] drawn（引かれた /drɔ́ːn/）
- 動 **おぼれる**、おぼれ死ぬ；～を浸す；（心配・悲しみなど）を紛らす

0064 prefer /prifə́ːr/
- ❶アクセント注意
- 動 **～を**（…よりも）**好む**（to …）（≒choose）；(rather than [to] do と呼応して) ～することが好きである（to do）
- 名 preference（好み、ひいき）
- 形 preferable（[～より] 好ましい [to ～]）、preferential（優先的な；優遇する）

Day 3))) CD-A3　Quick Review
答えは右ページ下

- □ ～を疑う
- □ 存在する
- □ ～を浪費する
- □ ～を分ける
- □ ～を提案する
- □ ～を否定する
- □ おじぎをする
- □ ～に参加する
- □ ～を受け取る
- □ ～を解く
- □ ～を含む
- □ 意見が一致する
- □ ～を測る
- □ ～を与える
- □ 目が覚める
- □ ～を覚えている

Check 2 Phrase

- ☐ imagine life without music (音楽のない生活を想像する)
- ☐ You're imagining things. (考えすぎ [気のせい] ですよ)

- ☐ manage a household (家庭をうまく切り盛りする)
- ☐ manage to solve the problem (うまく問題を解決する)

- ☐ explain the rules (ルールを説明する)
- ☐ explain the delay (遅れた理由を弁解する)

- ☐ depend on other countries for oil (石油を他国に依存している)
- ☐ depend on the weather (天気次第である)

- ☐ reply to a question (質問に答える)
- ☐ reply with a smile (笑顔で応じる)

- ☐ defend one's country against enemies (国を敵から守る)
- ☐ defend human rights (人権を擁護する)

- ☐ save a drowning child (おぼれかかっている子どもを救う)

- ☐ prefer wine to beer (ビールよりワインを好む)

Check 3 Sentence

- ☐ The test was more difficult than I had imagined. (そのテストは想像していたよりも難しかった)

- ☐ I managed to finish the essay on time. (私はエッセーを時間通りになんとか終わらせた)

- ☐ Can you explain what you mean more clearly? (あなたの言いたいことをもっとはっきり説明してくれませんか?)

- ☐ You shouldn't depend too much on other people. (他人を頼りすぎてはいけない)

- ☐ I said, "Good morning, Mr. Smith," but he didn't reply. (私は「スミスさん、おはようございます」と声をかけたが、彼は返事をしなかった)

- ☐ He has a gun to defend himself. (彼は自衛のために銃を持っている)

- ☐ The dog nearly drowned in the rough sea. (そのイヌは荒れた海で危うくおぼれるところだった)

- ☐ I prefer having meetings in the morning. (私は午前中に会議をするのが好きだ)

Day 3))) CD-A3
Quick Review
答えは左ページ下

- ☐ doubt
- ☐ exist
- ☐ waste
- ☐ separate
- ☐ propose
- ☐ deny
- ☐ bow
- ☐ join
- ☐ accept
- ☐ solve
- ☐ contain
- ☐ agree
- ☐ measure
- ☐ provide
- ☐ awake
- ☐ remember

WEEK 1
WEEK 2
WEEK 3
WEEK 4
WEEK 5
WEEK 6
WEEK 7
WEEK 8
WEEK 9
WEEK 10

Day 5

Level 1-2 __ 動詞(Verb) 5

Check 1　Listen 》CD-A5

☐ 0065 divide
/diváid/

動 ～を(…に)分ける、分割する(into [in] ...)(≒separate);～を分け合う、分担する **名** 分割;分裂;境界線
名 division(分割;[会社の]部門;[意見などの]相違)

☐ 0066 aim
/éim/

動 (～を)目指す(at [for] ～);～しようと努力する(to do);(～を)狙う(at [for] ～) **名** 目標;目的

☐ 0067 cross
/krɔ́:s/

動 ～を横切る、渡る;交差する;(手・足など)を交差させる **名** 十字架;混合物
名 crossing(横断歩道、踏切;交差点)

☐ 0068 offer
/ɔ́:fər/
❶アクセント注意

動 ～を提供する、～を申し出る;～を売り出す;(案・理由など)を述べる **名** 申し出;つけ値
名 offering(提供される物)

☐ 0069 admire
/ædmáiər/

動 ～に感心[感嘆]する;～を褒める(≒praise)
名 admiration(感嘆、称賛)、admirer(称賛者、ファン)
形 admirable(称賛に値する;見事な)

☐ 0070 prove
/prú:v/
[活用] proved - proved/proven

動 ～を証明する;～が(…であると)はっきり示す([to be] ...)
名 proof(証拠;証明)

☐ 0071 burst
/bə́:rst/
[活用] burst - burst

動 爆発する、破裂する(≒explode);(部屋などに)飛び込む(into ～);(泣き・笑いなどを)突然始める(into ～) **名** 爆発、破裂;突発

☐ 0072 stretch
/strétʃ/

動 (手・足など)をいっぱいに伸ばす;(土地・時間などが)広がる **名** 長さ、広がり;ストレッチ
名 stretcher(担架)

continued
▼

Quick Reviewで復習はしてる？ 各Dayの最後にある、前日の見出し語の復習用のQuick Reviewを積極的に活用しよう！

- ☐ 聞くだけモード　Check 1
- ☐ しっかりモード　Check 1 ▶ 2
- ☐ かんぺきモード　Check 1 ▶ 2 ▶ 3

WEEK 1

Check 2　Phrase

☐ divide land in half [into three]（土地を半分[3つ]に分ける）

☐ aim for the top（トップを目指す）
☐ aim to be a diplomat（外交官を志す）

☐ cross the road（道を横切る）
☐ cross one's arms（腕を組む）

☐ offer a job to him（彼に仕事を提供する）
☐ offer them assistance（彼らに援助を申し出る）

☐ admire his courage（彼の勇気に感嘆する）
☐ admire her achievement（彼女の業績に感心する）

☐ prove one's innocent（無罪を立証する）
☐ prove the theory (to be) true（理論が真実であると証明する）

☐ burst with pressure（圧力で破裂する）
☐ burst into a room（部屋に飛び込む）

☐ stretch a muscle（筋肉を伸ばす）

Check 3　Sentence

☐ The class was divided into two groups.（そのクラスは2つのグループに分けられた）

☐ I'm aiming to lose five kilograms before my birthday.（誕生日までに5キロやせようと私は努力している）

☐ Cross the street and turn left.（通りを渡って左に曲がってください）

☐ They offered to let me stay at their house.（彼らは自分たちの家に泊まるようにと私に申し出た）

☐ I admire him because he always tells the truth.（彼は常に真実を話すので、立派だと思う）

☐ I can prove that it's quicker by bicycle than train.（私は電車よりも自転車で行ったほうが早いことを証明できる）

☐ A balloon will burst if you put too much air in it.（空気を入れすぎると風船は破裂するだろう）

☐ He stretched his arms and yawned.（彼は両腕をいっぱいに伸ばして、あくびをした）

WEEK 2
WEEK 3
WEEK 4
WEEK 5
WEEK 6
WEEK 7
WEEK 8
WEEK 9
WEEK 10

continued
▼

Day 5

Check 1　Listen)) CD-A5

☐ 0073
assist
/əsíst/

動 **〜を手伝う**（≒help、aid）；(人) を (〜の面で) 助ける (with [in] 〜)；〜を促進する　名 援助
名 assistance (援助、助力)、assistant (助手、補佐役、アシスタント)

☐ 0074
destroy
/distrói/

動 **〜を破壊する**（≒demolish　⇔construct）；(計画など) を台無しにする；(敵など) を滅ぼす
名 destruction (破壊；破滅 [状態])
形 destructive (破壊的な；有害な)

☐ 0075
apply
/əplái/

動 (物・事を) **申し込む** (for 〜)；〜を応用する、適用する (≒use)
名 applicant (申込者、応募者、志願者)、application (申し込み；申込書)
形 applicable ([〜に] 適用できる [to 〜]；適切な)

☐ 0076
save
/séiv/

動 **〜を救う**；(金など) を蓄える；(時間・金など) を節約する
名 savior (救済者、救う人)、saving ([〜s] 貯金；節約)
形 saving (救いの；倹約の)

☐ 0077
continue
/kəntínju:/
❶アクセント注意

動 **続く**（≒last　⇔discontinue）；(〜を) 続ける (with [on] 〜)；〜することを続ける (to do [-ing])
名 continuation (続けること)、continuity (連続性)
形 continual ([特に嫌なことが] 連続的な)、continuous (絶え間のない)

☐ 0078
express
/iksprés/

動 (思想・感情など) **を表現する**；(記号などが) 〜を表す；(express oneselfで) 自己を表現する　名 急行；速達便；運送会社
名 expression (表情；表現；言い回し)
形 expressive (表現 [表情] に富む)

☐ 0079
belong
/bilɔ́:ŋ/

動 (〜に) **所属する**、(〜の) 一員である (to 〜)；(ある [いる] べき所に) ある [いる] (among [to, in] 〜)
名 belonging ([〜s] 所有物、所持品；付属物)

☐ 0080
fail
/féil/

動 (〜に) **失敗する** (in 〜)；(試験などに) 落ちる (in 〜) (⇔succeed)；〜できない (to do)；(not [never] fail to doで) 必ず〜する　名 落第
名 failure (失敗；故障)

Day 4　)) CD-A4
Quick Review
答えは右ページ下

☐ 消える
☐ 〜に餌を与える
☐ 〜に言及する
☐ 〜をひどく嫌う

☐ 〜に気がつく
☐ 〜を隠す
☐ 〜を罰する
☐ 〜を提案する

☐ 〜を想像する
☐ 〜をうまく取り扱う
☐ 〜を説明する
☐ 頼る

☐ 返事をする
☐ 〜を守る
☐ おぼれる
☐ 〜を好む

Check 2 Phrase

- ☐ assist a woman from a car（女性が車から降りるのを手伝う）
- ☐ assist him with money（彼を金銭面で援助する）

- ☐ destroy most of the building（建物の大部分を破壊する）
- ☐ destroy computer data（コンピューターのデータを破壊する）

- ☐ apply for admission（入学を志願する、入会を申し込む）
- ☐ apply scientific principles（科学の原理を応用する）

- ☐ save animals from extinction（動物を絶滅から救う）
- ☐ save money for retirement（退職に備えて貯蓄する）

- ☐ continue with one's studies（研究を続ける）
- ☐ continue working all night（一晩中働き続ける）

- ☐ express regret（遺憾の意を表明する）
- ☐ express three-quarters as a decimal（4分の3を小数で表す）

- ☐ belong to a labor union（労働組合に所属している）
- ☐ belong to a big family（大家族の一員である）

- ☐ fail in business（事業に失敗する）
- ☐ fail in an examination（試験に落ちる）

Check 3 Sentence

- ☐ The boy assisted the old man in moving the desk.（その少年は老人が机を動かすのを手伝った）

- ☐ Her house was destroyed in the flood.（彼女の家は洪水で破壊された）

- ☐ You should apply for this job.（あなたはこの仕事に応募すべきだ）

- ☐ She saved the child from drowning.（彼女はその子どもがおぼれそうになっているのを助けた）

- ☐ The TV program will continue next week.（そのテレビ番組は来週に続く）

- ☐ The artist drew pictures to express his ideas.（その画家は、自分の思想を表現するために絵を描いた）

- ☐ I belong to the basketball club.（私はバスケットボール部に所属している）

- ☐ My uncle failed in his venture.（私のおじは投機的事業に失敗した）

Day 4))CD-A4
Quick Review
答えは左ページ下

☐ disappear	☐ notice	☐ imagine	☐ reply
☐ feed	☐ hide	☐ manage	☐ defend
☐ mention	☐ punish	☐ explain	☐ drown
☐ hate	☐ suggest	☐ depend	☐ prefer

Day 6

★★☆☆
Level 1-2＿動詞(Verb) **6**

Check 1　　Listen 🎧 CD-A6

☐ 0081
prevent
/privént/
- 動 **～を防ぐ**；～が(…するのを)妨げる (from -ing)
- 名 prevention (防止、予防、妨害)
- 形 preventive、preventative (予防の、防止に役立つ)

☐ 0082
handle
/hǽndl/
- 動 (問題など) **を扱う**；～を処理する；～を統制 [指揮] する；(道具など) を使う　名 取っ手、柄

☐ 0083
lead
/líːd/
[活用] led - led
[同音] lead (鉛)
- 動 **～を**(…へ) **導く** (to [into] ...)；(～に) 通じる (to [into] ～)；(～を) 引き起こす (to [into] ～)　名 先頭；優位
- 名 leader (先導者、指導者)
- 形 leading (第一流の、主要な)

☐ 0084
recover
/rikʌ́vər/
- 動 (病気などから) **回復する**、復旧する (from ～) (≒get well)；～を取り戻す (≒get back)
- 名 recovery ([病気の] 回復；取り戻すこと；回収)

☐ 0085
expect
/ikspékt/
- 動 **～を予期する**；～を予想する；～を (当然のこととして) 期待する；～するつもりである (to do)
- 名 expectation (期待、予期)
- 形 expectant (期待を持った)
- 副 expectantly (期待して、心待ちに)

☐ 0086
include
/inklúːd/
- 動 **～を含む**；～を含める、～を算入する
- 形 inclusive (すべてを含んだ)、included ([名詞の後で] ～を含めて)
- 前 including (～を含めて)

☐ 0087
worry
/wə́ːri/
- 動 (～のことで) **心配する** (about [for] ～)；(人)を心配させる　名 心配；心配事
- 形 worried (困った；[～のことで] 心配した [about ～])

☐ 0088
fit
/fít/
- 動 (大きさ・形などが) **～に合う**；～を(寸法・目的などで) 合わせる、備え付ける　名 ぴったり合うこと　形 適した；健康な
- 名 fitness (健康；適当であること)

continued

学習のペースはそろそろつかめてきた？ Level 1-2（2000語レベル）の動詞も、今日と明日の2日のみ。ペースを崩さずに頑張ろう！

☐ 聞くだけモード　Check 1
☐ しっかりモード　Check 1 ▶ 2
☐ かんぺきモード　Check 1 ▶ 2 ▶ 3

WEEK 1

Check 2　Phrase

☐ prevent a war（戦争を防ぐ）
☐ prevent an accident from happening（事故の発生を防ぐ）

☐ handle a difficult problem（難問を扱う）
☐ handle information（情報を処理する）

☐ lead a team to victory（チームを勝利へ導く）
☐ All roads lead to Rome.（すべての道はローマに通ず［ことわざ］）

☐ recover from one's illness（病気から回復する）
☐ recover one's consciousness [sight]（意識［視力］を回復する）

☐ expect a good result（好結果を期待する）
☐ expect the worst（最悪を予期［予想］する）

☐ include impurities（不純物を含む）

☐ worry about his safety（彼の安否を気遣う）
☐ Don't worry about it.（そのことは心配するな）

☐ fit every occasion（どんな場合にも合う）
☐ fit new tires to a car（車に新しいタイヤをつける）

Check 3　Sentence

☐ The rain prevented us from having our picnic.（雨でピクニックは中止になった）

☐ This problem is too difficult to handle.（この問題は難しすぎて処理できない）

☐ She will lead you around the campus.（彼女がキャンパスを案内してくれるでしょう）

☐ She is recovering from her cold.（彼女は風邪から回復しつつある）

☐ I expect to finish the report next week.（私は来週、レポートを完成させるつもりだ）

☐ The price of the hotel includes dinner and breakfast.（そのホテルの料金には夕食と朝食が含まれている）

☐ Don't worry about small things.（小さなことでくよくよ心配するな）

☐ The dress fits her perfectly.（そのドレスは彼女に完ぺきに合っている）

WEEK 2
WEEK 3
WEEK 4
WEEK 5
WEEK 6
WEEK 7
WEEK 8
WEEK 9
WEEK 10

continued
▼

Day 6

Check 1　Listen))) CD-A6

□ 0089
melt
/mélt/
- 動 **溶ける**；(心などが) 次第に和らぐ；〜を溶かす　● 「(液体中で) 溶ける」はdissolve

□ 0090
permit
/pərmít/
- 動 **〜を許可する**；〜に (…することを) 許す (to do)；〜を可能にする　名 (/pə́:rmit/) 許可(書)
- 名 permission (許可、認可、承認)

□ 0091
serve
/sə́:rv/
- 動 (飲食物) **を出す**、給仕する；(〜として) 役立つ (as 〜)；(職務・任期) を務める
- 名 servant (使用人、召し使い)、service (接客、もてなし；助け；勤務；公共事業)

□ 0092
publish
/pʌ́bliʃ/
- 動 (書籍など) **を出版する**；〜を公表する
- 名 publication (出版；刊行物；公表)、publisher (発行者、出版社)、publishing (出版事業)

□ 0093
intend
/inténd/
- 動 **〜するつもりである** (to do) (≒ be going to do)；〜を意図する
- 名 intent (意図 [intentionより堅い語])、intention (意図、意志)
- 形 intent ([〜に] 没頭している [on 〜])

□ 0094
arrange
/əréindʒ/
- 動 (会合など) **を取り決める**、打ち合わせる；〜を配列する；〜を編曲する、アレンジする
- 名 arrangement (協定、取り決め；[通例〜s] 手配、準備；配列)

□ 0095
breathe
/brí:ð/
❶ 発音注意
[類音] breeze (微風 /brí:z/)
- 動 **呼吸する**、息をする
- 名 breath (息；呼吸)
- 形 breathless (息切れした)、breathtaking (わくわくさせる、あっと言わせる)

□ 0096
improve
/imprú:v/
- 動 **〜を改善する**、〜を改良する (≒ upgrade)；〜の価値 [生産性] を高める；よくなる、好転する
- 名 improvement (改善、改良)

Day 5　))) CD-A5
Quick Review
答えは右ページ下

- □ 〜を分ける
- □ 目指す
- □ 〜を横切る
- □ 〜を提供する
- □ 〜に感心する
- □ 〜を証明する
- □ 爆発する
- □ 〜をいっぱいに伸ばす
- □ 〜を手伝う
- □ 〜を破壊する
- □ 申し込む
- □ 〜を救う
- □ 続く
- □ 〜を表現する
- □ 所属する
- □ 失敗する

Check 2　Phrase

- ☐ melt into water（溶けて水になる）
- ☐ melt into tears（泣き崩れる）

- ☐ permit smoking（喫煙を許可する）
- ☐ Permit me to ask one question.（1つ質問をさせてください）

- ☐ serve Chinese food（中華料理を出す）
- ☐ serve as a model（手本になる）

- ☐ publish textbooks（教科書を出版する）
- ☐ publish a final report（最終報告を公表する）

- ☐ intend no offense（犯罪を意図しない）
- ☐ intend to go abroad（海外に行くつもりである）

- ☐ arrange the date of ～（～の日取りを決める）
- ☐ arrange flowers（花を生ける）

- ☐ breathe in [out]（息を吸う[吐く]）
- ☐ breathe deeply（深呼吸する）

- ☐ improve a machine（機械を改良する）
- ☐ improve productivity（生産性を高める）

Check 3　Sentence

- ☐ The ice cream melted quickly in the heat.（暑さの中でアイスクリームはすぐに溶けた）

- ☐ Smoking is not permitted in the restaurant.（そのレストランでは喫煙は許可されていない）

- ☐ That café serves good coffee.（その喫茶店はおいしいコーヒーを出す）

- ☐ The magazine is published every week.（その雑誌は毎週刊行される）

- ☐ I intend to stay in New York for one month.（私は1カ月間ニューヨークに滞在するつもりだ）

- ☐ I have arranged a meeting with my client for tomorrow.（私は顧客と明日、会議をすることにした）

- ☐ The train was so crowded I could hardly breathe.（その列車はとても込んでいたので、私はほとんど息ができなかった）

- ☐ I want to improve my English.（私は英語をよくできるようになりたい）

Day 5　))CD-A5　Quick Review
答えは左ページ下

- ☐ divide
- ☐ aim
- ☐ cross
- ☐ offer
- ☐ admire
- ☐ prove
- ☐ burst
- ☐ stretch
- ☐ assist
- ☐ destroy
- ☐ apply
- ☐ save
- ☐ continue
- ☐ express
- ☐ belong
- ☐ fail

WEEK 1
WEEK 2
WEEK 3
WEEK 4
WEEK 5
WEEK 6
WEEK 7
WEEK 8
WEEK 9
WEEK 10

Day 7

★★☆☆
Level 1-2＿動詞(Verb) **7**

Check 1　　Listen 》CD-A7

☐ 0097
remove
/rimúːv/

動 **～を取り去る**（≒take away）；～を取り除く；～を解雇する（≒dismiss、fire）；(衣類)を脱ぐ（≒take off）
名 removal（[～からの]除去 [from ～]）

☐ 0098
allow
/əláu/

動 **～を許す**（⇔forbid）；～に（…することを）許可する（to do）；(人)に(金・時間など)を与える
名 allowance（許容量[額]；割当量；支給額；小遣い）

☐ 0099
deliver
/dilívər/

動 **～を配達する**；(意見など)を述べる；(財産など)を引き渡す；(子)を産む
名 delivery（配達；配達物；出産；演説）

☐ 0100
rush
/rʌ́ʃ/

動 **急ぐ**（≒hurry）；(仕事など)を急いでする；慌てて～する(to do)　名 急ぐこと；忙しさ

☐ 0101
follow
/fálou/
[類音] hollow（中空の /hálou/）

動 **～の後について行く**；～の次に起こる；～を追跡する（≒chase、pursue）；～に従う（≒obey）；～を理解する
名 follower（信奉者；ファン）
形 following（[the ～]次の）

☐ 0102
direct
/dirékt/

動 (注意など)**を**(…に)**向ける**（to [toward, at] ...）；～を管理する；～を監督する；～に道を教える　形 直接の、一直線の
名 direction（方向；[～s]指示；説明）、director（[映画などの]監督；管理者）
副 directly（直接に）

☐ 0103
weigh
/wéi/
❶ 発音注意
[同音] way（道）

動 **～の重さがある**；～の重さを量る；～をよく考える
名 weight（重さ；体重；重い物；重り）
形 weighty（重要な、重大な；重い）

☐ 0104
compare
/kəmpéər/

動 **～を**(…と)**比較する**（with [to] ...）；～を(…に)例える（with [to] ...）；(～に)匹敵する（with ～）
名 comparison（比較；類似）
形 comparable（比較できる；[～に]匹敵する [to ～]）、comparative（比較による）

continued
▼

Week 1の学習も今日が最後。1週間、ご苦労さまでした。身についているかどうか心配な日がある場合は、復習を忘れずに！

- ☐ 聞くだけモード　Check 1
- ☐ しっかりモード　Check 1 ▶ 2
- ☐ かんぺきモード　Check 1 ▶ 2 ▶ 3

WEEK 1

Check 2　Phrase

- ☐ remove the cups from the table（テーブルからカップを片づける）
- ☐ remove the dirt（ほこりを取り除く）

- ☐ allow free access（自由な出入りを許す）
- ☐ allow her to go out（彼女に外出を許可する）

- ☐ deliver a pizza（ピザを配達する）
- ☐ deliver a speech（演説をする）

- ☐ rush to hospital（病院に駆けつける）
- ☐ rush to buy newly issued stocks（新しく発行された株を急いで買う）

- ☐ follow her in [out]（彼女について入る［出る］）
- ☐ follow the instructions（指示に従う）

- ☐ direct one's attention to ～（～に注意を向ける）
- ☐ direct the building of the bridge（橋の建設を監督する）

- ☐ weigh 20 kilos（20キロの重さがある）
- ☐ weigh oneself on the scale（体重計で体重を量る）

- ☐ compare the copy with the original（コピーを本物と見比べる）
- ☐ compare life to a voyage（人生を航海に例える）

Check 3　Sentence

- ☐ I had to remove the paint from the wall.（私は壁の塗装をはがさなくてはならなかった）

- ☐ My parents won't allow me to buy a motorcycle.（両親は、私がバイクを買うことを許してくれないだろう）

- ☐ Mail is delivered every day except Sunday.（郵便は日曜日を除いて毎日配達される）

- ☐ Our teacher rushed into the classroom.（私たちの先生が教室に飛び込んできた）

- ☐ The dog followed the man to the store.（そのイヌは男性の後について店に行った）

- ☐ The questionnaire was directed at a female audience.（そのアンケートは女性視聴者を対象にしたものだった）

- ☐ How much do you weigh?（あなたの体重はどのくらいですか?）

- ☐ You should compare prices before you buy anything.（どんな物でも買う前に価格を比較すべきだ）

WEEK 2
WEEK 3
WEEK 4
WEEK 5
WEEK 6
WEEK 7
WEEK 8
WEEK 9
WEEK 10

continued
▼

Day 7

Check 1　Listen))) CD-A7

☐ 0105
behave
/bihéiv/
❶発音注意

動 (〜に対して) **ふるまう** (to [toward] 〜)；(behave oneselfで) 行動する；(機械などが) 動く
名 behavior (振る舞い、動作；[〜に対する] 態度 [toward 〜])

☐ 0106
draw
/drɔ́ː/
[活用] drew - drawn

動 **〜を描く**；〜を引っ張る、引き寄せる；(結論など) を得る
⊕「(線画で) 描く」ことを表す　**名** 引き分け；引きつける人 [物]、呼び物
名 drawing (スケッチ、線画)、drawer (引き出し；[〜s] たんす)

☐ 0107
struggle
/strʌ́gl/

動 **もがく**：〜しようと努力する (to do)；(〜と) 闘う (with 〜)；奮闘する　**名** 苦闘、努力

☐ 0108
decide
/disáid/

動 **〜を決定する**、〜を決意する (≒ make up one's mind)；〜を解決する
名 decision (決定、解決)
形 decisive (決定的な；断固とした)、decided (明確な；断固たる)

☐ 0109
hurt
/hə́ːrt/
[活用] hurt - hurt
[類音] heart (愛 /hɑ́ːrt/)

動 **痛む**；〜を傷つける (≒ injure)；〜の感情を害する　**名** 傷、けが

☐ 0110
describe
/diskráib/

動 **〜の特徴を述べる**；〜を描写する、説明する；〜を図形で説明する
名 description (記述、描写)
形 descriptive (記述的な、描写的な)

☐ 0111
spread
/spréd/
❶発音注意
[活用] spread - spread

動 **〜を広げる**；(病気などが) まん延する；(ニュースなどが) 広まる　**名** 広がること、普及、広がり

☐ 0112
pay
/péi/
[活用] paid - paid

動 **〜を支払う**；(注意など) を払う　**名** 賃金、給料
名 payment (支払額；支払い)

Day 6))) CD-A6
Quick Review
答えは右ページ下

☐ 〜を防ぐ　☐ 〜を予期する　☐ 溶ける　☐ 〜するつもりである
☐ 〜を扱う　☐ 〜を含む　☐ 〜を許可する　☐ 〜を取り決める
☐ 〜を導く　☐ 心配する　☐ 〜を出す　☐ 呼吸する
☐ 回復する　☐ 〜に合う　☐ 〜を出版する　☐ 〜を改善する

Check 2　Phrase

- ☐ behave well to her（彼女に対してよくふるまう）
- ☐ behave oneself well [ill]（行儀がいい[悪い]）

- ☐ draw cartoons（漫画を描く）
- ☐ draw a curtain（カーテンを引く）

- ☐ struggle for freedom（自由のために奮闘する）
- ☐ struggle to keep from crying（泣くまいと努める）

- ☐ decide what to do（何をすべきか決定する）
- ☐ decide to go abroad（外国へ行くことを決意する）

- ☐ hurt one's arm [leg]（腕[脚]にけがをする）

- ☐ describe a lost wallet（紛失した財布の特徴を説明する）
- ☐ describe an event（事件を描写する）

- ☐ spread the map on the desk（机の上に地図を広げる）
- ☐ Word is spreading that ～.（～といううわさが広まっている）

- ☐ pay a tax [debt]（税金[借金]を払う）
- ☐ pay attention to her words（彼女の言葉を注意して聞く）

Check 3　Sentence

- ☐ Parents should teach their children how to behave.（親たちは子どもたちに行儀作法を教えるべきだ）

- ☐ I will draw a picture of my baby brother.（私は、赤ちゃんの弟の絵を描くつもりだ）

- ☐ The cat struggled to get free from the cage.（そのネコはおりから出ようとしてもがいた）

- ☐ Please decide which one you want.（どちらが欲しいか決めてください）

- ☐ My head really hurts.（頭が本当に痛い）

- ☐ It's not easy to describe my feelings.（私の感情を説明するのは簡単なことではない）

- ☐ She spread the newspaper on the table.（彼女はテーブルの上に新聞を広げた）

- ☐ We must pay $30 each for the tickets.（私たちは1人30ドルをチケット代として払わなければならない）

Day 6))CD-A6
Quick Review
答えは左ページ下

- ☐ prevent
- ☐ handle
- ☐ lead
- ☐ recover
- ☐ expect
- ☐ include
- ☐ worry
- ☐ fit
- ☐ melt
- ☐ permit
- ☐ serve
- ☐ publish
- ☐ intend
- ☐ arrange
- ☐ breathe
- ☐ improve

WEEK 1
WEEK 2
WEEK 3
WEEK 4
WEEK 5
WEEK 6
WEEK 7
WEEK 8
WEEK 9
WEEK 10

Week 1 Review

今週学習した語彙の定着度をチェック！ 下の英文と右ページの訳を読みながら、赤字部分の単語がしっかりと身についているかを確認しよう。意味が分からないときは、見出し語番号を参照して学習日の語彙を復習しておこう。

This paper provides (0046) some important points to remember (0048) when writing an argumentative essay. An argumentative essay examines (0005) an issue from two or more sides; therefore it is important to research the issue to make sure you are familiar with all sides of the argument. Even if you don't agree (0044) with ideas that oppose your opinions, you should not dismiss them without mentioning (0051) why you regard (0007) them as wrong. This will allow you to develop (0002) and improve (0096) your own arguments because you will have to defend (0062) them against other opinions.

Remember (0048), an essay that expresses (0078) only one side, without containing (0043) any opposing views will not be very convincing. Comparing (0104) other opinions and describing (0110) why you think they are wrong will also show your knowledge of the issue. After explaining (0059) the various ideas, you may find that you can't actually prove (0070) that your theories are correct. In this case, you may decide (0108) to remove (0097) some of your weak arguments. It would be better still to change your mind about your original opinions. After all, the purpose of argumentative essays is to search for the truth, not to hide from it.

☐ argumentative：議論的な　☐ familiar with ～：～によく通じている　☐ dismiss：～を退ける　☐ convincing：説得力のある、人を納得させる　☐ theory：見解、持論、理論　☐ still：(比較級を強めて) もっと、さらに　☐ after all：結局のところ

＊赤字の右上の数字は、その単語の見出し番号を表しています。和文の訳は、見出し語の第1定義ではない場合があります。また、訳中の見出し語訳は、文脈に沿って訳しているため、見出し語の定義と異なることがあります。

このリポートは、議論的なエッセーを書く際に覚えておくべきいくつかの重要な点を与えるものです。議論的なエッセーでは、2つ以上の立場から論争点を調べます。従って、論点のすべての立場によく通じているかどうかを確かめるため、論争点を研究することが重要です。自分の意見と敵対する考えに賛成することができない場合でも、なぜ間違っていると考えるのか言及することなく、それらの考えを退けるべきではありません。このことによって、他者の意見から自分の論点を守らなければならなくなるので、自分の論点を発展させ、向上させることができるようになるのです。

敵対する意見を全く含んでおらず、たった1つの立場しか表していないエッセーは、それほど説得力のあるものにはならないことを覚えておきましょう。ほかの意見を比較し、なぜそれらが間違っていると考えているか説明することで、論争点に関する知識があると証明することにもなるのです。さまざまな考えについて説明した後で、自分の見解の正しさを実は証明することができないと分かるかもしれません。このような場合は、説得力の弱い論点のいくつかを除くことを決めてもいいかもしれません。自分の元々の意見に関する考え方を変えたほうがさらにいいこともあるでしょう。結局のところ、議論的なエッセーの目的は真実を探し求めることであり、そこから隠れることではないのです。

WEEK 2

今日からWeek 2です。学習のペースはつかめてきましたか？ 今週は、2000語レベルの名詞に加えて、入試や日常会話で頻出の副詞も押さえていきます。それでは、Day 8からスタート！

Day 8 【Level 1-2_名詞 1】
▶ 44
Day 9 【Level 1-2_名詞 2】
▶ 48
Day 10 【Level 1-2_名詞 3】
▶ 52
Day 11 【Level 1-2_名詞 4】
▶ 56
Day 12 【Level 1-2_名詞 5】
▶ 60
Day 13 【副詞 1】
▶ 64
Day 14 【副詞 2】
▶ 68

Week 2 Review
▶ 72

英語でコレ言える？
Can you say this in English?

カッコに入る語が分かったら、あなたは2000語レベル?!

▼

どうしたんだい？ 浮かない顔してるぞ。
What happened? You look really disappointed.

あの子をデートに誘ったのに、断られたんだ。
I asked that girl for a date, but she rejected.

あきらめんなよ。もう1度挑戦しても害はないぜ。
Don't give her up. There's no (　　　) in trying again.

▼

答えはDay 10でチェック！

Day 8

★★☆☆
Level 1-2＿名詞(Noun) **1**

Check 1　　Listen 》CD-A8

□ 0113
period
/píəriəd/

> 名 **期間**、時期；(歴史上の) 時代 (≒ era)；(発達などの) 段階
> 名 periodical ([日刊以外の] 定期刊行物、雑誌)
> 形 periodic、periodical (周期的な)

□ 0114
brain
/bréin/

> 名 **脳**；頭脳、知能 (≒ intelligence)；秀才；(計画などの) 知的指導者、ブレーン

□ 0115
detail
/díːteil/

> 名 **細部**、細目；(～s) 詳細；(絵画などの) 細部、ディテール
> 動 ～を詳しく述べる
> 形 detailed (詳細な)

□ 0116
shade
/ʃéid/

> 名 **陰**、日陰；(濃淡の) 色合い；日よけ；(絵画などの) 陰影
> ✚ shadowは「(日光を遮ってできた黒い) 影」を表す　動 ～を陰にする
> 形 shady (陰の多い；疑わしい)

□ 0117
trouble
/trʌ́bl/

> 名 **心配** (事)、悩み；迷惑；困難；混乱；(機械などの) 故障、不調　動 ～を悩ます、苦しめる
> 形 troublesome (面倒な、厄介な)

□ 0118
citizen
/sítəzən/

> 名 **国民**、公民 (⇔ alien)；市民、住民
> 名 citizenship (市民権、公民権)

□ 0119
effect
/ifékt/
[類音] affect(～に影響する /əfékt/)

> 名 (原因の直接的な) **結果** (⇔ cause)；効果、影響；遂行
> 動 ～を (結果として) もたらす
> 形 effective (効果的な；[法律などが] 有効である)
> 副 effectively (効果的に；事実上)

□ 0120
pain
/péin/
[同音] pane (窓ガラス)

> 名 (肉体的・精神的な) **苦痛**；(体の特定の個所の) 痛み；(～s) 努力、骨折り
> 形 painful (痛い；不快な、痛ましい)、painstaking (綿密な [≒ careful]、徹底した [≒ thorough])

continued
▼

Week 2のDay 8からDay 12までの5日間は Level 1-2（2000語レベル）の名詞をチェック。 まずは、Check 1のチャンツからスタート！

- □ 聞くだけモード　Check 1
- □ しっかりモード　Check 1 ▶ 2
- □ かんぺきモード　Check 1 ▶ 2 ▶ 3

WEEK 1

WEEK 2

WEEK 3

WEEK 4

WEEK 5

WEEK 6

WEEK 7

WEEK 8

WEEK 9

WEEK 10

Check 2　Phrase

- □ **for a short [long] period of time**（短い[長い]間）
- □ **the colonial period**（植民地時代）

- □ **brain damage**（脳損傷）
- □ **have a good brain**（頭がよい）

- □ **the details of the project**（企画の細部）
- □ **describe ~ in detail**（~を詳細に説明する）

- □ **rest in the shade**（日陰で休む）
- □ **different shades of color**（さまざまな色合い）

- □ **family [domestic] trouble(s)**（家庭の心配事）
- □ **make [cause] trouble for ~**（~に迷惑をかける）

- □ **a Japanese citizen**（日本国民、日本人）
- □ **a citizens' movement**（市民運動）

- □ **the effect of the accident**（事故の結果）
- □ **have an effect on ~**（~に効果[影響]」を及ぼす）

- □ **feel some pain**（少し痛みを感じる）

Check 3　Sentence

- □ **Her teenage years were a difficult period in her life.**（彼女のティーンエイジ時代は人生の中で難しい時期だった）

- □ **The right hand is controlled by the left side of the brain.**（右手は脳の左側によってコントロールされている）

- □ **There are many details to be discussed at the meeting.**（その会議では討議すべき多くの詳細な事柄がある）

- □ **They sat in the shade of a tree.**（彼らは木陰に座った）

- □ **Her troubles never seem to end.**（彼女の悩みは尽きることがなさそうだ）

- □ **They are citizens of Italy.**（彼らはイタリア市民だ）

- □ **He isn't aware of the harmful effects of smoking.**（彼は喫煙がもたらす悪影響に気づいていない）

- □ **She has a pain in her left knee.**（彼女は左ひざに痛みがある）

continued ▼

Day 8

Check 1   Listen)) CD-A8

0121
favor
/féivər/
名 **親切な行為**；好意、親切心　動 ～に賛成する；～をひいきする
名 favorite（好きな物；人気者）
形 favorable（好意的な；好都合な）、favorite（お気に入りの）

0122
quarter
/kwɔ́ːrtər/
名 **4分の1**；25セント（貨）；15分；四半期
名 quarterly（季刊誌、3カ月ごとの定期刊行物）
形 quarterly（年4回の；4分の1の）

0123
cause
/kɔ́ːz/
名 **原因**（⇔effect）；原因となる人［物］；理由（≒reason）；（個人や社会の掲げる）主義；訴訟理由　動 ～の原因となる；～を引き起こす

0124
disease
/dizíːz/
❶発音注意
名 **病気**、疾患（≒illness）；（社会・道徳面の）不健全な状態、堕落
形 diseased（病気の；病的な、不健全な）

0125
murder
/mə́ːrdər/
名 **殺人**；殺人事件　動 ～を殺す；（歌・劇など）を台無しにする
名 murderer（殺人者）
形 murderous（殺意のある；激怒した）

0126
respect
/rispékt/
名 **尊敬**、敬意；尊重；配慮；注意　動 ～を尊敬する；～を尊重する
形 respectable（［社会的に］ちゃんとした、まともな；まあまあの）、respective（それぞれの）
副 respectively（それぞれ）

0127
thought
/θɔ́ːt/
名 **思考**、思想；熟考、考慮；考え（≒idea）；思いやり、配慮
形 thoughtful（思いやりのある；用意周到な；考え込んでいる）、thoughtless（思慮のない；思いやりのない）

0128
courage
/kə́ːridʒ/
名 **勇気**、度胸、大胆さ
形 courageous（勇気［度胸］のある）

Day 7)) CD-A7
Quick Review
答えは右ページ下

□ ～を取り去る
□ ～を許す
□ ～を配達する
□ 急ぐ

□ ～の後について行く
□ ～を向ける
□ ～を描く
□ ～の重さがある
□ ～を比較する

□ ふるまう
□ ～を描く
□ もがく
□ ～を決定する

□ 痛む
□ ～の特徴を述べる
□ ～を広げる
□ ～を支払う

Check 2 — Phrase

- ☐ do a favor for ~(〜の願いを聞き入れる)
- ☐ lose favor with ~(〜の愛顧[支持]を失う)

- ☐ three quarters(4分の3)
- ☐ the first quarter of the fiscal year(会計[事業]年度の第1四半期)

- ☐ cause and effect(原因と結果)
- ☐ without (good) cause(理由もなしに)

- ☐ catch a disease(病気にかかる)
- ☐ a serious disease(重病)

- ☐ an attempted murder(殺人未遂)
- ☐ a case of murder(殺人事件)

- ☐ show respect for ~(〜に敬意を示す)
- ☐ pay respect to ~(〜を配慮する)

- ☐ thought processes(思考過程)
- ☐ a happy [bright] thought(妙案、名案)

- ☐ an act of courage(勇気のある行動)
- ☐ take [lose] courage(勇気を出す[失う])

Check 3 — Sentence

- ☐ Would you do me a favor?(お願いがあるのですが)

- ☐ Ted cut the apple into quarters.(テッドはそのリンゴを4等分に切った)

- ☐ The researchers discovered the cause of the disease.(研究者たちはその病気の原因を発見した)

- ☐ AIDS is a relatively modern disease.(エイズは比較的最近の病気だ)

- ☐ The police arrested two men for murder.(警察は2人の男を殺人容疑で逮捕した)

- ☐ He had a lot of respect for his father.(彼は父親をとても尊敬していた)

- ☐ Give it some thought and then decide.(ちょっと考えて、それから決断しなさい)

- ☐ It sometimes takes courage to give a different opinion.(異なる意見を持ち出すのは勇気が要ることがある)

Day 7))CD-A7
Quick Review
答えは左ページ下

- ☐ remove
- ☐ allow
- ☐ deliver
- ☐ rush
- ☐ follow
- ☐ direct
- ☐ weigh
- ☐ compare
- ☐ behave
- ☐ draw
- ☐ struggle
- ☐ decide
- ☐ hurt
- ☐ describe
- ☐ spread
- ☐ pay

Day 9

★★☆☆

Level 1-2 __ 名詞(Noun) 2

Check 1   Listen))) CD-A9

☐ 0129
row
/róu/
[類音] low (低い /lóu/)

    名 (通例横に並んだ) **列**；(劇場などの) 座席の列 ●「(縦に並んだ) 列」はline   動 (ボート) をこぐ

☐ 0130
view
/vjú:/

    名 **意見**、見解 (≒opinion)；見方、考え方 (≒idea)；眺め、風景 (≒scenery)；風景画   動 ～を考察する；～を見る、眺める
名 viewer (視聴者)、viewpoint (見地、観点)

☐ 0131
crowd
/kráud/
[類音] cloud (雲 /kláud/)

    名 **群衆**、人込み；仲間、連中   動 ～に詰めかける；群がる
形 crowded (混雑した、満員の；ぎっしり詰まった)

☐ 0132
passage
/pǽsidʒ/

    名 **通路**、道路；(議案などの) 通過；(出来事などの) 推移；(文などの) 一節
動 pass (通り過ぎる)
名 pass (通行証；定期券)、passenger (乗客)

☐ 0133
manner
/mǽnər/

    名 **方法**、やり方 (≒way)；態度；(～s) 行儀、作法；(～s) (ある国民・時代の) 風習、習慣

☐ 0134
bottom
/bátəm/

    名 **底**、最低部 (⇔top)；最下位；尻   形 底の、最下部の；最低の
形 bottomless (非常に深い；計り知れない、無限の)

☐ 0135
excuse
/ikskjú:s/

    名 (～に対する) **言い訳**、弁解 (for ～)；(～の) 理由 (for ～)；欠席届け   動 (/ikskjú:z/) ～を許す；～を弁解する

☐ 0136
path
/pǽθ/
[類音] pass (通り過ぎる /pǽs/)

    名 **小道**、細道；進路、軌道；(行動の) 方針；生き方

continued
▼

赤色の第1定義を知っているからといって、侮ることなかれ。第2定義以降に知らない意味があるかも。しっかりと押さえておこう。

- ☐ 聞くだけモード　Check 1
- ☐ しっかりモード　Check 1 ▶ 2
- ☐ かんぺきモード　Check 1 ▶ 2 ▶ 3

WEEK 2

Check 2　Phrase

☐ a row of houses（家並み）
☐ in a row（1列になって）

☐ give one's view（自分の意見を述べる）
☐ a point of view（観点、見地、立場）

☐ a weekend crowd（週末の人込み）
☐ get in with a bad crowd（悪い連中とつき合う）

☐ an underground passage（地下通路）
☐ with the passage of time（時がたつにつれて）

☐ a common manner of living（ありきたりの生き方）
☐ a kind manner（親切な態度）

☐ the bottom of the ocean（海底）
☐ the bottom of the mountain（山のふもと）

☐ make an excuse（言い訳をする）
☐ without a good excuse（もっともな理由もなく）

☐ a path through the woods（森の中の小道）
☐ the path of a typhoon（台風の進路）

Check 3　Sentence

☐ Our seats were in the front row.（私たちの席は最前列だった）

☐ I have a different view of the problem.（私にはその問題について異なった考えがある）

☐ A crowd of reporters was outside the building.（リポーターたちの群れが建物の外にいた）

☐ This is the passage to the other side of the station.（これが駅の向こう側に通じる道だ）

☐ The boy had a relaxed and friendly manner.（その少年はくつろいだ人なつこい態度だった）

☐ They found the bicycle at the bottom of the lake.（彼らは湖の底で自転車を見つけた）

☐ Her teacher didn't believe her excuse for being late.（先生は彼女の遅刻の言い訳を信じなかった）

☐ That path leads to the beach.（あの道は海岸に通じている）

continued ▼

Day 9

Check 1 Listen)) CD-A9

0137
role
/róul/
[同音] roll (転がる)

名 (人・物の) **役割**、任務 (≒ part);(劇などの) 役

0138
electricity
/ilektrísəti/
❶アクセント注意

名 **電気**;電力;極度の緊張、興奮
形 electric (電気の;電気で動く;緊迫した)、electrical (電気の;電気に関する)

0139
stream
/strí:m/

名 **小川**、流れ;(通例the ~)(時勢・世論などの) 流れ、動向;(水・空気などの) 流れ ➕riverは「(船が航行できるくらいの)川」
動 流れる、流れ出る

0140
heaven
/hévən/

名 **天国** (⇔hell);極楽、至福の場所;(~s) 天
形 heavenly (素晴らしい、とても楽しい;天の、空の)

0141
load
/lóud/
[類音] lord (君主 /lɔ́:rd/)

名 **積み荷**;積載量;仕事量;(精神的な) 負担、重荷 動 ~を積む;(弾丸) を込める;(フィルム) を入れる

0142
reason
/rí:zn/

名 **理由**;根拠;理性;道理 動 ~を判断 [推測、推論] する
名 reasoning (推論、推理)
形 reasonable (正当な;分別のある;ほどよい)
副 reasonably (ほどよく;合理的に)

0143
force
/fɔ́:rs/

名 **軍事力**、武力;暴力;(物理的な) 力;影響力 動 ~に (…することを) 強いる (to do);~を押し進める
形 forceful (力強い;説得力のある)

0144
sign
/sáin/

名 **兆候**、表れ;身ぶり;合図;標識、標示 動 ~に署名する
名 signal (信号、シグナル;表れ、しるし)、signature (署名、サイン) ➕芸能人などの「サイン」はautograph

---

| Day 8)) CD-A8
Quick Review
答えは右ページ下 | ☐ 期間
☐ 脳
☐ 細部
☐ 陰 | ☐ 心配
☐ 国民
☐ 結果
☐ 苦痛 | ☐ 親切な行為
☐ 4分の1
☐ 原因
☐ 病気 | ☐ 殺人
☐ 尊敬
☐ 思考
☐ 勇気 |

Check 2　Phrase

- ☐ fill the role of ~（~の任務を果たす）
- ☐ role reversal（役割交代）

- ☐ static electricity（静電気）
- ☐ turn off the electricity（電気を切る）

- ☐ cross a stream（小川を渡る）
- ☐ go against the stream（時勢に逆らう）

- ☐ go to heaven（天国へ行く、死ぬ）
- ☐ be in heaven（大変うれしい；死んでいる）

- ☐ a full load of coal（山のように積まれた石炭）
- ☐ make his load lighter（彼の仕事量を少なくする）

- ☐ give a reason for ~（~の理由を述べる）
- ☐ lose one's reason（理性［正気］を失う）

- ☐ the (armed) forces（軍隊）
- ☐ resort to force（腕力［暴力］に訴える）

- ☐ a sign of the times（時勢の表れ）
- ☐ talk in [by] signs（手まねで話す）

Check 3　Sentence

- ☐ She played the lead role in the play.（彼女はその劇で主役を演じた）

- ☐ We should try to save electricity.（私たちは電気を節約するよう努めるべきだ）

- ☐ There's a stream behind her house.（彼女の家の裏には小川がある）

- ☐ The new office building is like heaven compared to the old one.（新しいオフィスビルは以前のものと比べると天国のようだ）

- ☐ Each hiker had a heavy load to carry.（ハイカーはそれぞれ重い荷物を持っていた）

- ☐ There must be a reason why he left early.（なぜ彼が早く帰ったかには理由があるはずだ）

- ☐ They used force to open the door.（彼らは力ずくでドアを開けた）

- ☐ The drop in unemployment is one sign of the economic recovery.（失業率の低下は景気回復の1つの兆候だ）

Day 8))CD-A8
Quick Review
答えは左ページ下

- ☐ period
- ☐ brain
- ☐ detail
- ☐ shade
- ☐ trouble
- ☐ citizen
- ☐ effect
- ☐ pain
- ☐ favor
- ☐ quarter
- ☐ cause
- ☐ disease
- ☐ murder
- ☐ respect
- ☐ thought
- ☐ courage

WEEK 1
WEEK 2
WEEK 3
WEEK 4
WEEK 5
WEEK 6
WEEK 7
WEEK 8
WEEK 9
WEEK 10

Day 10

★★☆☆
Level 1-2 ＿ 名詞(Noun) 3

Check 1　　Listen 》CD-A10

☐ 0145
fare
/féər/
[同音] fair（公平な）

　名 (交通機関の) **運賃**、料金；（レストランなどの）料理；乗客
　⊕chargeは「（サービスの）料金」、feeは「（入場・入会などの）料金」

☐ 0146
truth
/trú:θ/
[類音] truce（休戦 /trú:s/）

　名 (通例the ～) **真実**、事実；真実性；(～s) 真理、立証された事実
　形 true（真実の、本当の）、truthful（正直な；真実の）
　副 truly（本当に；正確に）

☐ 0147
knowledge
/nálidʒ/
❗発音注意

　名 **知識**；学識；認識、理解
　動 know（～を知っている、理解している）
　形 knowledgeable（博識な）

☐ 0148
occasion
/əkéiʒən/
❗発音注意

　名 (特定の) **場合**、時（≒case）；（特別な）出来事、行事（≒event）；機会、好機（≒opportunity）
　形 occasional（時折の、時々の）
　副 occasionally（時々、時折）

☐ 0149
grade
/gréid/

　名 **学年**；成績；（質などの）等級（≒class）　動 ～に成績をつける；～を等級分けする
　名 gradation（[変化・推移の] 段階、順序）
　形 gradual（少しずつの；緩やかな）
　副 gradually（次第に、徐々に）

☐ 0150
tool
/tú:l/
❗発音注意

　名 **道具**、工具；工作機械；手段；道具として使われる人

☐ 0151
harm
/há:rm/

　名 (物質的・精神的な) **損害**、害（≒damage）；不都合　動 ～を害する、傷つける
　形 harmful（有害な、危険な）、harmless（害のない、無害の）

☐ 0152
method
/méθəd/

　名 **方法**、方式（≒manner、way）；方法論；順序、筋道
　名 methodology（方法論）
　形 methodical（整然とした、秩序だった；入念な）

continued
▼

「音読」って知ってる？ フレーズや文は、「見る」だけでなく、声に出して（音読して）読んでみよう。音読は定着度抜群の練習法！

- □ 聞くだけモード　Check 1
- □ しっかりモード　Check 1 ▶ 2
- □ かんぺきモード　Check 1 ▶ 2 ▶ 3

WEEK 1

Check 2　Phrase

Check 3　Sentence

WEEK 2

- □ a taxi [bus] fare（タクシー[バス] 料金）
- □ a single [double] fare（片道[往復] 運賃）

□ The train fare from here to Shinjuku is 290 yen.（ここから新宿までの乗車料金は290円だ）

WEEK 3

- □ to tell (you) the truth（実を言えば）
- □ There is no truth to [in] ~.（~には真実性がない）

□ They didn't tell their teacher the truth.（彼らは先生に真実を話さなかった）

WEEK 4

- □ a piece of knowledge（1つの知識）
- □ a person of knowledge（学識豊かな人）

□ I was impressed with her knowledge of mathematics.（私は彼女の数学の知識に感心した）

WEEK 5

- □ on the occasion of ~（~の時[機会]に）
- □ on every occasion（あらゆる場合に）

□ I've met with her on several occasions.（私は彼女に何回か会ったことがある）

WEEK 6

- □ the first grade（第1学年）
- □ get a good grade in ~（~でよい成績を取る）

□ The children were all in the second grade.（その子どもたちはみんな第2学年だった）

WEEK 7

- □ carpenter's tools（大工道具）
- □ a communication tool（伝達手段）

□ The carpenter used several electric tools.（その大工はいくつか電動工具を使った）

WEEK 8

- □ do harm to ~（~に危害[損害]を加える）
- □ mean no harm（悪意はない）

□ There's no harm in trying again.（もう1度試してみても害はない）

WEEK 9

- □ methods of payment（支払い方法）
- □ an unusual method（独特の方法）

□ The school developed a new method of teaching English.（その学校は新しい英語教授法を開発した）

WEEK 10

continued
▼

Day 10

Check 1　Listen 》CD-A10

0153 companion /kəmpǽnjən/
- 名 **仲間**、友達（≒ colleague）；（組・対の）一方
- 名 companionship（[親密な] 交際、友好）

0154 spirit /spírit/
- 名 **気力**、気迫；霊；精神（⇔ body）；気分、精神状態
- 形 spirited（元気のいい）、spiritual（精神の、精神的な；宗教的な）

0155 crew /krúː/
[類音] clue（手がかり /klúː/）
- 名 **乗組員**；乗務員；（技術的な作業の）一団、チーム；仲間、連中

0156 score /skɔ́ːr/
- 名 （競技の）**得点**；（試験の）点数、成績；楽譜　動 得点する；成功する
- 名 scorer（得点者、[スポーツの] 公式記録員）

0157 practice /prǽktis/
- 名 **実行**、実際（⇔ theory）；練習（≒ exercise）；習慣；（医者・弁護士の）業務　動 ～を練習する；（専門職）を営む；～を行う
- 名 practitioner（開業医、弁護士）
- 形 practical（実践上の、実際の、実際的な）

0158 mass /mǽs/
[類音] math（数学 /mǽθ/）
- 名 **集団**、集まり；（masses [a mass] of ～で）多数 [多量] の～；（～es）一般大衆、庶民　形 大衆の
- 形 massive（大きくて重い；[規模・程度などが] 大きい）

0159 progress /prágres/
❶アクセント注意
- 名 **進歩**、発達（≒ improvement）；進展；進行；（時間などの）経過、推移　動 (/prəgrés/) 進歩 [発展] する；前進する
- 形 progressive（進歩的な；漸進的な）

0160 effort /éfərt/
- 名 （精神的・肉体的な）**努力**；奮闘、取り組み（≒ endeavor, attempt）；努力の成果

Day 9　》CD-A9　Quick Review
答えは右ページ下

- ☐ 列
- ☐ 意見
- ☐ 群衆
- ☐ 通路
- ☐ 方法
- ☐ 底
- ☐ 言い訳
- ☐ 小道
- ☐ 役割
- ☐ 電気
- ☐ 小川
- ☐ 天国
- ☐ 積み荷
- ☐ 理由
- ☐ 軍事力
- ☐ 兆候

Check 2　Phrase

- □ a traveling companion（旅の道連れ）
- □ a companion volume（姉妹編）

- □ fighting spirit（闘志）
- □ a free spirit（自由な精神）

- □ crew on a ship（船の乗組員）
- □ a camera crew（カメラ班、撮影班）

- □ get a good score（大量得点する；好成績を挙げる）
- □ the average score（平均点）

- □ in practice（実際には）
- □ daily piano practice（毎日のピアノの練習）

- □ a mass of snow [concrete]（雪[コンクリート]の塊）
- □ masses of people（たくさんの人々）

- □ the progress of science（科学の進歩）
- □ in progress（進行[継続]中で）

- □ make an effort to learn English（英語をマスターしようと努力する）
- □ with [without] (an) effort（苦労して[何の苦労もなく]）

Check 3　Sentence

- □ Her brother was her companion on the trip.（彼女の弟が彼女の旅行に同伴した）

- □ She seems to be in high spirits today.（彼女は今日、元気いっぱいのようだ）

- □ The space shuttle crew observed the aurora.（スペースシャトルの乗組員はオーロラを観測した）

- □ He made a perfect score on the math test.（彼は数学のテストで満点を取った）

- □ We should put the plan into practice.（私たちは計画を実行すべきだ）

- □ There is a mass of documents on my desk.（私の机の上には書類の山がある）

- □ They made little progress in reaching an agreement.（彼らは合意に達する進展をほとんど生み出さなかった）

- □ It takes a lot of effort to learn a foreign language.（外国語を学ぶには多くの努力が必要だ）

Day 9　))CD-A9
Quick Review
答えは左ページ下

- □ row
- □ view
- □ crowd
- □ passage
- □ manner
- □ bottom
- □ excuse
- □ path
- □ role
- □ electricity
- □ stream
- □ heaven
- □ load
- □ reason
- □ force
- □ sign

WEEK 1
WEEK 2
WEEK 3
WEEK 4
WEEK 5
WEEK 6
WEEK 7
WEEK 8
WEEK 9
WEEK 10

Day 11 ★★☆☆

Level 1-2　名詞(Noun) 4

Check 1　　Listen))) CD-A11

□ 0161
sight
/sáit/
[同音] cite（～を引用する）、site（場所）

名 **視力**、視覚；見ること；視界、視野；景色、光景（≒ view）
動 ～を見つける；～を観測する
名 sightseeing（観光、見物）

□ 0162
paper
/péipər/

名 **新聞**；研究論文；小論文、(学生の) レポート；紙

□ 0163
rate
/réit/
[類音] late（遅い /léit/）

名 **割合**、比率；料金；相場；速度　動 ～を評価する、見積もる；(映画を)～に指定する
名 rating（格付け；評価；[～s] 視聴率；[映画の] 指定）

□ 0164
experience
/ikspíəriəns/
❶アクセント注意

名 **経験**、体験；(経験によって得た) 知識、技能；(～s) 体験談
動 ～を経験する、感じる
形 experienced（経験豊かな；[～に] 熟達した [in ～]）

□ 0165
poison
/póizn/

名 **毒**、毒物；害を与える物 [人]；弊害　動 ～に毒を盛る；～を害する
形 poisonous（有毒な；有害な）

□ 0166
stuff
/stʌ́f/
[類音] staff（職員 /stǽf/）

名 **材料**、原料（≒ material）；(漠然と) 物（≒ thing、matter）；(人の) 専門（分野）　動 ～を(…に) 詰め込む（into [in] ...）
形 stuffy（[部屋などが] 風通しの悪い；[人が] 堅苦しい）

□ 0167
lack
/lǽk/
[類音] luck（運 /lʌ́k/）

名 **不足**；欠如（≒ shortage）　動 ～を欠いている、持っていない

□ 0168
youth
/júːθ/
[類音] use（使用 /júːs/）

名 **青春時代**、青年期；(主に10代の) 若者；若い人たち；若々しさ
形 youthful（若者特有の；若い）

continued
▼

Level 1-2の名詞も、今日と明日の2日で終わり。しっかりと身についている？ 自信のない場合は、Quick Checkで復習を忘れずに！

- ☐ 聞くだけモード　Check 1
- ☐ しっかりモード　Check 1 ▶ 2
- ☐ かんぺきモード　Check 1 ▶ 2 ▶ 3

WEEK 1
WEEK 2
WEEK 3
WEEK 4
WEEK 5
WEEK 6
WEEK 7
WEEK 8
WEEK 9
WEEK 10

Check 2　Phrase

- ☐ have good [poor] sight（目がいい [悪い]）
- ☐ catch [lose] sight of ~（~を見つける [見失う]）

- ☐ a morning [an evening] paper（朝 [夕] 刊）
- ☐ deliver a paper（論文を口頭発表する）

- ☐ the unemployment rate（失業率）
- ☐ telephone rates（電話料金）

- ☐ have a pleasant experience（楽しい経験をする）
- ☐ learn by experience（経験から学ぶ）

- ☐ a dose of poison（1服の毒）

- ☐ the stuff for a report（レポートを書く資料）
- ☐ important stuff（大切な物）

- ☐ lack of time（時間の不足）
- ☐ for lack of ~（~がないために）

- ☐ in one's youth（青春時代に）
- ☐ a gifted youth（優れた才能の若者）

Check 3　Sentence

- ☐ He lost his sight when he was young.（彼は若いときに視力を失った）

- ☐ Our company put an ad in the paper.（私たちの会社は新聞に広告を出した）

- ☐ The newspaper says that interest rates are going to go up soon.（新聞によると利率は近いうちに上がるということだ）

- ☐ I have five years' experience as a secretary.（私は秘書としての5年の経験がある）

- ☐ Some plants contain deadly poison.（いくつかの植物は猛毒を含んでいる）

- ☐ I have a lot of stuff in my apartment.（私のアパートには物がたくさんある）

- ☐ A lack of money was their biggest problem.（資金不足が彼らの最大の問題だった）

- ☐ He studied in England during his youth.（彼は青年時代にイギリスで学んだ）

continued
▼

Day 11

Check 1　Listen)) CD-A11

□ 0169
purpose
/pə́ːrpəs/
- 名 **目的**、意図（≒aim）；決心、決意
- 形 purposeful（目的のある）
- 副 purposely（故意に、わざと［≒on purpose、deliberately］）

□ 0170
audience
/ɔ́ːdiəns/
- 名 **聴衆**、観衆；（テレビの）視聴者、（ラジオの）聴取者；（意見などの）聴聞（の機会）

□ 0171
condition
/kəndíʃən/
- 名 **状態**；(〜s) 状況、事情（≒situation）；条件　動 〜を（…するように）慣らす、条件づける（to do）
- 形 conditional（条件つきの；暫定的な）

□ 0172
trust
/trʌ́st/
- 名 **信用**、信頼（≒belief、credit）；委託、保管；責任　動 〜を信用［信頼］する
- 名 trustee（[他人の財産の] 受託人、保管人）
- 形 trustworthy（信用［信頼］できる、頼りになる）

□ 0173
direction
/dirékʃən/
- 名 **方向**、方角；指導（≒guidance）；（映画などの）監督；(〜s) 指示、道順；(〜s)（機械などの）使用法
- 動 direct（〜を向ける；〜を監督する）
- 形 direct（直接の；真っすぐな）
- 副 directly（直接に）

□ 0174
fault
/fɔ́ːlt/
- 名 **誤り**（≒mistake）；落ち度；（誤り・落ち度の）責任　動 〜を非難する
- 形 faultless（欠点がない、完ぺきな）、faulty（欠陥［欠点］のある；[考えなどが] 誤った）

□ 0175
praise
/préiz/
- 名 **称賛**、褒めること；（神を）たたえること、（神への）賛美、崇拝　動 〜を褒める、称賛する
- 形 praiseworthy（称賛に値する；感心な）

□ 0176
habit
/hǽbit/
- 名 **習慣**；癖；気質、性質；（麻薬などの）常用癖　⊕customは「（社会的な）習慣」
- 形 habitual（習慣の、習慣的な；常習的な）

Day 10)) CD-A10
Quick Review
答えは右ページ下

- □ 運賃
- □ 真実
- □ 知識
- □ 場合
- □ 学年
- □ 道具
- □ 損害
- □ 方法
- □ 仲間
- □ 気力
- □ 乗組員
- □ 得点
- □ 実行
- □ 集団
- □ 進歩
- □ 努力

Check 2 Phrase

- □ find one's purpose（目的を見つけ出す）
- □ on purpose（わざと、故意に）

- □ a large [small] audience（多数 [少数] の聴衆）
- □ an audience rating（視聴率）

- □ living conditions（生活状態）
- □ a condition of success（成功の条件）

- □ have [put] one's trust in ~（~を信頼する）
- □ leave ~ in trust with ...（~を…に預ける）

- □ in the opposite direction（反対の方向に）
- □ follow directions（指示に従う）

- □ find fault with ~（~のあら探しをする）
- □ It's your fault.（それはあなたの責任だ）

- □ win praise from ~（~から称賛を受ける）
- □ in praise of ~（~を称賛して）

- □ make a habit of -ing（習慣的に~している）
- □ a bad habit（悪習）

Check 3 Sentence

- □ The purpose of this meeting is to make a sales plan.（この会議の目的は販売計画を立てることだ）

- □ There were over 3,000 people in the audience.（3000人を超す聴衆がいた）

- □ These paintings are in excellent condition.（これらの絵は素晴らしい状態にある）

- □ Our friendship is based on trust.（私たちの友情は信頼に基づいている）

- □ Which direction is the wind blowing from?（どちらの方角から風が吹いてきていますか？）

- □ It's my fault we missed the bus.（私たちがバスに乗り遅れたのは私の責任だ）

- □ Jim received high praise from the teacher for his effort.（ジムは彼の努力を先生からとても褒められた）

- □ She had a habit of biting her nails.（彼女はつめをかむ癖があった）

Day 10 》CD-A10
Quick Review
答えは左ページ下

- □ fare
- □ truth
- □ knowledge
- □ occasion
- □ grade
- □ tool
- □ harm
- □ method
- □ companion
- □ spirit
- □ crew
- □ score
- □ practice
- □ mass
- □ progress
- □ effort

Day 12

Level 1-2　名詞(Noun) **5**

Check 1　Listen)) CD-A12

□ 0177
care
/kéər/

名 **世話**、介護；(細心の) 注意、用心；心配 (事)；懸念　動 (〜を) 気遣う (about 〜)；気にかける
形 careful (注意深い、慎重な)、careless (不注意な、軽率な)
副 carefully (注意深く、慎重に)

□ 0178
passenger
/pǽsəndʒər/

名 (乗り物の) **乗客**；旅客

□ 0179
track
/trǽk/
[類音] truck (トラック /trʌ́k/)

名 (人・車などの) **通った跡**；軌道、進路 (≒ rail)；(踏みならされてできた) 小道　動 〜の跡を追う

□ 0180
agency
/éidʒənsi/

名 (政府などの) **機関**；代理店、取次店；仲介
名 agent (代理人、代理店；諜報員、スパイ；作用物、薬剤)

□ 0181
cheer
/tʃíər/

名 **喝さい**、歓呼；声援；励まし；元気、陽気　動 〜に喝さいを送る、〜を応援する；〜を元気づける
形 cheerful (陽気な、元気のよい；愉快な、楽しい)
副 cheerfully (上機嫌で、快活に)

□ 0182
sense
/séns/

名 **認識力**、判断力；意味、意図；感じ、感触、感覚　動 〜を感じる；〜に気づく
形 sensible (分別のある、賢明な)、sensitive (敏感な、気が回る)

□ 0183
danger
/déindʒər/
❶発音注意

名 **危険** (≒ risk ⇔ safety)；危険な物 [人、事]；危険性
形 dangerous (危険な、危ない)

□ 0184
flood
/flʌ́d/
❶発音注意

名 **洪水**；(物・人の) 殺到、洪水；(a flood of 〜で) 多数 [多量] の〜　動 〜を水浸しにする；殺到する

continued
▼

Check 2とCheck 3を積極的に活用してる？
出合いの数だけ語彙は定着する──1日10回、
語彙を目にして、読むことを目指してみよう。

- □ 聞くだけモード　Check 1
- □ しっかりモード　Check 1 ▶ 2
- □ かんぺきモード　Check 1 ▶ 2 ▶ 3

Check 2　Phrase

- □ with great care（よく注意して）
- □ medical care（医療）

- □ a passenger list（乗客名簿）
- □ a passenger plane（旅客機）

- □ a mountain track（山道）
- □ keep [lose] track of ~（~を見失わないようにする[見失う]）

- □ the Central Intelligence Agency（米国中央情報局[＝CIA]）
- □ a car rental agency（レンタカー代理店）

- □ give [raise] a cheer（喝さいする）
- □ give cheer to ~（~を元気づける）

- □ a sense of humor（ユーモアが分かる心）
- □ in a sense（ある意味では）

- □ out of danger（危険を脱して）
- □ There is no danger of ~.（~の危険性はない）

- □ in flood（[川が] 増水して、はんらんして）
- □ a flood of letters（殺到する手紙）

Check 3　Sentence

- □ Nancy took care of her sister during her illness.（ナンシーは病気の妹の世話をした）

- □ There were 40 passengers on the bus.（バスには40人の乗客が乗っていた）

- □ They think the economy is on the right track.（彼らは経済が正しい軌道に乗っていると考えている）

- □ I bought my ticket at a travel agency.（私は旅行代理店で切符を買った）

- □ The theater was filled with cheers.（劇場は喝さいの声でいっぱいになった）

- □ My mother has no sense of direction.（私の母は方向音痴だ）

- □ He was in danger of catching a cold.（彼は風邪をひきそうだった）

- □ Many people had to leave their homes because of the flood.（洪水のため、多くの人が家を去らなければならなかった）

WEEK 1
WEEK 2
WEEK 3
WEEK 4
WEEK 5
WEEK 6
WEEK 7
WEEK 8
WEEK 9
WEEK 10

continued
▼

Day 12

Check 1　Listen 》CD-A12

0185
duty
/djú:ti/
- 名 **義務**；(通例〜ies) 職務、任務；税金、関税　❶「権利」は right
- 形 dutiful (忠実な、従順な)、duty-free (免税の)

0186
result
/rizʌ́lt/
- 名 **結果** (⇔cause)；(試験・検査などの) 成績 (≒score)；(〜s) 成果、効果　動 (結果として) 生じる；(〜に) 終わる (in 〜)
- 形 resultant (結果としての)

0187
mankind
/mǽnkáind/
- 名 **人類**、人間 (≒humankind)
- 名 man (男；人間)、manhood (男らしさ；成人 [男子] であること)
- 形 manly (男らしい)

0188
enemy
/énəmi/
- 名 **敵**、敵対者；敵軍、敵国；害を与える物

0189
crash
/krǽʃ/
[類音] crush (〜を押しつぶす /krʌ́ʃ/)
- 名 **衝突** (事故)；墜落；(コンピューターの) 故障；(相場の) 暴落　動 衝突する、ぶつかる；墜落する；(装置が) クラッシュする；大暴落する

0190
pause
/pɔ́:z/
[類音] pose (姿勢 /póuz/)
- 名 **中断**、休止 (≒stop)；ちゅうちょ、ためらい；フェルマータ
- 動 ちょっと中止 [中断] する

0191
nature
/néitʃər/
- 名 **自然**；性質；本質 (≒quality)；(性質から見た) 種類
- 形 natural (当然の；自然の；生まれながらの；気取らない)
- 副 naturally (当然、もちろん；生まれつき)

0192
material
/mətíəriəl/
❶ アクセント注意
- 名 **素材**；原料；(服などの) 生地；(〜s) 用具；資料、題材、素材　形 世俗 [物欲] 的な；物質的な
- 名 materialism (物質主義、実利主義)
- 動 materialize (実現する；発生する)

Day 11 》CD-A11
Quick Review
答えは右ページ下

- □ 視力
- □ 新聞
- □ 割合
- □ 経験
- □ 毒
- □ 材料
- □ 不足
- □ 青春時代
- □ 目的
- □ 聴衆
- □ 状態
- □ 信用
- □ 方向
- □ 誤り
- □ 称賛
- □ 習慣

Check 2 Phrase

- do one's duty（本分を尽くす）
- public duties（公務）

- the final result（最終結果）
- good results（好結果［成績］）

- save mankind from nuclear destruction（核による破壊から人類を救う）

- a natural enemy（天敵）
- make an enemy of ～（～を敵に回す）

- a three-car crash（3台の車の衝突事故）
- a dollar crash（ドル暴落）

- make [have, take] a pause（小休止する）
- give ～ pause（～にちゅうちょさせる；～に再考を促す）

- the laws of nature（自然の法則）
- human nature（人間性）

- raw material（原料、素材）
- suit material（服地）

Check 3 Sentence

- Paying taxes is everyone's duty.（税金を納めるのはすべての人の義務だ）

- After the votes were counted, the result was announced.（投票が集計されて、結果が公表された）

- Mankind has made many mistakes in the past.（人類は過去に多くの過ちを犯してきた）

- Japan and the United States were enemies during World War II.（日本と米国は第2次世界大戦中に敵同士だった）

- Three cars were involved in the crash.（3台の自動車が衝突事故に巻き込まれた）

- There was a long pause in the conversation.（その会話には長い中断があった）

- My grandfather has always been a nature lover.（私の祖父はずっと自然愛好者だ）

- I bought material to make a summer dress with.（私はサマードレスを作るために生地を買った）

WEEK 1
WEEK 2
WEEK 3
WEEK 4
WEEK 5
WEEK 6
WEEK 7
WEEK 8
WEEK 9
WEEK 10

Day 11))) CD-A11
Quick Review
答えは左ページ下

- sight
- paper
- rate
- experience
- poison
- stuff
- lack
- youth
- purpose
- audience
- condition
- trust
- direction
- fault
- praise
- habit

Day 13

副詞(Adverb) 1

Check 1　　Listen)) CD-A13

0193
seldom
/séldəm/

副 **めったに〜ない**（≒rarely、hardly ever）；〜の場合はほとんどない

0194
actually
/ǽktʃuəli/

副 **実は**；(まさかと思うかもしれないが)本当は；実際に、現実に
名 actuality（現実[性]）
形 actual（現実の、実際の）

0195
besides
/bisáidz/

副 **その上**、さらに（≒also）；そのほかに

0196
nearly
/níərli/

副 **ほとんど**；危うく、もう少しで（≒almost）　❶nearlyは「到達点にほとんど近づいて」、almost「近づいてはいるがまだ少し足りない」というニュアンス
形 near（近い、近くの）
副 near（近く、近くに）

0197
instead
/instéd/

副 **その代わりに**；そうしないで；そうではなくて

0198
originally
/ərídʒənəli/

副 **最初は**、元は；生まれは、出身は
動 originate（[〜から] 生じる [from 〜]）
名 original（原作、原文）、origin（源、起源）
形 original（最初の；独創的な）

0199
largely
/láːrdʒli/

副 **大部分は**、主として；たくさん、多量に
形 large（大きい、広い；多数の、多量の）

0200
frequently
/fríːkwəntli/

副 **しばしば**、頻繁に（≒often）
名 frequency（頻度、回数；頻発；周波数）
形 frequent（たびたびの、頻繁に起こる）

continued

今日と明日は、副詞をチェックしよう。seldom やhardlyなど、否定語としての機能を持つ副詞は受験でも頻出！ しっかりと押さえよう。

☐ 聞くだけモード　Check 1
☐ しっかりモード　Check 1 ▶ 2
☐ かんぺきモード　Check 1 ▶ 2 ▶ 3

Check 2　Phrase

☐ seldom or never ~（まず~しない）

☐ I don't actually remember ~．（実は、~を覚えていない）
☐ He's actually ~．（彼は本当のところ~だ）

☐ and besides（それにまた）

☐ nearly empty（ほとんど空の）
☐ I was nearly run over by ~．（危うく~にひかれるところだった）

☐ Give me ~ instead．（代わりに~をください）

☐ as originally planned（当初の計画通りに）

☐ largely because ~（主に~の理由で）
☐ spend largely（惜しげもなく使う）

☐ frequently asked questions（よく出る質問=FAQ）

Check 3　Sentence

☐ He seldom eats at home．（彼はめったに家で食事をしない）

☐ It was actually a very difficult test．（それは、実はとても難しい試験だった）

☐ I hate swimming, and besides, it's too cold．（私は泳ぐのは嫌いだし、それに寒すぎる）

☐ We talked for nearly an hour．（私たちはほとんど1時間近く話した）

☐ She did not go to college, but began working instead．（彼女は大学へは行かなかったが、その代わりに働き始めた）

☐ We originally wanted to marry this year, but will wait until next year．（私たちは最初は今年中に結婚したかったが、来年まで待つことになるだろう）

☐ The population of this area is largely Italian．（この地域の住民は大部分はイタリア人だ）

☐ He visits her frequently, but doesn't stay long．（彼はしばしば彼女を訪れるが、長居はしない）

continued ▼

Day 13

Check 1　Listen))) CD-A13

0201 eventually /ivéntʃuəli/
副（遅れ・問題などはあったが）**結局は**、ついに；いつかは；やっと
名 event（出来事；行事；イベント）
形 eventual（結果として生じる；最後の）

0202 meanwhile /míːnhwàil/
副 **その間に**；そうしている時に；一方では、同時に

0203 lately /léitli/
副 **最近**、このごろ、近ごろ
形 late（遅れた、遅刻した；最近の、近ごろの；遅い）

0204 hardly /háːrdli/
副 **ほとんど〜ない**；とても〜ない　❶hardlyはscarcelyよりも一般的な語。barelyは「やっと、辛うじて」という肯定的な意味合いになる

0205 probably /prάbəbli/
副 **恐らく**、多分
名 probability（見込み、蓋然性、公算）
形 probable（ありそうな、起こりそうな）

0206 unfortunately /ʌnfɔ́ːrtʃənətli/
副 **不幸にも**、不運にも、残念ながら、あいにく（⇔fortunately）
形 unfortunate（不運な、不幸な）

0207 pretty /príti/
副 **まずまず**、割合に；とても、相当、かなり　形 かわいらしい；きれいな；美しい

0208 immediately /imíːdiətli/
副 **すぐに**、直ちに；すぐ近くで；じかに
形 immediate（即座の、即時の；当面の；すぐの；すぐ隣の）

| Day 12))) CD-A12 Quick Review 答えは右ページ下 | □ 世話 □ 乗客 □ 通った跡 □ 機関 | □ 喝さい □ 認識力 □ 危険 □ 洪水 | □ 義務 □ 結果 □ 人類 □ 敵 | □ 衝突 □ 中断 □ 自然 □ 素材 |

Check 2 Phrase

- □ I eventually found ~. (ついに~を見つけた)

- □ Meanwhile, please be seated. (その間はお座りください [飛行機内などでのアナウンス])

- □ Have you seen ~ lately? (最近~に会いましたか?)

- □ I can hardly hear ~. (ほとんど~が聞こえない)

- □ You're probably right. (多分そうでしょう [完全ではない同意を表す])

- □ Unfortunately, I have to do ~. (残念ながら、私は~しなくてはならない)

- □ pretty fair (まずまずの)
- □ pretty cold (かなり寒い)

- □ immediately after the accident (事故直後に)
- □ immediately under the table (テーブルのすぐ下に)

Check 3 Sentence

- □ Eventually, the sky cleared up and we went to the park. (やっと空が晴れ上がって、私たちは公園へ出かけた)

- □ My wife went to answer the phone; meanwhile, I started to prepare lunch. (妻が電話に出に行って、その間、私は昼食の準備を始めた)

- □ I haven't been feeling very well lately. (このごろ私は体の調子があまりよくない)

- □ I hardly know my neighbors. (私は近所の人たちをほとんど知らない)

- □ I'll probably go out for dinner this evening. (私は今夜、恐らく外に食事に出るだろう)

- □ Unfortunately, she declined to come to the party. (残念ながら、彼女はパーティーに来るのを断った)

- □ She said that the final exam was pretty easy. (期末試験は割合に簡単だったと彼女は言った)

- □ It must be done immediately. (それはすぐに行われなければならない)

Day 12))) CD-A12
Quick Review
答えは左ページ下

- □ care
- □ passenger
- □ track
- □ agency
- □ cheer
- □ sense
- □ danger
- □ flood
- □ duty
- □ result
- □ mankind
- □ enemy
- □ crash
- □ pause
- □ nature
- □ material

WEEK 1
WEEK 2
WEEK 3
WEEK 4
WEEK 5
WEEK 6
WEEK 7
WEEK 8
WEEK 9
WEEK 10

Day 14

副詞(Adverb) 2

Check 1　Listen 》CD-A14

☐ 0209
somewhat
/sámhwàt/

副 **いくぶん**、いくらか、多少

☐ 0210
mostly
/móustli/

副 **ほとんどの場合**、たいていは (⇔sometimes); 主に、主として

☐ 0211
anyway
/éniwèi/

副 **とにかく**、何としても; それはそうと、ともかく

☐ 0212
namely
/néimli/

副 **すなわち**、つまり、換言すると (≒that is to say、in other words)

☐ 0213
absolutely
/ǽbsəlúːtli/

副 **完全に** (≒completely); 全く; 絶対に; (返事として) そうだとも
形 absolute (完全な、全くの; 絶対的な; 無制限の、無条件の)

☐ 0214
moreover
/mɔːróuvər/

副 **さらに**、その上、加えて (≒further、besides)

☐ 0215
scarcely
/skέərsli/

副 **ほとんど〜ない** (≒hardly); 辛うじて; とても〜ない
+ scarcelyはhardlyよりもフォーマルな語
名 scarcity (不足、欠乏)
形 scarce (不十分な、乏しい)

☐ 0216
indeed
/indíːd/

副 **本当に**、確かに; 実は、実際は

continued
▼

副詞の主な役割は、動詞や形容詞、そして文全体を修飾すること。だから、Check 2（フレーズ）とCheck 3（文）の中で働きを要チェック！

- 聞くだけモード　Check 1
- しっかりモード　Check 1 ▶ 2
- かんぺきモード　Check 1 ▶ 2 ▶ 3

Check 2　Phrase

☐ somewhat different（少し違う）

☐ mostly cloudy（ほとんど曇りの）

☐ Anyway, how about ~?（それはそうと、〜はどうですか？［話題を変えるときに使う］）

☐ Two girls came, namely, ~ and . . .（2人の少女が来た。つまり、〜と…だ［具体的に説明する際に用いる］）

☐ absolutely impossible（全く不可能な）
☐ Absolutely not.（［返事として］とんでもない）

☐ and moreover（そしてまた［andの強調として用いられる］）

☐ I scarcely know ~.（〜をほとんど知らない）

☐ She is indeed a woman of ~.（彼女は本当に〜な人だ）

Check 3　Sentence

☐ My exam score was somewhat lower than I expected.（試験の点数は私が予想していたよりも少し低かった）

☐ I mostly travel business class except on short flights.（短距離のフライトを除いては、私はほとんどの場合ビジネスクラスで旅行する）

☐ It was raining, but we went to the park anyway.（雨が降っていたが、私たちはとにかく公園に出かけた）

☐ He arrived in Japan last Monday, namely, May 7.（彼はこの前の月曜日、つまり5月7日に日本に着いた）

☐ This painting is absolutely wonderful.（この絵画は全く素晴らしい）

☐ Personal computers are becoming easier to use. Moreover, they are becoming cheaper.（パソコンは使いやすくなってきている。その上、安くなってきている）

☐ We've seen scarcely a drop of rain for over three weeks.（3週間以上の間、ほとんど1滴の雨も見ていない）

☐ She was indeed as beautiful as everyone said she was.（みんなが言っていたように、彼女は確かに美しかった）

continued
▼

Day 14

Check 1　Listen 》CD-A14

0217 barely /béərli/
- 副 **やっと**、辛うじて；(家具などが) 十分でない
- 形 bare (裸の、むき出しの；木 [草、葉] がない；公然の；ほんの、やっとの)

0218 relatively /rélətivli/
- 副 **比較的**、割合に；比較して言えば
- 名 relative (身内、親族)
- 形 relative (比較上の；相対的な)

0219 nevertheless /nèvərðəlés/
- 副 **それにもかかわらず**、それでもやはり (≒ however)

0220 otherwise /ʌ́ðərwàiz/
- 副 **もしそうでなければ**；さもなければ；違ったふうに

0221 abroad /əbrɔ́:d/
- 副 **外国に**[へ]、海外に[へ] (≒ overseas)；広まって、普及して

0222 gradually /grǽdʒuəli/
- 副 **次第に**、だんだんと、徐々に
- 形 gradual (徐々の、漸進的な；[傾斜の] なだらかな)

0223 occasionally /əkéiʒənəli/
- 副 **時折**、時々
- 名 occasion ([特定の] 場合、時)
- 形 occasional (時折の、時々の)

0224 therefore /ðéərfɔ̀:r/
- 副 **その結果**、従って、それゆえに

Day 13 》CD-A13　Quick Review
答えは右ページ下

- □ めったに〜ない
- □ 実は
- □ その上
- □ ほとんど
- □ その代わりに
- □ 最初は
- □ 大部分は
- □ しばしば
- □ 結局は
- □ その間に
- □ 最近
- □ ほとんど〜ない
- □ 恐らく
- □ 不幸にも
- □ まずまず
- □ すぐに

Check 2　Phrase	Check 3　Sentence
☐ barely able to walk（歩くのがやっとの） ☐ a barely furnished room（家具が十分にない部屋）	☐ I barely finished the test, but John said it was easy.（私はやっとのことでその試験を終えたが、ジョンは簡単だったと言った）
☐ relatively cheap（割安な）	☐ It's a relatively expensive restaurant.（それは比較的値段が高いレストランだ）
☐ ~, but nevertheless ...（~だが、それにもかかわらず…）	☐ I am so tired; nevertheless, I must finish this work.（私はとても疲れているが、それでもこの仕事を仕上げなければならない）
☐ Hurry up, otherwise ~.（急ぎなさい、さもないと~） ☐ I think otherwise.（そうは思わない）	☐ Write it again; otherwise, I can't read it.（もう1度それを書いてください。そうしなければ、私はそれが読めません）
☐ go abroad（海外へ行く）	☐ It's expensive to send a package abroad.（荷物を外国へ送るのには高い費用がかかる）
☐ The sun gradually sank.（だんだんと日が沈んだ）	☐ I'm gradually getting used to my new school.（私は新しい学校に徐々に慣れてきている）
☐ very occasionally（ごくたまに）	☐ He still occasionally calls his ex-girlfriend.（彼は今でも時々、彼の元彼女に電話をかける）
☐ I think. Therefore I am.（我思う。ゆえに我あり［哲学者のデカルトの言葉］）	☐ She ran out of money, and therefore had to look for a job.（彼女はお金を使い果たしたので、仕事を探さなければならなかった）

Day 13))) CD-A13
Quick Review
答えは左ページ下

☐ seldom　☐ instead　☐ eventually　☐ probably
☐ actually　☐ originally　☐ meanwhile　☐ unfortunately
☐ besides　☐ largely　☐ lately　☐ pretty
☐ nearly　☐ frequently　☐ hardly　☐ immediately

Week 2 Review

今週学習した語彙の定着度をチェック！ 下の英文と右ページの訳を読みながら、赤字部分の単語がしっかりと身についているかを確認しよう。意味が分からないときは、見出し語番号を参照して学習日の語彙を復習しておこう。

Do you believe in ghosts? A surprising number of people do. Nevertheless(0219), despite hundreds of years of scientific progress(0159) and study, there is not a single piece of indisputable evidence that ghosts actually(0194) do exist. Some people say that ghosts frequently(0200) appear where there has been a dramatic experience(0164), such as a murder(0125). Others say that ghosts are spirits(0154) that are stuck on earth because they are not allowed into heaven(0140).

Unfortunately(0206), these reasons(0142) why ghosts might exist do not help us find the truth(0146) of whether they do exist. Therefore(0224), in order to investigate claims, people have occasionally(0223) done scientific tests. The results(0186) repeatedly show that ghosts do not exist, but naturally this doesn't change the minds of people who claim to have seen a ghost. Other believers try to find faults(0174) with the test conditions(0171) or the methods(0152) the scientists used. Most scientists don't doubt that people think they have seen something, but they think studying mental activity in the brain(0114) would be more useful than studying the physical world. Anyway(0211), as a final thought(0127), whatever you believe and whatever your reasons(0142) are for believing it, it's unlikely that your beliefs will ever be proved or disproved.

□ ghost：幽霊、死者の魂　□ surprising：驚くべき　□ despite：～にもかかわらず
□ indisputable：議論の余地のない、明白な　□ repeatedly：繰り返して　□ naturally：当然、もちろん　□ claim to do：～すると主張する　□ disprove：～を反証する

＊赤字の右上の数字は、その単語の見出し番号を表しています。和文の訳は、見出し語の第1定義ではない場合があります。また、訳中の見出し語訳は、文脈に沿って訳しているため、見出し語の定義と異なることがあります。

あなたは幽霊を信じますか？　驚くほどの数の人々は信じています。それでもやはり、何百年という科学の進歩や研究にもかかわらず、幽霊が実際に存在するという疑いのない証拠は1つもないのです。殺人などの印象的な出来事があった場所に幽霊はしばしば現れると言う人もいます。ほかにも、幽霊は天国に行くことが許されていないために地中に閉じ込められている霊魂だと言う人もいます。

残念ながら、幽霊が存在するかもしれないというこういった理由は、幽霊が実在するかどうかの事実を見つけ出す助けにはなっていません。従って、（幽霊が存在するという）主張を調べるために、人々は時々、科学的なテストをしてきました。その結果が繰り返し証明しているのは幽霊は存在しないということですが、当然のことながら、幽霊を見たと主張する人たちの心はこのことで変わることはありません。（幽霊の存在を）信じているほかの人たちは、テストの状況や、科学者が用いた方法の落ち度を見つけようとします。ほとんどの科学者は、人々が何かを見たと考えていることを疑ってはいませんが、脳内の精神的な活動を研究するほうが物理的な世界を研究するよりも有用であると考えています。とにかく、最終的な考えとしては、何を信じ、それを信じる理由が何であれ、信じていることが証明されたり、反証されたりすることは少ないのです。

WEEK 3

今週は、2000語レベルの形容詞に加えて、いろいろな意味を持つ多義語や日常語も学習します。言えそうで言えない「あの言葉」が満載のWeek 3にさっそくトライ！

Day 15 【Level 1-2_形容詞 1】
▶ 76
Day 16 【Level 1-2_形容詞 2】
▶ 80
Day 17 【Level 1-2_形容詞 3】
▶ 84
Day 18 【多義語 1】
▶ 88
Day 19 【多義語 2】
▶ 92
Day 20 【日常語 1】
▶ 96
Day 21 【日常語 2】
▶ 100

Week 3 Review
▶ 104

英語でコレ言える？
Can you say this in English?

カッコに入る語が分かったら、あなたは2000語レベル?!

▼

このマンガ、すごく面白かったよ。
This comic book was very funny.

ほんと？　借りてもいいかな？
Really? Can I (　　　) it?

ごめん、先約があるんだ。
Sorry, someone else has already asked to read it.

▼
答えはDay 21でチェック！

WEEK 1
WEEK 2
WEEK 3
WEEK 4
WEEK 5
WEEK 6
WEEK 7
WEEK 8
WEEK 9
WEEK 10

Day 15

Level 1-2 形容詞(Adjective) 1

Check 1 Listen)) CD-A15

0225 precious /préʃəs/
- 形 **貴重な**、高価な；大切な、いとしい；(態度などが) 気取った
- 名 price (価格、値段)
- 形 priceless (金では買えない、非常に貴重な)

0226 broad /brɔ́ːd/ ❶発音注意
- 形 (活動範囲などが) **広い**；幅の広い (⇔narrow)；一般的な；広大な
- 動 broadcast (〜を放送する)
- 名 breadth (幅、横幅 [≒width]) ❷「長さ」はlength
- 副 broadly (大ざっぱに)

0227 exact /igzǽkt/
- 形 **正確な**、ぴったりの (≒correct)；厳密な、精密な (≒precise)；きちょうめんな
- 副 exactly (正確に；ちょうど；[同意して] そうです)

0228 willing /wíliŋ/
- 形 **〜するのをいとわない**、快く〜する (to do)；快くやる、その気になっている
- 副 willingly (進んで、快く)

0229 rapid /rǽpid/
- 形 **速い**、急な；素早い
- 副 rapidly (速く、急速に)

0230 comfortable /kʌ́mfərtəbl/ ❶アクセント注意
- 形 **快適な** (⇔uncomfortable)；安らぎを与える；(収入などが) 十分な；苦痛のない
- 名 comfort (快適さ；慰め)
- 副 comfortably (心地よく、気楽に)

0231 absent /ǽbsənt/
- 形 (〜に) **不在の**、欠席の (from 〜) (⇔present)；上の空の、放心状態の；(〜に) 欠けている (from 〜)
- 名 absence (不在；欠席；欠如、不足)

0232 terrible /térəbl/
- 形 **猛烈な**、ひどい；ひどく悪い (≒very bad)；恐ろしい
- 副 terribly (とても [≒very]、ひどく)

continued
▼

『キクタン Basic』も5分の1が終了！ 学習語彙は順調に定着してる？ 今日から3日間はLevel 1-2 (2000語レベル) の形容詞をチェック！

- ☐ 聞くだけモード　Check 1
- ☐ しっかりモード　Check 1 ▶ 2
- ☐ かんぺきモード　Check 1 ▶ 2 ▶ 3

Check 2　Phrase

- ☐ precious metals（貴金属）
- ☐ precious memories（大切な思い出）

- ☐ have a broad knowledge of ~（~について幅広い知識を持つ）
- ☐ a broad river（幅の広い川）

- ☐ the exact number of audience（聴衆の正確な人数）
- ☐ exact instruments（精密機器）

- ☐ be willing to help ~（快く~を手伝う）
- ☐ a willing worker（働きたいと思っている人）

- ☐ a rapid river（急流）
- ☐ a rapid boat（速いボート）

- ☐ a comfortable room（快適な部屋）
- ☐ comfortable sleep（安眠）

- ☐ the absent people（欠席している人々）
- ☐ an absent look（上の空の表情）

- ☐ terrible heat（猛烈な暑さ）
- ☐ a terrible accident（悲惨な事故）

Check 3　Sentence

- ☐ Don't waste your precious time.（貴重な時間を無駄にしてはいけません）

- ☐ The meeting will discuss a broad range of issues.（その会議では広範囲の問題を論議する予定だ）

- ☐ I don't remember the exact time of his flight.（私は彼の正確なフライト時刻を覚えていない）

- ☐ They weren't willing to spend any more money.（彼らはそれ以上金を払うつもりはなかった）

- ☐ I was surprised by the rapid change of his opinion.（彼の意見の急な変化に私は驚いた）

- ☐ The new sofa is very comfortable.（新しいソファはとても心地よい）

- ☐ He is absent from class today.（今日、彼は授業を欠席している）

- ☐ We had terrible weather during our trip.（旅行の間、私たちはひどい天気に遭った）

continued
▼

Day 15

Check 1 　Listen)) CD-A15

□ 0233 **deaf** /déf/ ❶発音注意	形 **耳が聞こえない**、耳が不自由な；(忠告・嘆願などを) 聞こうとしない

□ 0234 **former** /fɔ́ːrmər/	形 (時間的に) **前の**、元の；昔の、初期の；(the 〜) 前者の (⇔latter)　名 (the 〜) 前者 (⇔latter) 副 formerly (以前は、昔は)

□ 0235 **noble** /nóubl/	形 **高潔な**、気高い (⇔ignoble [卑劣な])；貴族の、高貴な；素晴らしい、見事な　名 貴族 名 nobility ([the 〜] 貴族 [階級]；気高さ、高潔)

□ 0236 **likely** /láikli/	形 **起こりそうな**、ありそうな (to do) (⇔unlikely)；適当な、格好の；本当らしい　副 (通例very、mostなどを前に置き) 多分、恐らく 名 likelihood (可能性、見込み)

□ 0237 **familiar** /fəmíljər/ ❶アクセント注意	形 **よく知られた**；(〜に) 精通している (with 〜)；普通の；打ち解けた、気軽な 名 family (家族)、familiarity (よく知っていること；親密さ；気安さ)

□ 0238 **native** /néitiv/	形 (国・言語などが) **母国の**；〜生まれの；(動植物などが) (ある場所に) 特有の；生まれつきの　名 (〜) 生まれの人 (of 〜)

□ 0239 **common** /kámən/	形 **普通の**、ありふれた、よく起こる (⇔uncommon)；共通の、共同の 形 commonplace (ごく普通の、平凡な) 副 commonly (一般的に、普通)

□ 0240 **aware** /əwéər/	形 (〜に) **気づいて**、知って (of 〜) (≒conscious)；(分野を表す副詞を前に置いて) 事情に明るい 動 beware (用心する、注意する) 名 awareness (認識、自覚)

Day 14)) CD-A14　Quick Review
答えは右ページ下

- □ いくぶん
- □ ほとんどの場合
- □ とにかく
- □ すなわち
- □ 完全に
- □ さらに
- □ ほとんど〜ない
- □ 本当に
- □ やっと
- □ 比較的
- □ それにもかかわらず
- □ もしそうでなければ
- □ 外国に
- □ 次第に
- □ 時折
- □ その結果

Check 2　Phrase

- □ become [go] deaf（耳が聞こえなくなる）
- □ turn a deaf ear to ~（~に全く耳を貸さない）

- □ former president（前大統領）
- □ in former days [times]（昔は）

- □ a noble cause（崇高な目的）
- □ the noble class（貴族階級）

- □ be likely to rain（雨が降りそうだ）
- □ a likely place for ~（~に格好の場所）

- □ a familiar voice（聞き慣れた声）
- □ look familiar（見覚えがある）

- □ one's native country（生まれた国、故国）
- □ native rights（生得の権利）

- □ the common man（普通の人）
- □ a common mistake（よくある間違い）

- □ become aware of ~（~に気づく）
- □ an ecologically aware student（環境意識のある学生）

Check 3　Sentence

- □ He is deaf in one ear.（彼は片方の耳が不自由だ）

- □ A former French president visited Japan last week.（前フランス大統領が先週、日本を訪れた）

- □ I think that man is very noble.（あの男性はとても身分の高い人だと思う）

- □ It's quite likely that we will win the game.（恐らく私たちは試合に勝つだろう）

- □ I'm not familiar with this word.（私はこの言葉についてよく知らない）

- □ English is his native language.（英語が彼の母語だ）

- □ "Suzuki" is a very common family name in Japan.（「鈴木」は日本でとてもよくある名字だ）

- □ She wasn't aware we were standing behind her.（私たちが後ろに立っていることに、彼女は気づいていなかった）

Day 14))) CD-A14
Quick Review 答えは左ページ下

- □ somewhat
- □ mostly
- □ anyway
- □ namely
- □ absolutely
- □ moreover
- □ scarcely
- □ indeed
- □ barely
- □ relatively
- □ nevertheless
- □ otherwise
- □ abroad
- □ gradually
- □ occasionally
- □ therefore

Day 16

★★★★

Level 1-2＿形容詞(Adjective) 2

Check 1　　Listen ⟩⟩ CD-A16

☐ 0241
particular
/pərtíkjulər/
❶アクセント注意

形 **特定の**（⇔universal）；特別の、格別の；好みがうるさい、気難しい 名 個々の項目；(~s) 詳細（≒details）
副 particularly（特に、とりわけ）

☐ 0242
similar
/símələr/

形 **(~と)よく似た**、類似した(to ~)（⇔dissimilar）；相似の
名 similarity（類似、相似；類似［相似］点）
副 similarly（類似して；同様に）

☐ 0243
empty
/émpti/

形 (容器などが) **空の**（⇔full）；(家などが) 空いている；無意味な、口先だけの 動 ~を空にする
名 emptiness（[心の] 空白感；空っぽなこと）

☐ 0244
female
/fí:meil/

形 **女性の**（⇔male）；(動物の) 雌の 名 女性；雌
形 feminine（女性らしい [⇔masculine]；女の）

☐ 0245
opposite
/ápəzit/
❶アクセント注意

形 (性質・傾向などが) **正反対の**；反対側の；(方向などが) 逆の 名 (the ~) 正反対の人 [物]、逆のもの
動 oppose（~に反対する）
名 opposition（反対；対戦相手 [チーム]）

☐ 0246
close
/klóus/
❶発音注意

形 (距離・時間の点で) **接近した**；親しい；(観察などが) 綿密な 動 (/klóuz/) ~を閉じる 副 すぐ近くに
形 (/klóuzd/) closed（非公開の；閉ざされた）
副 closely（綿密に；密接に）

☐ 0247
active
/ǽktiv/

形 **活動的な**；活発な（⇔inactive）；積極的な（⇔passive）；活動中の；作動中の
名 activity（活動状態；活動）

☐ 0248
false
/fɔ́:ls/
❶発音注意

形 **事実に反する**、正しくない（⇔true）；虚偽の；人造の、人工の（≒artificial　⇔real）；不誠実な

continued
▼

語彙を一挙に倍増させる方法を知ってる? それは、学習語彙の派生・関連語もまとめて覚えること。余裕がある人は必ず確認しておこう。

☐ 聞くだけモード　Check 1
☐ しっかりモード　Check 1 ▶ 2
☐ かんぺきモード　Check 1 ▶ 2 ▶ 3

Check 2　Phrase

☐ for no particular reason (これといった理由もなく)
☐ pay particular attention to ~ (~に特別の注意を払う)

☐ two similar cars (2台の類似した[同種の]車)

☐ an empty bottle (空き瓶)
☐ an empty room (空室)

☐ female workers (女性労働者)

☐ the opposite effect (逆効果)
☐ in the opposite direction (反対の方向に)

☐ at close range (近距離で)
☐ a close friend (親友)

☐ lead an active life (活動的な生活を送る)
☐ take an active part in ~ (~に積極的に参加する)

☐ a false impression (間違った印象)
☐ a false name (偽名)

Check 3　Sentence

☐ This particular part of Hokkaido is especially beautiful. (北海道の特にこの地方はとりわけ美しい)

☐ Those two girls are wearing similar dresses. (その2人の少女は似たドレスを着ている)

☐ The box is empty. (その箱は空だ)

☐ There's a female pitcher on the baseball team. (その野球チームには女性の投手がいる)

☐ His grandparents live on the opposite side of the street. (彼の祖父母は道の反対側に住んでいる)

☐ His house is close to the school. (彼の家は学校に近い)

☐ Our son is very active. (私たちの息子はとても活動的だ)

☐ He gave us false information about his background. (彼は私たちに彼の経歴に関して事実に反する情報を伝えた)

continued
▼

Day 16

Check 1　Listen 》CD-A16

0249 proper /prάpər/
- 形 **適切な**；(〜に) 適した (for 〜) (⇔improper)；好ましい；礼儀正しい；(〜に) 固有の (to 〜)
- 名 property (不動産；財産)、propriety (礼儀正しさ)
- 副 properly (適切に、きちんと；正確に)

0250 male /méil/ [同音] mail (郵便物)
- 形 **男性の** (⇔female)；(動物の) 雄の；男性的な　名 男性；雄
- 形 masculine (男らしい [⇔feminine]；[女性が] 男のような)

0251 tiny /táini/
- 形 **とても小さい**、ちっぽけな (⇔huge)

0252 plain /pléin/ [同音] plane (飛行機)
- 形 **分かりやすい**、平易な；質素な；簡素な；明らかな (≒obvious)；率直な (≒frank)　名 (しばしば〜s) 平原、平野
- 副 plainly (明白に、はっきりと；明らかに [≒obviously])

0253 equal /íːkwəl/ ❶アクセント注意
- 形 **等しい**；同等な (⇔unequal)；(権利などが) 平等な、一様な
- 動 〜に (数・量などで) 等しい
- 動 equalize (〜を等しくする；〜を均一にする)
- 名 equality (平等、均等)
- 副 equally (平等に；等しく)

0254 own /óun/
- 形 **自分自身の**、自分が所有する；独特の；独自の　動 〜を所有する
- 名 owner (所有者、持ち主)、ownership (所有；所有権)

0255 spare /spέər/
- 形 **予備の**；余分の；(時間が) 空いた、手すきの (≒leisure)
- 動 (物・時間など) を分けてやる、取っておく　名 予備の物
- 形 sparing (質素な、つましい)

0256 certain /sə́ːrtn/
- 形 (〜を) **確信して** (about [of] 〜) (≒sure)；間違いなく〜する (to do)；必ず起こる；間違いない
- 動 ascertain (〜を確かめる)、certify (〜を証明 [保証] する)
- 副 certainly (確かに；もちろん)

Day 15 》CD-A15　Quick Review
答えは右ページ下

- □ 貴重な
- □ 広い
- □ 正確な
- □ 〜するのをいとわない
- □ 速い
- □ 快適な
- □ 不在の
- □ 猛烈な
- □ 耳が聞こえない
- □ 前の
- □ 高潔な
- □ 起こりそうな
- □ よく知られた
- □ 母国の
- □ 普通の
- □ 気づいて

Check 2 — Phrase

- a proper attitude（適切な態度［心構え］）
- a proper way of living（正しい生き方）

- male students（男子学生）
- a male voice（男性的な声；男声）

- a tiny, little baby（ちっちゃなかわいい赤ちゃん）
- a tiny amount of money（わずかな額の金）

- in plain words（分かりやすい言葉で、分かりやすく言えば）
- plain living and high thinking（質素な暮らしと高尚な思考）

- two oranges of equal size（同じ大きさの二つのオレンジ）
- an equal opportunity（機会均等）

- one's own money（自分の金）
- in one's own way（独特のやり方で）

- spare money（余分な［自由に使える］お金）
- spare time（暇な時間）

- be certain of victory（勝利を確信している）
- be certain to succeed（間違いなく成功する）

Check 3 — Sentence

- That's not the proper place to put your things.（そこはあなたの物を置くのに適した場所ではない）

- The male singer has a deep voice.（その男性歌手の声は低い）

- I saw tiny insects on the flowers.（私は花の上にとても小さい昆虫を見た）

- Could you say it in plain English?（それを分かりやすい英語で言ってくれませんか?）

- Men and women should have equal rights.（男性と女性は等しい権利を持つべきである）

- I drive my own car to work every day.（私は自分の車で毎日通勤する）

- Never drive a car without a spare tire.（予備タイヤなしに運転をしては絶対にいけない）

- I am certain that it will rain today.（今日はきっと雨が降ると私は確信している）

Day 15))) CD-A15
Quick Review
答えは左ページ下

- precious
- broad
- exact
- willing
- rapid
- comfortable
- absent
- terrible
- deaf
- former
- noble
- likely
- familiar
- native
- common
- aware

Day 17

Level 1-2＿形容詞（Adjective） 3

Check 1　　Listen 》CD-A17

□ 0257
correct
/kərékt/
[類音] collect（〜を集める /kəlékt/）

形 **正しい**、正確な（≒accurate, exact ⇔incorrect）；（行為・服装などが）適切な、正式な 動 〜を修正する、訂正する
名 correction（訂正、修正）
副 correctly（正しく；正確には）

□ 0258
rough
/rʌ́f/
❶発音注意

形 **ざらざらした**（⇔smooth）；（計画・計算などが）大ざっぱな；乱暴な；（生活・仕事などが）つらい
副 roughly（おおよそ [≒approximately]；手荒く）

□ 0259
whole
/hóul/
[同音] hole（穴）
[類音] hall（ホール /hɔ́:l/）

形 **すべての**、全体の；完全な、全部そろった 名 (the 〜)
全体、全部

□ 0260
distant
/dístənt/

形 （距離的・時間的に）**遠い**（⇔near）；（態度が）よそよそしい；（関係が）遠い（⇔close）
名 distance（距離、間隔）

□ 0261
favorite
/féivərit/
❶発音注意

形 **お気に入りの**、大好きな；得意の 名 お気に入りの人［物］
動 favor（〜に賛成する）
名 favor（親切な行為）
形 favorable（好意的な；好都合な）

□ 0262
neat
/ní:t/

形 **きちんとした**、小ぎれいな；きれい好きな；手際のいい、巧みな；素晴らしい、すてきな

□ 0263
tight
/táit/

形 （服などが）**きつい**（⇔loose）；ぴんと張った；厳格な；けちな；（予定などが）ぎっしり詰まった
動 tighten（［ベルト・ねじなど］をしっかり締める；〜をぴんと張る）
副 tightly（しっかりと；堅く）

□ 0264
complete
/kəmplí:t/

形 **全部そろった**（⇔incomplete）；全部の；完成した；完全な（≒thorough） 動 〜を仕上げる；〜を完全にする
名 completion（完成、完了）
副 completely（完全に、すっかり）

continued
▼

今日の学習で、Level 1-2（2000語レベル）の学習は終了。ここまで頑張ってくれた人は、きっと2000語レベルの力がついているはず！

- ☐ 聞くだけモード　Check 1
- ☐ しっかりモード　Check 1 ▶ 2
- ☐ かんぺきモード　Check 1 ▶ 2 ▶ 3

Check 2　Phrase

☐ a correct answer（正解）
☐ correct behavior（礼儀正しい振る舞い）

☐ rough hands（ざらざらした手）
☐ a rough estimate（概算）

☐ the whole world（全世界）
☐ a whole week（丸1週間）

☐ the distant past（遠い過去）
☐ have a distant attitude to ～（～によそよそしい態度を取る）

☐ one's favorite book（愛読書）
☐ one's favorite subject（得意科目、好きな科目）

☐ a neat room（きちんと整理された部屋）
☐ a neat idea（素晴らしいアイデア）

☐ a tight T-shirt（ぴたっとしたTシャツ）
☐ be tight with money（お金に細かい）

☐ the complete works of Shakespeare（シェークスピア全集）
☐ a complete failure（完全な失敗）

Check 3　Sentence

☐ Your answer is correct.（あなたの答えは正しい）

☐ The picture shows the rough surface of the moon.（その写真はざらざらした月面を表している）

☐ I couldn't eat the whole steak.（私はステーキを全部は食べられなかった）

☐ It's exciting to travel to distant places.（遠い所への旅はわくわくする）

☐ Let me take you to my favorite theater.（私のお気に入りの劇場へあなたをお連れしましょう）

☐ Her clothes were always very neat and clean.（彼女の服はいつもとても小ぎれいだった）

☐ These shoes are too tight.（この靴はきつすぎる）

☐ The archaeologist discovered a complete dinosaur skeleton.（その考古学者は完全な恐竜の骨を発見した）

continued ▼

Day 17

Check 1　Listen)) CD-A17

0265
public
/pʌ́blik/

形 **公の**、公衆の（⇔private）；公衆のための；公的な；公共団体の；広く知れ渡った　名 (the ~) 一般の人々
名 publication（出版；公表）、publicity（知名度、周知；広告）

0266
expensive
/ikspénsiv/

形 **高価な**、費用のかかる、ぜいたくな（⇔inexpensive、cheap）
動 expend（［時間など］を費やす）
名 expenditure（費用；支出）、expense（費用；[~s] 経費）

0267
narrow
/nǽrou/

形 （幅が）**狭い**（⇔broad、wide）；辛うじての；（広さ・範囲が）限られた；（見解が）狭量な　動 狭くなる；~を狭くする
副 narrowly（辛うじて；狭量に；綿密に）

0268
awful
/ɔ́:fəl/

形 **ひどい**、大変悪い；ものすごい；気分が悪い
副 awfully（非常に、とても［≒very］）

0269
worth
/wə́:rθ/
[類音] worse（より悪い /wə́:rs/)

形 **~の価値がある**、~の値打ちがある；財産のある；(~する) 価値のある (-ing)　名 価値、値打ち
形 worthless（価値のない）、worthy（価値ある、立派な）

0270
junior
/dʒú:njər/

形 **年下の**（⇔senior）；下位［下級］の；後輩の　名 （大学の）3年生；年下の人；後輩

0271
silly
/síli/

形 **愚かな**、ばかな（≒foolish）；思慮のない

0272
positive
/pɑ́zətiv/

形 **自信のある**；(~について) 確信している (of [about] ~)（≒sure、certain）；建設的な；楽観的な；肯定的な
副 positively（絶対に、確信を持って；確かに）

Day 16)) CD-A16
Quick Review
答えは右ページ下

- □ 特定の
- □ よく似た
- □ 空の
- □ 女性の
- □ 正反対の
- □ 接近した
- □ 活動的な
- □ 事実に反する
- □ 適切な
- □ 男性の
- □ とても小さい
- □ 分かりやすい
- □ 等しい
- □ 自分自身の
- □ 予備の
- □ 確信して

Check 2 Phrase

- public welfare（公共福祉）
- public sentiment（国民感情）

- an expensive car（高価な車）

- a narrow street（狭い街路）
- a narrow victory（辛勝）

- a really awful concert（本当にひどいコンサート）
- an awful storm（すさまじい嵐）

- be worth the time（時間をかける価値がある）
- be worth millions [billions, a fortune]（大変な金持ちである）

- be 〜 years junior to …（…より〜歳年下である）
- a junior partner（[会社の] 後輩）

- a silly question（ばかげた質問）
- Don't be silly.（ばかなことを言うな）

- positive proof（確証）
- be positive about 〜（〜に自信がある）

Check 3 Sentence

- You can't smoke in public buildings.（公共建築物内でたばこを吸うことはできません）

- Everything in Japan is expensive.（日本では何でも高価だ）

- The road was too narrow for large trucks.（その道は大きなトラックには狭すぎた）

- We had an awful time finding his house.（彼の家を見つけるのにひどく時間がかかった）

- This book is worth a lot of money.（この本は大金に見合うだけの値打ちがある）

- Mark is junior to his friend, Scott.（マークは友達のスコットより年下だ）

- I said something silly and everyone laughed.（私がばかばかしいことを言ったので、みんなは笑った）

- I'm positive that everything will go well.（すべてうまくいくと私は確信している）

Day 16 》CD-A16
Quick Review
答えは左ページ下

- particular
- similar
- empty
- female
- opposite
- close
- active
- false
- proper
- male
- tiny
- plain
- equal
- own
- spare
- certain

WEEK 1
WEEK 2
WEEK 3
WEEK 4
WEEK 5
WEEK 6
WEEK 7
WEEK 8
WEEK 9
WEEK 10

Day 18

多義語 (Multisense Word) **1**

Check 1   Listen ») CD-A18

0273
order
/ɔ́ːrdər/
動 ～を (…に) **注文する** (from ...); ～を命じる (≒ command, direct)　名 順序; 秩序; 注文; 命令
形 orderly (整理された、きちんとした; 従順な、おとなしい)

0274
settle
/sétl/
動 (～に) **定住する** (in ～); (～に) 移住する (in ～); (問題など) を解決する; ～を落ち着かせる
名 settlement (和解、合意; 入植地; 入植; [債務などの] 決済)、settler (移住者、開拓者)

0275
fix
/fíks/
動 ～を**修理する** (≒ repair, mend); (食事など) を用意する; (日時など) を設定する　名 苦境; 把握; 修理
形 fixed (一定の、不変の; 固定した; [決心などが] 凝り固まった)
副 fixedly (しっかりと; 断固として)

0276
suit
/súːt/
動 ～に**好都合である**; ～に合う; (服などが) ～に似合う (≒ fit)　名 スーツ; 訴訟
形 suitable ([～に／…するのに] 適した、ふさわしい [for ～ / to do])

0277
fire
/fáiər/
動 ～を**解雇する** (≒ dismiss); ～を発射する　名 火; 火災
形 fiery (火の; 火のような; 情熱的な)

0278
count
/káunt/
動 ～を**勘定に入れる**、～を考慮する (≒ consider); ～を数える; ～を計算する (≒ calculate)　名 計算; 総数

0279
matter
/mǽtər/
動 (通例 it を主語) **重要である**、重大である　名 事柄、問題; 物質 (⇔ mind); (～s) 状況、事態

0280
book
/búk/
動 ～を**予約する** (≒ reserve)　名 本、書物
名 booking (予約 [≒ reservation])

continued
▼

多義語とは「多くの意味を持つ語」のこと。『キクタンBasic』では、6日をかけて多義語を学習。「あの語の意外な意味」がきっと出てくるはず。

- ☐ 聞くだけモード　Check 1
- ☐ しっかりモード　Check 1 ▶ 2
- ☐ かんぺきモード　Check 1 ▶ 2 ▶ 3

Check 2　Phrase

- ☐ order drinks from a waiter（飲み物をウエーターに注文する）
- ☐ in alphabetical order（アルファベット順に）

- ☐ settle in London（ロンドンに居を定める）
- ☐ settle a dispute（紛争を解決する）

- ☐ fix a watch（時計を修理する）
- ☐ fix the date of the meeting（会議の日を決める）

- ☐ It suits me fine.（私にはそれで好都合です）
- ☐ a civil [criminal] suit（民事［刑事］訴訟）

- ☐ get fired（首になる）
- ☐ fire a missile（ミサイルを発射する）

- ☐ count ~ among our friends（~を仲間の1人と見なす）
- ☐ count heads（人数を数える）

- ☐ It doesn't matter to me.（私には関係ない［重要でない］）
- ☐ a serious matter（重大事）

- ☐ book a flight（飛行機を予約する）
- ☐ book a hotel room（ホテルの部屋を予約する）

Check 3　Sentence

- ☐ Are you ready to order?（ご注文はお決まりですか?）

- ☐ Many Vietnamese refugees settled in California.（多くのベトナム難民がカリフォルニアに移住した）

- ☐ The mechanic fixed the flat tire.（その修理工はパンクしたタイヤを修理した）

- ☐ It takes time to find a university that will suit your needs.（あなたが必要とすることに合った大学を見つけるのには時間がかかる）

- ☐ He was fired from the job last week.（彼は先週、その仕事を首になった）

- ☐ There were eight people in the meeting, counting the president.（会議には、社長も入れて8人がいた）

- ☐ It matters little if I succeed or not in business.（私が仕事で成功しようとしまいとそれほど重要ではない）

- ☐ I booked a table for five at 7:00.（私は7時に5人分のテーブルを予約した）

continued ▼

Day 18

Check 1 Listen)) CD-A18

☐ 0281
resort
/rizɔ́:rt/

動 (物・手段などに) **訴える**、頼る (to ~) 名 リゾート (地)、行楽地；(最後の) 手段、方策

☐ 0282
commit
/kəmít/

動 (罪など) **を犯す**；~に (…を) 委ねる (to …)；(金・時間など) を (…に) 充てる (to …)
名 commission ([特定の権能を持つ] 委員会；委任；手数料)、committee (委員会)

☐ 0283
park
/pá:rk/

動 **駐車する**；(車) を駐車させる 名 公園；野球場 (ballpark)
名 parking (駐車；駐車場所)

☐ 0284
note
/nóut/

動 **~に注意 [注目] する** (≒ notice、watch)；~に言及する
名 覚え書き、メモ；(通例 ~s) 記録
形 notable (注目に値する；優れた；有名な)
副 notably (顕著に；目立って；特に)

☐ 0285
tear
/téər/
[活用] tore - torn
❶発音注意

動 **~を引き裂く** (≒ rip)；~をもぎ取る 名 裂け目；割れ目；(/tíər/) 涙
形 (/tíərfəl/) tearful (涙でいっぱいの；泣いている；涙を誘う)

☐ 0286
face
/féis/

動 (困難など) **に直面する**、立ち向かう (≒ confront)；(事実) を直視する；~の方へ向く 名 顔；顔色；人
形 facial (顔の、顔面の)

☐ 0287
object
/əbdʒékt/
❶アクセント注意

動 (~に) **反対する**、抗議する、異議を唱える (to ~) (⇔ agree) 名 (/ɑ́bdʒikt/) 物；目的
名 objection ([~に対する] 反対、異議 [to ~]；嫌悪)、objective (目的、目標)
形 objective (客観的な；物体の)

☐ 0288
ship
/ʃíp/
[類音] sheep (ヒツジ /ʃí:p/)

動 **~を輸送する**；(商品) を発送する 名 船
名 shipment (積み荷、発送品；発送)、shipping (海運業)

Day 17)) CD-A17
Quick Review
答えは右ページ下

☐ 正しい ☐ お気に入りの ☐ 公の ☐ ~の価値がある
☐ ざらざらした ☐ きちんとした ☐ 高価な ☐ 年下の
☐ すべての ☐ きつい ☐ 狭い ☐ 愚かな
☐ 遠い ☐ 全部そろった ☐ ひどい ☐ 自信のある

Check 2 Phrase	Check 3 Sentence
☐ resort to arms（武力に訴える） ☐ a summer [winter] resort（夏[冬]の行楽地）	☐ She resorts to threats when she wants something.（彼女は何か欲しい物があると脅しに訴える）
☐ commit suicide [murder]（自殺[人殺し]をする） ☐ commit a child to ~（~に子どもの世話をしてもらう）	☐ He committed a crime when he was in high school.（彼は高校生の時に犯罪を犯した）
☐ park a car in a garage（車庫に車を止める） ☐ a national park（国立公園）	☐ Is it OK to park my car here?（ここに車を駐車してもいいですか?）
☐ note one's word（~の言葉に注意する） ☐ make notes of ~（~を書き留める）	☐ Please note that the library is closed on Mondays.（図書館が毎週月曜日に休館することにご注意ください）
☐ tear ~ in two [half]（~を2つに裂く） ☐ tears of joy（うれし涙）	☐ I tore pages out of the magazine.（私はその雑誌から何ページかを引きちぎった）
☐ face the danger of ~（~の危機に直面する） ☐ face facts（事実を直視する）	☐ I'm facing the biggest challenge of my career.（私は自分のキャリアにおける最大の難問に直面している）
☐ object to the plan（計画に反対する） ☐ for that object（それを目当てに）	☐ I will object if my boss is fired.（私の上司が解雇されたら私は反対するだろう）
☐ ship goods by truck（トラックで商品を輸送する）	☐ We aim to ship goods the next working day after receiving an order.（私たちは受注後の次の営業日に商品を発送することを目指している）

Day 17))) CD-A17
Quick Review
答えは左ページ下

☐ correct ☐ favorite ☐ public ☐ worth
☐ rough ☐ neat ☐ expensive ☐ junior
☐ whole ☐ tight ☐ narrow ☐ silly
☐ distant ☐ complete ☐ awful ☐ positive

Day 19

多義語(Multisense Word) **2**

Check 1   Listen 》CD-A19

0289 board
/bɔ́ːrd/

動 (飛行機・列車など)**に乗り込む**   名 掲示板；(会社などの)幹部)会議；委員会
名 boarding (乗船、乗車、搭乗)

0290 account
/əkáunt/

動 (ある割合を) **占める** (for 〜)；(〜の) 原因となる (for 〜)；(理由・原因を) 説明する (for 〜)   名 報告、記述；(銀行) 口座
名 accountant (会計士)、accounting (会計；経理；会計学)
形 accountable ([〜のことで] 責任がある [for 〜])

0291 last
/lǽst/

動 **続く**、継続する；持ちこたえる；長持ちする   名 (the 〜) 最後の人〔物〕   形 最後の (⇔first)；この前の；最も (〜) しそうにない (to do)
形 lasting (長続きする、耐久力のある)
副 lastly (最後に、終わりに)

0292 miss
/mís/
[類音] mess (乱雑 /més/)

動 **〜がいないのを寂しく思う**；〜を欠席する；〜を逃す；〜に乗り遅れる
形 missing (行方不明の、紛失した；欠けている)

0293 rule
/rúːl/

動 **〜を支配する**、統治する (≒govern)   名 規則、規定；支配、統治
名 ruler (定規、物差し；支配者、統治者)、ruling (裁定、決定)

0294 succeed
/səksíːd/

動 **〜の後を継ぐ**；(地位・身分などを) 継ぐ (to 〜)；〜の後に来る；(〜に) 成功する (in 〜) (⇔fail)；うまくいく
名 success (成功)、succession (連続；[地位・身分などの] 継承、相続)、successor (後継者)
形 successful (成功した)、successive (連続する)

0295 review
/rivjúː/

動 **〜を復習する** (≒go over)；〜を再調査する   名 再調査；復習；批評；検査；批評記事；観閲式

0296 long
/lɔ́ːŋ/
[類音] wrong (悪い /rɔ́ːŋ/)

動 (〜を) **待ち望む**、思い焦がれる (for 〜)；〜することを切望する (to do)   形 長い   副 長く、長い間
名 longevity (長寿；寿命)、longing (あこがれ、熱望)

continued
▼

昨日に続いて、今日も多義語をチェックしよう。赤字の定義以外の意味や、ほかの品詞としての意味も要チェック。動詞と名詞のdesertの意味は?

- ☐ 聞くだけモード　Check 1
- ☐ しっかりモード　Check 1 ▶ 2
- ☐ かんぺきモード　Check 1 ▶ 2 ▶ 3

Check 2　Phrase

☐ board a bus（バスに乗り込む）
☐ a bulletin board（掲示板）

☐ account for a half of ~（~の半分を占める）
☐ give a detailed account of ~（~の詳しい報告をする）

☐ be too good to last（あまりによすぎて長続きしない）
☐ last for [until] ~（~の間[まで]続く）

☐ I('ve) missed you.（[長く会わなかった人に対して]寂しかったです）
☐ miss the train（電車に乗り遅れる）

☐ rule a kingdom（王国を統治する）
☐ obey [break] the rules（規則を守る[破る]）

☐ succeed to the throne（王位を継承する）
☐ succeed in discovery（発見に成功する）

☐ review today's lesson（今日の授業の復習をする）
☐ a book review（書評）

☐ long for peace（平和を待ち焦がれる）
☐ a long distance（長距離）

Check 3　Sentence

☐ They boarded a flight for New York.（彼らはニューヨーク行きの飛行機に乗り込んだ）

☐ Japanese cars account for nearly 30 percent of the U.S. car market.（日本車はアメリカの自動車市場の30パーセント近くを占める）

☐ His operation lasted about five hours.（彼の手術は5時間ほど続いた）

☐ We'll all miss you, Mr. Brown.（あなたがいなくなると私たちは皆寂しくなりますよ、ブラウンさん）

☐ The dictator ruled the country for 15 years.（その独裁者は国を15年間支配した）

☐ Ms. Harrison will succeed Ms. White as principal of the school.（ハリソンさんがホワイトさんの後を継いで校長先生になる予定だ）

☐ He reviewed all his notes the night before the big test.（大事な試験の前夜、彼はすべてのノートを復習した）

☐ Rome is a city I have always longed to visit.（ローマは私がずっと訪れたいと切望していた都市だ）

continued ▼

Day 19

Check 1　Listen 》CD-A19

0297 **stand**
/stǽnd/
[活用] stood - stood

- 動 (通例否定文・疑問文で) **〜を我慢する**、辛抱する (≒ bear, endure)；立つ 名 〜立て、〜置き；屋台、売店；(the 〜s) 観覧席
- 名 standing (地位、身分；[〜s] 順位表；持続期間)
- 形 standing (永続的な；立ったままの)

0298 **major**
/méidʒər/
[類音] measure (〜を測る /méʒər/)

- 動 (〜を) **専攻する** (in 〜) (≒ specialize) 名 専攻科目；専攻学生 形 大きいほうの；過半数の (⇔ minor)；主要な
- 名 majority (大多数、大部分；過半数、絶対多数)

0299 **meet**
/míːt/
[活用] met - met
[同音] meat (肉)

- 動 (必要・条件など) **を満たす**；〜に会う；〜と初めて会う；〜を出迎える 名 運動競技会
- 名 meeting (会議；[the 〜] 集会者；出会い)

0300 **desert**
/dizə́ːrt/
❶アクセント注意

- 動 (義務・約束などを破って) **〜を見捨てる**、放棄する
- 名 (/dézərt/) 砂漠；知的・精神的な刺激のない場所
- 名 deserter (脱走兵)、desertion (脱走)

0301 **pass**
/pǽs/
[類音] path (小道 /pǽθ/)、purse (ハンドバッグ /pə́ːrs/)

- 動 (試験など) **に合格する** (⇔ fail)；〜を通過する；(時が) 過ぎ去る；〜を手渡す 名 無料入場券；定期券；パス
- 名 passage (小道；[法案などの] 可決；通過；1段落)
- 形 passing (通り過ぎる；一時的な)

0302 **sort**
/sɔ́ːrt/

- 動 **〜を分類する**；〜を区別する (+ out) 名 種類、タイプ

0303 **faint**
/féint/

- 動 **気絶する**、失神する 名 気絶、失神 形 (色・音などが) ぼんやりした、ほのかな；(機会などが) わずかな
- 副 faintly (かすかに；弱々しく)

0304 **wear**
/wéər/
[活用] wore - worn

- 動 **すり切れる**；〜をすり切らす；〜を身に着けている；(ひげなど) を生やしている；(表情など) を示している 名 衣服、衣類
- 形 weary (疲れ切った；うんざりしている；退屈な)

Day 18 》CD-A18 Quick Review
答えは右ページ下

- □ 〜を注文する
- □ 定住する
- □ 〜を修理する
- □ 〜に好都合である
- □ 〜を解雇する
- □ 〜を勘定に入れる
- □ 重要である
- □ 〜を予約する
- □ 訴える
- □ 〜を犯す
- □ 駐車する
- □ 〜に注意する
- □ 〜を引き裂く
- □ 〜に直面する
- □ 反対する
- □ 〜を輸送する

Check 2　Phrase

- ☐ I can't stand it!（我慢できない！、もう嫌だ！）
- ☐ a book stand（本立て）

- ☐ major in economics（経済学を専攻する）
- ☐ the major part of ~（~の大部分［過半数］）

- ☐ meet the deadline（締め切りに間に合う）
- ☐ meet requirements（要件を満たす）

- ☐ desert one's post（職場を離脱する）
- ☐ the Sahara Desert（サハラ砂漠）

- ☐ pass the examination（試験に受かる）
- ☐ pass the building（ビルの前を通り過ぎる）

- ☐ sort letters by date（手紙を日付で仕分けする）
- ☐ a new sort of music（新しい種類の音楽）

- ☐ faint with surprise（驚きのあまり気を失う）
- ☐ faint color（薄い色）

- ☐ worn-out clothes（着古した服）
- ☐ men's [ladies'] wear（紳士［婦人］服）

Check 3　Sentence

- ☐ I could hardly stand the pain.（私はその痛みを我慢することがほとんどできなかった）

- ☐ I majored in philosophy in university.（私は大学で哲学を専攻していた）

- ☐ Customers who meet certain conditions can be given a 10 percent discount.（諸条件を満たしている顧客は10パーセントの割引を受けることができる）

- ☐ When one god deserts you, another will pick you up.（捨てる神あれば拾う神あり［ことわざ］）

- ☐ We all passed the test.（私たちは全員そのテストに合格した）

- ☐ Eggs are sorted by size and put in cartons.（卵はサイズごとに分類されて容器に入れられる）

- ☐ It was so hot yesterday that several people fainted.（昨日はとても暑かったので、何人かの人が神した）

- ☐ The cushions on the sofa are starting to wear a little.（ソファのクッションは少しすり切れ始めている）

Day 18))) CD-A18
Quick Review
答えは左ページ下

- ☐ order
- ☐ settle
- ☐ fix
- ☐ suit
- ☐ fire
- ☐ count
- ☐ matter
- ☐ book
- ☐ resort
- ☐ commit
- ☐ park
- ☐ note
- ☐ tear
- ☐ face
- ☐ object
- ☐ ship

WEEK 1
WEEK 2
WEEK 3
WEEK 4
WEEK 5
WEEK 6
WEEK 7
WEEK 8
WEEK 9
WEEK 10

Day 20

日常語(Vernacular) **1**

Check 1　Listen 》CD-A20

0305
bite
/báit/
- 動 **〜をかむ**；(虫などが)(人)を刺す　名 かむこと；かみ[刺し]傷；(食べ物の)一口

0306
smell
/smél/
- 動 **〜のにおいがする**；嫌なにおいがする；〜のにおいをかぐ　名 嗅覚；悪臭；におい

0307
retire
/ritáiər/
- 動 **退職する**、引退する；退く；引きこもる　● 「辞職する」はquit
- 名 retirement (退職；[退職後の]余生)

0308
freeze
/fríːz/
[活用] froze - frozen
- 動 **凍る**；〜を凍らせる；〜を冷凍する；凍るほど寒く感じる
- 名 (物価・製造・販売などの)凍結；(夜間の)冷え込み
- 名 freezing (氷点)
- 形 freezing (凍るような；酷寒の)

0309
twist
/twíst/
- 動 **〜をねじる**、ひねる；〜をより合わせる；身をよじる；〜を回す　名 意外な展開；より合わせること；よじれ

0310
scold
/skóuld/
- 動 (特に大人が)(子ども)**を**(…の理由で)**しかる**、説教する(for ...)

0311
afford
/əfɔ́ːrd/
- 動 **〜を買う**[持つ、支払う]**余裕がある**；〜する余裕がある (to do)
- 形 affordable ([価格などが]手ごろな；入手可能な)

0312
polish
/páliʃ/
- 動 **〜を磨く**、光らせる、〜のつやを出す；(文章など)に磨きをかける　名 つや出し、磨き粉；洗練、上品さ；光沢
- 形 polished (つや[光沢]の出た；洗練された、教養のある、優雅な)

continued
▼

多義語と平行して、『キクタン Basic』では、6日をかけて日常語もチェック。日本語ではよく使う言葉でも、英語では言えないものが満載！

- ☐ 聞くだけモード　Check 1
- ☐ しっかりモード　Check 1 ▶ 2
- ☐ かんぺきモード　Check 1 ▶ 2 ▶ 3

Check 2　Phrase

☐ bite one's lip（唇をかんで感情［怒りなど］を抑える）
☐ have a bite to eat（軽い食事をする）

☐ smell delicious（おいしいそうなにおいがする）
☐ take [have] a smell of ~（~のにおいをかいでみる）

☐ retire at the age of ~（~歳で退職する）
☐ retire from the world（隠居する）

☐ Water freezes at 0℃.（水はセ氏0度で凍る）
☐ I'm freezing.（おお寒い）

☐ twist a wire（針金をねじる）
☐ twist one's body around（体をひねる）

☐ scolding parents（口やかましい親）

☐ can't afford a car（車を買う余裕がない）

☐ polish one's shoes（靴を磨く）
☐ shoe polish（靴墨）

Check 3　Sentence

☐ Even a tame dog may bite you if it's scared.（飼い慣らされたイヌでも、怖がるとあなたをかむかもしれない）

☐ The coffee smells good.（このコーヒーはいい香りがする）

☐ At 75, my grandfather still has no plan to retire.（75歳なのに、私の祖父は退職する予定がまだない）

☐ My mother froze some meat for next week's party.（私の母は来週のパーティーのために肉を凍らせた）

☐ She wrapped the paper around the cookies and twisted the ends shut.（彼女はクッキーを紙で包んで、両端をねじって閉じた）

☐ She was scolded for talking on the phone for two hours.（彼女は電話で2時間も話したことでしかられた）

☐ We can't afford to buy a new TV.（私たちには新しいテレビを買う余裕がない）

☐ I polish my car once a month.（私は月に1回車を磨く）

WEEK 1
WEEK 2
WEEK 3
WEEK 4
WEEK 5
WEEK 6
WEEK 7
WEEK 8
WEEK 9
WEEK 10

continued
▼

Day 20

Check 1   Listen))) CD-A20

☐ 0313
sew
/sóu/
❶発音注意
[活用] sewed - sewn/sewed

動（衣服）**を縫う**、（布など）を縫い合わせる；（ボタンなど）を（…に）縫いつける（on [onto] …）
名 sewing（裁縫、針仕事；縫い物）

☐ 0314
wipe
/wáip/

動 ～をふく、ぬぐう（≒ clean）；～をふき取る   **名** ふくこと；ふき取り布 ［紙］

☐ 0315
stir
/stá:r/
[類音] star（星 /stá:r/）

動 ～をかき混ぜる、かき回す；動き出す   **名** 大騒ぎ、動揺；かき混ぜること
形 stirring（興奮させる、感動的な）

☐ 0316
knit
/nít/
[活用] knitted/knit - knitted/knit

動 ～を編む、編んで作る   **名** ニット地（の衣類）
名 knitting（編み物）

☐ 0317
spill
/spíl/
[活用] spilled/spilt - spilled/spilt

動 ～をこぼす；こぼれる、あふれ出る   **名** こぼすこと

☐ 0318
attend
/əténd/

動 ～に出席する、参列する、通う；（病人など）を世話する（≒ look after）
名 attendance（出席［入場］者数；出席）、attendant（随行員；従者）、attention（注意、注目）
形 attendant（付随する；付き添いの）

☐ 0319
scratch
/skrǽtʃ/

動 ～をひっかく；～を（かゆいので）かく；～に傷をつける
名 かき傷、かすり傷；

☐ 0320
swell
/swél/
[活用] swelled - swelled/swollen

動 膨らむ、膨れる；増大する、増加する   **名** 大波；（音量の）緩やかな高まり；膨らみ
名 swelling（腫れ、膨れ；こぶ；増大、膨張）

Day 19))) CD-A19
Quick Review
答えは右ページ下

- ☐ ～に乗り込む
- ☐ 占める
- ☐ 続く
- ☐ ～がいないのを寂しく思う
- ☐ ～を支配する
- ☐ ～の後を継ぐ
- ☐ ～を復習する
- ☐ 待ち望む
- ☐ ～を我慢する
- ☐ 専攻する
- ☐ ～を満たす
- ☐ ～を見捨てる
- ☐ ～に合格する
- ☐ ～を分類する
- ☐ 気絶する
- ☐ すり切れる

Check 2 Phrase

- □ sew a dress (ドレスを縫う)

- □ wipe a table (テーブルをふく)

- □ stir one's tea (紅茶をかき混ぜる)
- □ cause a great stir (大騒ぎ[大評判]となる)

- □ knit a muffler out of wool (毛糸でマフラーを編む)

- □ spill coffee on [over] the floor (コーヒーを床にこぼす)
- □ It is no use crying over spilled [spilt] milk.(覆水盆に返らず[ことわざ])

- □ attend school (通学する)
- □ be attended by ~ (~に世話されている、~につき添われている)

- □ scratch oneself (かゆい所をかく)
- □ a scratch on the desk (机の傷)

- □ swell up in water (水膨れする)
- □ a swell in population (人口の増加)

Check 3 Sentence

- □ She sewed a new button onto his shirt. (彼女は彼のシャツに新しいボタンを縫いつけた)

- □ Wipe your hands on the towel. (タオルで手をふきなさい)

- □ He stirred his coffee with a spoon. (彼はコーヒーをスプーンでかき混ぜた)

- □ She knitted a sweater for my birthday. (彼女は私の誕生日のためにセーターを編んでくれた)

- □ Jill spilled wine on the new carpet. (ジルは新しいじゅうたんの上にワインをこぼした)

- □ You have to attend class every week. (授業には毎週出席しなければいけない)

- □ I scratched my leg to ease the itch. (私はかゆみを和らげるために脚をかいた)

- □ His leg began to swell as soon as it was broken. (骨折するとすぐに彼の足はむくみ始めた)

Day 19))) CD-A19
Quick Review
答えは左ページ下

- □ board
- □ account
- □ last
- □ miss
- □ rule
- □ succeed
- □ review
- □ long
- □ stand
- □ major
- □ meet
- □ desert
- □ pass
- □ sort
- □ faint
- □ wear

WEEK 1
WEEK 2
WEEK 3
WEEK 4
WEEK 5
WEEK 6
WEEK 7
WEEK 8
WEEK 9
WEEK 10

Day 21

日常語(Vernacular) 2

Check 1　Listen))) CD-A21

0321 sigh /sái/
動 (悲しさ・疲れ・安心などで) **ため息をつく**　名 ため息

0322 nod /nád/
動 **うなずく**、会釈する；居眠りする (+ off)　名 会釈；同意；うたた寝

0323 borrow /bɔ́rou/
動 **～を借りる** (⇔lend)；(考え・言葉など)を採り入れる
名 borrower (借り手、借用者)、borrowing (借りること、借用；[他言語からの] 借用語)

0324 sweep /swíːp/
[活用] swept - swept
動 **～を掃除する**、掃く (≒clean)；さっと通る；(流行などが) さっと広まる　名 (腕などの) 一振り；掃討；徹底的な捜索；全勝；掃除
名 sweeper (掃除人；掃除機；[サッカーの] スイーパー)
形 sweeping ([変化などが] 広範な；大ざっぱな)

0325 quarrel /kwɔ́ːrəl/
動 (～と／…のことで) **けんかする**、口論する (with ～ /about [over] ...)　名 口論；口論の原因
形 quarrelsome (けんか好きな；議論好きな)

0326 bend /bénd/
[活用] bent - bent
動 **～を曲げる**；曲がる；(規則など)を曲げる　名 湾曲部；曲げる [曲がる] こと
名 bent (好み、傾向；適性)
形 bent ([～をしようと] 決意して [on ～]；曲がった)

0327 weave /wíːv/
[活用] wove - woven
動 (糸など) **を織る**；織物を織る；～を編む；(計画など)を作り上げる　名 織り方、編み方

0328 appreciate /əpríːʃièit/
動 **～を感謝する**、ありがたく思う；～を正しく評価する；～を正しく理解する (≒understand)；(相違など)を見分ける
名 appreciation (感謝；正しい理解 [認識]；鑑賞 [力])
形 appreciative (鑑賞力のある；[～を] 感謝している [of ～])

continued
▼

昨日に続いて、今日も日常語を押さえよう。言えそうで言えない単語がたくさんあるはず。「ため息をつく」「〜を注ぐ」って英語で言える？

☐ 聞くだけモード　Check 1
☐ しっかりモード　Check 1 ▶ 2
☐ かんぺきモード　Check 1 ▶ 2 ▶ 3

Check 2　Phrase

☐ sigh with regret [relief]（後悔[安ど]のため息をつく）
☐ breathe a sigh（ため息をつく）

☐ nod at [to] 〜（〜にうなずく、会釈する）
☐ give a nod（会釈する）

☐ borrow a book（本を借りる）
☐ words borrowed from French（フランス語からの借用語）

☐ sweep the floor（床を掃く）
☐ make a clean sweep of 〜（〜を徹底的に探す）

☐ quarrel about money（お金のことでけんかする）
☐ have a quarrel with 〜（〜とけんかする）

☐ bend one's elbow（ひじを曲げる）
☐ bend the rules（規則を曲げる）

☐ weave a rug（じゅうたんを織る）
☐ weave a story（話を作り上げる）

☐ I would appreciate it if 〜.（〜していただけるとありがたいのですが）
☐ appreciate small differences（細かい違いを見分ける）

Check 3　Sentence

☐ Tom sighed deeply and looked out the window.（トムは深くため息をつくと、窓の外を眺めた）

☐ I asked him if he was OK, and he nodded.（私が彼に大丈夫かどうか尋ねると、彼はうなずいた）

☐ Can I borrow your car next Saturday?（次の土曜日にあなたの車を借りてもいいですか？）

☐ The floor is dirty and needs to be swept.（その床は汚いので、掃除する必要がある）

☐ My brother and sister always quarrel over the TV.（私の弟と妹はテレビのことでいつもけんかをする）

☐ You can't bend steel without a tool.（あなたは工具なしでスチールを曲げることはできない）

☐ He weaved a basket out of pieces of bamboo.（彼は竹でかごを編んだ）

☐ He really appreciated her letter.（彼は彼女の手紙を本当にありがたく思った）

continued
▼

Day 21

Check 1　Listen)) CD-A21

0329
squeeze
/skwíːz/

動 **〜を強く握る**；〜を絞る；〜を押し込む　名 押し合い、雑踏；圧搾；経済的苦境

0330
taste
/téist/

動 **〜の味がする**；〜の味見をする、〜を試食する　名 味、風味、好み；試食、試飲
形 tasteful（趣味のよい、上品な）、tasty（おいしい）

0331
float
/flóut/

動（水面・空中に）**浮かぶ**、浮く（⇔sink）；漂う、浮流［浮遊］する　名（パレードなどの）山車；（飲み物の）フロート

0332
pour
/pɔ́ːr/
❶ 発音注意

動 **〜を注ぐ**、つぐ；(雨が) 激しく降る

0333
rub
/rʌ́b/
［類音］rob（〜から奪う /rʌ́b/）

動 **〜をこする**、〜を磨く；〜をこすりつける　名 こすること；マッサージ；(the 〜) 障害、困難

0334
package
/pǽkidʒ/

名 **荷物**、小包；包装した商品　動 〜を包装する
動 pack（〜を荷造りする）
名 pack（包み；荷［物］；［人・動物の］群れ）、packet（小さな束［包み］；パケット）

0335
headache
/hédèik/

名 **頭痛**；困った問題、悩みの種　❶「腹痛、胃痛」はstomachache、「歯痛」はtoothache

0336
wallet
/wálit/

名 **財布**、札入れ（≒billfold）　❶「小銭入れ」はcoin [change] purse

Day 20)) CD-A20　Quick Review
答えは右ページ下

- □ 〜をかむ
- □ 〜のにおいがする
- □ 退職する
- □ 凍る
- □ 〜をねじる
- □ 〜をしかる
- □ 〜を買う余裕がある
- □ 〜を磨く
- □ 〜を縫う
- □ 〜をふく
- □ 〜をかき混ぜる
- □ 〜を編む
- □ 〜をこぼす
- □ 〜に出席する
- □ 〜をひっかく
- □ 膨らむ

Check 2　Phrase	Check 3　Sentence
☐ squeeze her arm（彼女の腕を握る） ☐ squeeze juice from [out of] an orange（オレンジからジュースを絞り出す）	☐ He squeezed her hand and said, "I love you."（彼は彼女の手を握りしめて、「愛しているよ」と言った）
☐ taste good [bad]（いい［悪い］味がする） ☐ have a taste of ～（～を味わってみる）	☐ I followed the recipe but the food tastes burnt.（私はレシピに従ったのに、その料理は焦げた味がする）
☐ stars floating in the sky（空に浮かぶ星々）	☐ An old boat floated on the lake.（古いボートが湖に浮かんでいた）
☐ pour water into a glass（グラスに水を注ぐ）	☐ Pour me a glass of wine, please.（ワインを1杯ついでください）
☐ rub one's eyes（目をこする）	☐ I rubbed my sore arm.（私はひりひりする腕をこすった）
☐ send a package（小包を送る）	☐ A package for you arrived this afternoon.（あなたあての荷物が今日の午後届いた）
☐ a splitting headache（頭が割れるような頭痛）	☐ She couldn't sleep because she had a really bad headache.（彼女は本当にひどい頭痛だったので、眠れなかった）
☐ leave one's wallet at home（財布を家に置き忘れる）	☐ For his birthday, she bought him a leather wallet.（彼の誕生日に、彼女は革製の財布を彼に買った）

WEEK 1
WEEK 2
WEEK 3
WEEK 4
WEEK 5
WEEK 6
WEEK 7
WEEK 8
WEEK 9
WEEK 10

Day 20))) CD-A20
Quick Review
答えは左ページ下

☐ bite　☐ twist　☐ sew　☐ spill
☐ smell　☐ scold　☐ wipe　☐ attend
☐ retire　☐ afford　☐ stir　☐ scratch
☐ freeze　☐ polish　☐ knit　☐ swell

Week 3 Review

今週学習した語彙の定着度をチェック！ 下の英文と右ページの訳を読みながら、赤字部分の単語がしっかりと身についているかを確認しよう。意味が分からないときは、見出し語番号を参照して学習日の語彙を復習しておこう。

Fashion is a difficult phenomenon to rationally explain. For example, why do I feel comfortable (0230) wearing (0304) a particular (0241) shirt this year, but next year I may feel terrible (0232) wearing (0304) it? Why do my favorite (0261) shoes of last year look so awful (0268) this year?

Obviously it's not just me who follows fashion. If we look at former (0234) times, we become aware (0240) that whole societies change their styles together. Photos from the 1970's show most adults and children generally had longer hair then, whether it suited (0276) them or not. If you look at a crowd scene from the 1920's, it's likely that nearly everyone will be wearing (0304) hats.

"Fashion victims" are people who will wear (0304) anything just because it's fashionable, even if they can't afford (0311) the expensive (0266) clothes they think they have to wear (0304). You may see a woman who has squeezed (0329) into tiny (0251) clothes that are too tight (0263) ; or a man freezing (0308) in just a T-shirt in the middle of winter. Silly (0271) male (0250) and female (0244) haircuts are also easy to note (0284) — just look around you and see how many people you think will be willing (0228) to have the same haircut in ten years.

☐ phenomenon：現象　☐ rationally：合理的に、理性的に　☐ obviously：明らかに、もちろん　☐ whether：〜であろうとなかろうと　☐ fashion victim：流行を追いまくる人、ファッションの奴隷

＊赤字の右上の数字は、その単語の見出し番号を表しています。和文の訳は、見出し語の第1定義ではない場合があります。また、訳中の見出し語訳は、文脈に沿って訳しているため、見出し語の定義と異なることがあります。

流行は、合理的に説明するのが難しい現象です。例えば、なぜ今年は特定のシャツを着ていると快適なのに、次の年にはそれを着ているとひどく悪い気持ちになるのでしょうか？ なぜ去年のお気に入りの靴は、今年はこれほどまでひどく見えるのでしょうか？

もちろん、流行を追いかけているのは私だけではありません。以前の時代を見てみると、社会全体がそのスタイル変えていることに私たちは気づきます。1970年代の写真を見ると、似合っていようとなかろうと、ほとんどの大人や子どもが当時は（今よりも）長い髪をしていることが分かります。1920年代の雑踏の様子を見ると、ほとんどすべての人は帽子をかぶっていることでしょう。

「流行を追いまくる人」とは、着なければならないと考えている高価な服を買う余裕がなくても、単にはやっているという理由でどんなものでも着る人たちのことです。とてもきつい小さな服に身を押し込んでいる女性や、冬の真っただ中にＴシャツだけを着て寒そうにしている男性を見かけるかもしれません。愚かな男性や女性の髪型も容易に注意が向きます──自分の周りを見回して、どれくらい多くの人が10年後にも同じ髪型をする気でいるのか見てみましょう。

WEEK 4

Week 4では、3000語レベルの語彙をマスター！ 2000語レベルと違って、なかなか手ごわい語彙が登場するのでは？ まずは、動詞から押さえていきましょう。週後半には、多義語もチェック！

Day 22【Level 3_動詞 **1**】
▶ 108
Day 23【Level 3_動詞 **2**】
▶ 112
Day 24【Level 3_動詞 **3**】
▶ 116
Day 25【Level 3_動詞 **4**】
▶ 120
Day 26【Level 3_動詞 **5**】
▶ 124
Day 27【多義語 **3**】
▶ 128
Day 28【多義語 **4**】
▶ 132

Week 4 Review
▶ 136

英語でコレ言える？
Can you say this in English?

カッコに入る語が分かったら、
あなたは3000語レベル?!

▼

昨日、マコト君に説教されちゃった。
Yesterday I got lectured by Makoto.

あいつ、話が終わらないのよね。
He talks endlessly, doesn't he?

そう、だから私、彼と顔を合わせるのを避けてるの。
Yeah, so I try to
(　　　　) seeing him.

▼
答えはDay 24でチェック！

WEEK 1
WEEK 2
WEEK 3
WEEK 4
WEEK 5
WEEK 6
WEEK 7
WEEK 8
WEEK 9
WEEK 10

Day 22

Level 3＿動詞(Verb) **1**

Check 1　　Listen 》CD-A22

0337
recognize
/rékəgnàiz/
❶アクセント注意

動 **～を識別する**；～が誰であるか分かる；～を認める（≒ admit）；～を評価する
名 recognition（認識；承認；[業績などに対する] 表彰）
形 recognizable（認識できる；見分けのつく）

0338
confirm
/kənfə́:rm/

動 **～を確認する**；（決意など）を強める；～を承認する
名 confirmation（確認書；確認、承認）

0339
ignore
/ignɔ́:r/

動 **～を無視する**；～を知らない [見ない] ふりをする
名 ignorance（無知、無学）
形 ignorant（無知の、無学の；無知による）

0340
represent
/rèprizént/
❶アクセント注意

動 **～の代理をする**、～を代表する；～を表す；～に相当する；～の選出の国会議員である
名 representation（代表；表現）、representative（代議士；代表者）
形 representative（[～を] 表現する [of ～]）

0341
tend
/ténd/

動 **～しがちである**（to do）（≒ be apt [likely]）；（～への）傾向がある（to [toward] ～）；（ある状態・結果に）至る（to [toward] ～）
名 tendency（傾向、風潮；性癖）

0342
delay
/diléi/

動 **～を延期する**（≒ put off）；～を遅らせる　名 延期、遅延

0343
arrest
/ərést/

動 **～を逮捕する**；～（の進行）を止める　名 逮捕、拘留

0344
exchange
/ikstʃéindʒ/

動 **～を（…と）交換する**（for ...）（≒ swap）；～を取り交わす；～を両替する　名 交換；やりとり；会話

continued
▼

Week 4からの3週間は、Level 3（3000語レベル）の動詞・名詞・形容詞を中心にチェック。まずは、動詞からスタートしよう！

- □ 聞くだけモード　Check 1
- □ しっかりモード　Check 1 ▶ 2
- □ かんぺきモード　Check 1 ▶ 2 ▶ 3

Check 2　Phrase

- □ recognize a difference（違いを識別する）
- □ recognize the government（その政府を承認する）

- □ confirm a fact（事実を確認する）
- □ confirm a treaty（条約を批准する）

- □ ignore the fact that ～（～という事実を無視する）

- □ represent Japan at the meeting（日本を代表して会議に出る）
- □ represent emotions（感情を表す）

- □ tend to be late（遅れがちである）

- □ delay a party（パーティーを延期する）

- □ arrest him for assault（彼を脅迫の容疑で逮捕する）

- □ exchange a knife for a pen（ナイフをペンと交換する）
- □ exchange dollars for yen（ドルを円に替える）

Check 3　Sentence

- □ She's changed so much that at first I didn't recognize her.（彼女はすっかり変わってしまったので、最初は彼女だとは気づかなかった）

- □ He confirmed that he was coming to Tokyo on Friday.（彼は金曜日に東京に来ることを確認した）

- □ I hate it when people ignore traffic lights.（私は人々が信号を無視するのが嫌いだ）

- □ He represented our school at the swimming competition.（彼は私たちの学校を代表して水泳大会に出場した）

- □ We tend to take our holidays in July.（私たちは7月に休暇を取ることが多い）

- □ The bus was delayed due to a traffic jam.（交通渋滞でバスが遅れた）

- □ The police arrested him for being drunk and disorderly.（警察は酒に酔って暴れたことで彼を逮捕した）

- □ I'd like to exchange this shirt for a different size.（私はこのシャツを別のサイズの物と交換したい）

continued ▼

Day 22

Check 1　Listen))) CD-A22

0345 split
/splít/
[活用] split - split

動 (党などが)**分裂する**；〜を分割する；割れる；〜を分配する
名 分裂；裂け目

0346 reflect
/riflékt/

動 **〜を反射する**；(to be reflectedで)(〜に) 映される (in 〜)；〜を反映する、示す；〜を熟考する
名 reflection (映像；熟考；反射；反映)
形 reflective (思慮深い；反射する)

0347 maintain
/meintéin/

動 **〜を維持する**、続ける (≒preserve)；〜を (望ましい状態に) 保つ；〜を主張する (≒claim)
名 maintenance (保守、メンテナンス；維持)

0348 advance
/ædvǽns/

動 **前進する** (≒proceed)；進歩する；(計画など) を提案する (≒propose)；〜を促進 [推進] する　名 進歩、向上；前進
形 advanced ([知識・技術などが] 上級の、高等の)

0349 occur
/əkə́ːr/
❶アクセント注意

動 **起こる**、生じる (≒happen)；(考えなどが)(人の心に) ふと浮かぶ (to 〜)
名 occurrence (事件、出来事)

0350 interrupt
/ìntərʌ́pt/
❶アクセント注意

動 (進行・流れなど) **の邪魔をする**、〜を妨げる (≒interfere with)；〜を中断する
名 interruption (邪魔、妨害)

0351 determine
/ditə́ːrmin/
❶アクセント注意

動 (理由) **を明らかにする**；〜を決定する；〜することを決心する (to do) (≒decide)
名 determination (決心、決意；決定)
形 determined (決然とした、断固とした)

0352 release
/rilíːs/

動 **〜を自由にする**、解放する (≒set free)；〜を放す；〜を公表する；(映画など) を公開する　名 解放、釈放；発売、公表

Day 21))) CD-A21　Quick Review
答えは右ページ下

- □ ため息をつく
- □ うなずく
- □ 〜を借りる
- □ 〜を掃除する
- □ けんかする
- □ 〜を曲げる
- □ 〜を織る
- □ 〜を感謝する
- □ 〜を強く握る
- □ 〜の味がする
- □ 浮かぶ
- □ 〜を注ぐ
- □ 〜をこする
- □ 荷物
- □ 頭痛
- □ 財布

Check 2　Phrase

- □ split into two groups（2つのグループに分裂する）
- □ Let's split the bill.（割り勘にしよう）

- □ reflect light（光を反射する）
- □ reflect public opinion（世論を反映する）

- □ maintain a relationship with ～（～との関係を維持する）
- □ maintain an average speed（平均速度を維持する）

- □ advance against the enemy（敵に向かって進撃する）
- □ advance in years（年を取る）

- □ occur at the same time（同時に起こる）
- □ It occurs to me that ～.（～だとふと思う）

- □ interrupt a conversation（話を遮る）
- □ I'm sorry to interrupt you.（お話［仕事］中お邪魔してすみません）

- □ determine where to go（どこへ行くか決定する）

- □ release a bird（鳥を放つ）
- □ release a film（映画を封切る）

Check 3　Sentence

- □ The party split over the issue of immigration.（その政党は移民の問題をめぐって分裂した）

- □ The silver roof reflects the sunlight.（銀色の屋根が太陽の光を反射している）

- □ He has maintained his good looks even though he's over 50.（50歳を超えているにもかかわらず、彼はよい容姿を保っている）

- □ The soldiers advanced 10 miles a day.（兵士たちは1日に10マイル前進した）

- □ The accident occurred early in the morning.（その事故は早朝に起きた）

- □ Please don't interrupt me when I'm talking.（私が話しているときは邪魔をしないでください）

- □ The fire department is trying to determine the cause of the fire.（消防署は火事の原因を明らかにしようとしている）

- □ The prisoner was released from jail after three years.（その囚人は3年後に刑務所を出所した）

WEEK 1
WEEK 2
WEEK 3
WEEK 4
WEEK 5
WEEK 6
WEEK 7
WEEK 8
WEEK 9
WEEK 10

Day 21))) CD-A21
Quick Review
答えは左ページ下

- □ sigh
- □ nod
- □ borrow
- □ sweep
- □ quarrel
- □ bend
- □ weave
- □ appreciate
- □ squeeze
- □ taste
- □ float
- □ pour
- □ rub
- □ package
- □ headache
- □ wallet

Day 23

Level 3＿動詞(Verb) 2

Check 1　Listen ») CD-A23

0353 breed
/bríːd/
[活用] bred - bred
[類音] bleed（出血する /blíːd/）

動 **〜を飼育する**；〜を繁殖させる；繁殖する；〜を引き起こす
名 品種；血統；種類

0354 occupy
/ákjupài/

動 (土地など) **を占有する**；(時間・場所) を取る、占める；〜を占領する
名 occupant（居住者、占有者）、occupation（仕事、職業；占領；占有）

0355 argue
/áːrgjuː/

動 (人と／…のことで) **議論する**、論争する、言い争う（with 〜/about ...）；〜を主張する ➕discussは「(友好的に) 議論する」というニュアンス
名 argument（議論、論争；賛成 [反対] 論）

0356 refuse
/rifjúːz/

動 **〜を断る**；〜を拒絶する；〜に…を与えない ➕decline は「(丁寧に) 断る」、rejectは「(強く) 断る」というニュアンス
名 refusal（拒絶、拒否）

0357 search
/sə́ːrtʃ/

動 **〜を探す**；〜を調べる；〜を所持品検査する　名 捜査、調査

0358 defeat
/difíːt/

動 **〜を負かす**、打ち破る（≒beat）；(問題などが解けなくて) 〜を困らせる；(計画など) を挫折させる　名 敗北；打破

0359 rely
/rilái/

動 (〜に) **頼る**（on [upon] 〜）（≒depend）；(〜を) 信頼する（on [upon] 〜）
形 reliable（頼りになる、信頼できる）

0360 consider
/kənsídər/
❗アクセント注意

動 **〜をよく考える**；〜だと考える；〜を考慮に入れる；〜を検討する
名 consideration（熟慮、熟考）
形 considerable（[数量などが] かなりの）、considerate（思いやりのある）

continued
▼

Level 3に入ってから、学習語彙がかなり手ごわくなったのでは？ そんなときこそ復習が大切。Quick Checkでの復習を忘れずに！

- ☐ 聞くだけモード　Check 1
- ☐ しっかりモード　Check 1 ▶ 2
- ☐ かんぺきモード　Check 1 ▶ 2 ▶ 3

Check 2　Phrase

☐ breed pigs（ブタを飼育する）

☐ occupy a town（町を占領する）
☐ occupy an important position（重要な地位を占める）

☐ argue about a problem（問題を議論する）

☐ refuse an offer（申し出を断る）

☐ search a house（家宅捜索する）

☐ defeat an opponent（競争相手を破る）
☐ defeat a plan（計画を挫折させる）

☐ rely on others（人頼みする）

☐ consider a plan（計画をよく練る）

Check 3　Sentence

☐ He is breeding cattle for the market.（彼は市場に出すウシを飼っている）

☐ The photo of his wife and family occupies a key place on his desk.（妻と家族の写真が彼の机の上の重要な位置を占めている）

☐ I heard the neighbors arguing.（近所の人たちが言い争っているのが聞こえた）

☐ She refused to answer any questions.（彼女はどの質問にも答えることを拒んだ）

☐ I searched the whole house for my wife's ring.（私は妻の指輪を探して家中を調べた）

☐ Our team was defeated, 28 to 14.（私たちのチームは28対14で負けた）

☐ You can rely on me whenever you have a problem.（困ったことがあったらいつでも、私を当てにしてください）

☐ Please consider coming to dinner sometime next week.（来週のいつか夕食に来てくださるよう考えておいてください）

WEEK 1
WEEK 2
WEEK 3
WEEK 4
WEEK 5
WEEK 6
WEEK 7
WEEK 8
WEEK 9
WEEK 10

continued ▼

Day 23

Check 1　Listen 》CD-A23

□ 0361
establish
/istǽbliʃ/
- 動 **～を設立する**、設置する（≒found）；(関係など) を作る；～を証明する
- 名 establishment (設立された物；[the ～] 支配階級；設立、創設)
- 形 established (既定の；常勤の)

□ 0362
insist
/insíst/
- 動 **～を強く主張する**；～を強く要求する；(～を) 強く主張する (on ～)
- 名 insistence (強い主張、断言)
- 形 insistent (固執する；しつこい)

□ 0363
transfer
/trænsfə:r/
- 動 **～を転任させる**、配置換えする；転任する；～を移す；移る；(お金など) を (自分の口座などに) 移す (into ...)
- 名 (/trǽnsfər/) 移籍、移送；譲渡

□ 0364
graduate
/grǽdʒuèit/
- 動 (～を) **卒業する** (from ～)；(～から／…へ) 進む、昇進する (from ～/to ...)　名 (/grǽdʒuət/) 卒業生
- 名 graduation (卒業；卒業式)

□ 0365
desire
/dizáiər/
- 動 **～を強く望む**；～することを欲する (to do) (≒wish, want)　名 欲望、願望
- 形 desirable (望ましい、好ましい)

□ 0366
greet
/grí:t/
- 動 **～にあいさつする** (≒salute)；～を迎える；～に反応する
- 名 greeting (あいさつ)

□ 0367
suppose
/səpóuz/
- 動 **～だと思う**、考える (≒think)；～だと想像する、推測する；(be supposed to do で) ～することになっている
- 形 supposed (想定された、仮定の)
- 副 supposedly (多分、恐らく)
- 接 supposing (もし～ならば [≒if])

□ 0368
replace
/ripléis/
- 動 **～に取って代わる**、～の後継者となる；～を (…と) 取り替える (with ...)；～を (元の場所に) 戻す
- 名 replacement (交代者；代用品；取り換え；返却)

Day 22 》CD-A22
Quick Review
答えは右ページ下

- □ ～を識別する
- □ ～を確認する
- □ ～を無視する
- □ ～の代理をする
- □ ～しがちである
- □ ～を延期する
- □ ～を逮捕する
- □ ～を交換する
- □ 分裂する
- □ ～を反射する
- □ ～を維持する
- □ 前進する
- □ 起こる
- □ ～の邪魔をする
- □ ～を明らかにする
- □ ～を自由にする

Check 2 Phrase

- ☐ establish a shop（店を開く）
- ☐ establish a relationship with ～（～との関係を作る）

- ☐ insist on one's innocence = insist that one is innocent（無罪を主張する）

- ☐ be transferred from Tokyo to Osaka（東京から大阪へ転任する）
- ☐ transfer to another school（転校する）

- ☐ graduate from high school（高校を卒業する）

- ☐ desire happiness（幸福を望む）

- ☐ greet her with "good afternoon"（彼女に「こんにちは」とあいさつする）

- ☐ I don't suppose that ～.（～とは思わない）

- ☐ replace him as president（彼に代わって社長になる）

Check 3 Sentence

- ☐ We are planning to establish a new company.（私たちは新会社を設立する予定だ）

- ☐ She insisted that we invite Tom to the party.（彼女はトムをパーティーに招待するべきだと主張した）

- ☐ Our boss will be transferred from Nagoya to Shanghai next month.（私たちの上司は来月、名古屋から上海へ転勤する）

- ☐ Jane graduated from Princeton in 2002.（ジェーンは2002年にプリンストン大学を卒業した）

- ☐ People around the world desire peace.（世界中の人々が平和を望んでいる）

- ☐ She greeted her guests at the door and took their coats.（彼女は戸口でゲストにあいさつをすると、彼らのコートを預った）

- ☐ I'm so busy I suppose I'll have to work on Saturday.（あまりに忙しいので、土曜も働かなければならないと思う）

- ☐ They hired a new employee to replace Ms. Smith.（彼らはスミスさんの後継者となる新入社員を雇った）

WEEK 1 | WEEK 2 | WEEK 3 | **WEEK 4** | WEEK 5 | WEEK 6 | WEEK 7 | WEEK 8 | WEEK 9 | WEEK 10

Day 22))) CD-A22
Quick Review
答えは左ページ下

- ☐ recognize
- ☐ confirm
- ☐ ignore
- ☐ represent
- ☐ tend
- ☐ delay
- ☐ arrest
- ☐ exchange
- ☐ split
- ☐ reflect
- ☐ maintain
- ☐ advance
- ☐ occur
- ☐ interrupt
- ☐ determine
- ☐ release

Day 24

Level 3＿動詞(Verb) 3

Check 1　Listen ») CD-A24

0369 avoid /əvɔ́id/
- 動 ～を避ける；～に近寄らない；～しないようにする（-ing）
- 名 avoidance（避けること、回避）

0370 regret /rigrét/
- 動 ～を後悔する；～を残念に思う；残念ながら～する（to do）　名 遺憾、残念；後悔
- 形 regretful（残念がっている、後悔している）、regrettable（残念な、遺憾な）

0371 found /fáund/
- 動 ～を創立する、設立する（≒establish）；～を（…に基づいて）作る（on [upon]...）
- 名 foundation（基礎、土台；根拠；財団；創設）、founder（創設［設立］者）

0372 possess /pəzés/
❶発音注意
- 動 （金・土地など）を所有する（≒have, own）；（能力など）を持っている；（悪霊・考えなどが）～にとりつく
- 名 possession（所有物；所有）
- 形 possessive（所有欲の強い、独占欲の強い）

0373 suspect /səspékt/
- 動 ～を怪しいと思う；～だと思う（≒suppose, guess）；～を信用しない　名 (/sʌ́spekt/) 容疑者、被疑者
- 名 suspicion（容疑；疑念）
- 形 suspicious（怪しい；疑い深い）
- 副 suspiciously（疑わしげに）

0374 adopt /ədɑ́pt/
[類音] adapt（～を改造する /ədǽpt/）
- 動 （理論・技術など）を採用する；～を養子にする；～を採択する
- 名 adoption（養子縁組；採用、採択）

0375 dismiss /dismís/
- 動 （提案など）を退ける；（訴えなど）を却下する；～を解雇する（≒fire）；～を解散させる
- 名 dismissal（解雇、免職；却下；解散）

0376 attach /ətǽtʃ/
- 動 ～を（…に）くっつける（to...）（⇔detach）；（ファイル）を添付する；（通例 be attached to ～で）～を愛している
- 名 attachment（愛着、愛情；付属品；添付ファイル）

continued
▼

CDをちゃんと聞いてる？ 語彙は「見る」だけではゼッタイに覚えられない。「目」と「耳」そして、時には「口」もフル活用しよう！

- ☐ 聞くだけモード　Check 1
- ☐ しっかりモード　Check 1 ▶ 2
- ☐ かんぺきモード　Check 1 ▶ 2 ▶ 3

Check 2　Phrase

☐ avoid an accident（事故を避ける）

☐ regret one's behavior（自分の行為を悔いる）
☐ I regret to say that ～.（残念ながら～）

☐ found a university（大学を創立する）

☐ possess a house and a car（家と車を所有している）
☐ possess intelligence（知性がある）

☐ suspect the truth of ～（～の信ぴょう性を疑う）
☐ a suspected person（容疑者）

☐ adopt a new policy（新しい方針を採用する）
☐ adopt a child（養子を取る）

☐ dismiss the application（申請を退ける）
☐ dismiss a suit（訴えを却下する）

☐ attach a tag to baggage（手荷物に荷札をつける）
☐ an attached document（添付の書類）

Check 3　Sentence

☐ I try to avoid speaking to him.（私は彼と話すの避けようとしている）

☐ I regret I made such a big mistake.（私はそのような大きな間違いをしてしまったことを後悔している）

☐ The rich businessman founded a hospital for sick children.（その裕福な実業家は病気の子どもたちのために病院を建てた）

☐ Some nations possess nuclear weapons.（いくつかの国は核兵器を所有している）

☐ He was suspected of murder.（彼は殺人の容疑をかけられている）

☐ The company adopted a new wage plan.（その会社は新しい賃金プランを採用した）

☐ You should dismiss such ideas from consideration.（そんなアイデアを考えるのはやめたほうがいい）

☐ Please attach this letter to that one.（この手紙をあの手紙に添付してください）

continued
▼

Day 24

Check 1　Listen 》CD-A24

□ 0377
remind
/rimáind/

動 **～に（…を）思い出させる**（of [about] …）；～に（…することを）思い起こさせる（to do）
名 reminder（[～を] 思い出させる人 [物] [of ～]；[思い出せるための] 合図、注意）

□ 0378
achieve
/ətʃíːv/

動 （仕事など）**を成し遂げる**；（目的など）を達成する（≒ accomplish）；（名声など）を獲得する
名 achievement（達成したもの、業績；達成、成就）

□ 0379
rob
/rɔ́b/
[類音] rub（～をこする /rʌ́b/）

動 **～から（…を）奪う**、強奪する（of …）（≒ steal）
名 robber（強盗、泥棒）、robbery（強盗；強盗事件）

□ 0380
chase
/tʃéis/

動 **～を追いかける**（≒ pursue）；～を追い立てる；（女性など）を追い回す；（～を）得ようと努力する（after ～）　名 追跡

□ 0381
affect
/əfékt/
[類音] effect（結果 /ifékt/）

動 **～に影響する**；（通例be affectedで）感動する；～のふりをする、～を装う　● influenceは「（間接的に）影響する」
名 affection（愛情、愛着）

□ 0382
refer
/rifə́ːr/
❶アクセント注意

動 （～に）**言及する**（to ～）（≒ mention）；（本などを）参照する（to ～）（≒ look up）；（人などに）問い合わせる（to ～）
名 reference（言及；参照、参考）

□ 0383
decrease
/dikríːs/
❶発音注意

動 （徐々に）**減少する**、減る（⇔ increase）；～を減らす、減少させる　名 (/díːkriːs/) 減少

□ 0384
increase
/inkríːs/

動 **増加する**、増える（⇔ decrease）；～を増加させる、増やす　名 (/ínkriːs/) 増加
副 increasingly（ますます、だんだん [≒ more and more]）

Day 23 》CD-A23
Quick Review
答えは右ページ下

- □ ～を飼育する
- □ ～を占有する
- □ 議論する
- □ ～を断る
- □ ～を探す
- □ ～を負かす
- □ 頼る
- □ ～をよく考える
- □ ～を設立する
- □ ～を強く主張する
- □ ～を転任させる
- □ 卒業する
- □ ～を強く望む
- □ ～にあいさつする
- □ ～だと思う
- □ ～に取って代わる

Check 2　Phrase

- ☐ **remind** him of the meeting（彼に会議のことを思い出させる）
- ☐ That **reminds** me.（それで思い出した）

- ☐ **achieve** one's aim（目的を遂げる）
- ☐ **achieve** victory（勝利を収める）

- ☐ get **robbed**（[金品を] 奪われる）

- ☐ **chase** a dream（夢を追う）

- ☐ **affect** the economy（経済に影響を与える）
- ☐ **affect** ignorance（知らないふりをする）

- ☐ **refer** to the importance of ~（~の重要性について言及する）
- ☐ **refer** to a dictionary（辞書を参照する）

- ☐ **decrease** in value（価値が下がる）
- ☐ **decrease** crime（犯罪を減らす）

- ☐ **increase** in population（人口が増える）
- ☐ **increase** speed（加速する）

Check 3　Sentence

- ☐ The picture **reminds** me of my happy childhood.（その写真は幸せな子どものころを私に思い出させてくれる）

- ☐ The play has **achieved** great success.（その劇は大成功を収めた）

- ☐ She was **robbed** of her purse on the train.（彼女は電車内でハンドバッグを奪われた）

- ☐ The dog **chased** the bouncing ball.（その犬はバウンドするボールを追いかけた）

- ☐ The disease **affects** the nervous system.（その病気は神経系に影響を及ぼす）

- ☐ Please **refer** to the back of the book for more information.（詳しくは本の裏表紙を見てください）

- ☐ Water consumption **decreases** during the winter.（冬の間、水の消費量は減る）

- ☐ Our sales **increased** by 10 percent last year.（去年、私たちの売り上げは10パーセント増加した）

Day 23))) CD-A23
Quick Review
答えは左ページ下

- ☐ breed
- ☐ occupy
- ☐ argue
- ☐ refuse
- ☐ search
- ☐ defeat
- ☐ rely
- ☐ consider
- ☐ establish
- ☐ insist
- ☐ transfer
- ☐ graduate
- ☐ desire
- ☐ greet
- ☐ suppose
- ☐ replace

WEEK 1
WEEK 2
WEEK 3
WEEK 4
WEEK 5
WEEK 6
WEEK 7
WEEK 8
WEEK 9
WEEK 10

Day 25

Level 3 _ 動詞(Verb) **4**

Check 1　　Listen)) CD-A25

0385 relate /riléit/
- 動 **〜を(…と)関係づける** (to . . .)（≒connect）;（事実など）を話す（≒tell）;（〜に）関係がある（to 〜）
- 名 relation（関係、関連）、relative（身内、親族）
- 形 relative（比較上の；相対的な）

0386 approve /əprúːv/
- 動 **〜を承認する**；〜に賛成する；（〜を）よく思う（of 〜）
- 名 approval（承認、賛成）

0387 reject /ridʒékt/
- 動（提案・申し出など）**を拒絶する**；（訴えなど）を却下する（⇔accept）；〜を（不良品として）捨てる　名（/ríːdʒekt/）不良品、不合格品
- 名 rejection（拒絶、却下）

0388 surround /səráund/
- 動 **〜を囲む**；〜を包囲する（≒enclose）
- 名 surrounding（[〜s] 環境、周囲の状況）

0389 deserve /dizə́ːrv/
- 動（賞罰・注目など）**に値する**、〜を受けるに足る；〜するに値する（-ing [to do]）

0390 observe /əbzə́ːrv/
- 動 **〜を観察する**（≒watch）；〜が（…するのを）見守る（do [-ing]）；（法律など）を守る
- 名 observance（従うこと、遵守）observation（観察；[通例〜s] 記録）、observer（観察者）

0391 pretend /priténd/
- 動 **〜を装う**、〜のふりをする（≒affect）；〜のまねごとをする
- 名 pretense（偽ること；いんちき）、pretension（見せかけ；気取り）
- 形 pretentious（うぬぼれた、思い上がった）

0392 impress /imprés/
- 動 **〜に感銘を与える**；〜を感動させる；〜を（…に）印象づける（on [upon] . . .）
- 名 impression（印象；感動；物まね）
- 形 impressive（印象的な、見事な）

continued

今日で学習語彙数は400語に！ 順調に学習は進んでる？ そろそろ忘れかけている語彙も多いはず。前の週に時々戻って復習しておこう。

- ☐ 聞くだけモード　Check 1
- ☐ しっかりモード　Check 1 ▶ 2
- ☐ かんぺきモード　Check 1 ▶ 2 ▶ 3

WEEK 1
WEEK 2
WEEK 3
WEEK 4
WEEK 5
WEEK 6
WEEK 7
WEEK 8
WEEK 9
WEEK 10

Check 2　Phrase

☐ relate productivity to technology（生産性を技術と関係づける）

☐ approve a plan（計画を承認する）

☐ reject a suggestion（提案を拒絶する）

☐ surround the enemy（敵を包囲する）

☐ deserve attention（注目に値する）
☐ deserve considering（考慮する価値がある）

☐ observe the stars（星を観測する）
☐ observe orders（命令に従う）

☐ pretend illness（仮病を使う）
☐ pretend to be a student（学生のふりをする）

☐ be favorably [unfavorably] impressed（好［悪］印象を受ける）

Check 3　Sentence

☐ Language and culture are closely related.（言語と文化には密接な関係がある）

☐ Her father didn't approve of her boyfriend.（彼女の父親は彼女のボーイフレンドをよく思っていなかった）

☐ The board meeting rejected my plan.（重役会は私の計画を却下した）

☐ My house is surrounded by trees.（わが家は木々に囲まれている）

☐ I studied so hard I deserved to get a good mark.（一生懸命に勉強したから、私が好成績を修めたのは当然だ）

☐ Her boss observed that she made a lot of personal phone calls at work.（彼女の上司は彼女が仕事中に何回も私用電話をしているのを見た）

☐ The little boy liked pretending he was a cowboy.（その少年はカウボーイごっこをするのが好きだった）

☐ I was very impressed by her piano playing.（私は彼女のピアノ演奏に非常に感銘を受けた）

continued
▼

Day 25

Check 1　Listen))) CD-A25

☐ 0393
bury
/béri/
❶発音注意
[同音] berry (ベリー)

動 **～を埋葬する**；～を埋める；～を覆い隠す；(感情など)を隠す
名 burial (埋葬 [式])

☐ 0394
respond
/rispánd/

動 (～に) **反応する** (to ～)；(～に) 返答 [応答] する (to ～) (≒answer)；(～に対して) 効果を現す
名 response (反応；応答、返答)

☐ 0395
treat
/trí:t/
❶発音注意

動 **～を扱う**；～を (…と) 見なす (as …)；～を治療する；～にごちそうする；～を薬品で処理する　名 もてなし、歓待、楽しみ
名 treatment (治療 [法]；取り扱い [方]；待遇)、treaty (条約、協定)

☐ 0396
explore
/ikspló:r/

動 **～を探検する**、探査する；～を (詳しく) 調査 [探求] する (≒examine)
名 exploration (探検、探査)、explorer (探検家)

☐ 0397
attempt
/ətémpt/

動 **～を試みる**、企てる (≒try)　名 試み、企て
形 attempted (未遂の)

☐ 0398
lean
/lí:n/

動 **体を曲げる**；(～に) 寄りかかる (on [against] ～)；傾く、曲がる

☐ 0399
attract
/ətrǽkt/

動 (興味など) **を引く**；～を引きつける、魅惑する (⇔distract)；～を引き寄せる
名 attraction (魅力、引きつける力；呼び物、アトラクション)
形 attractive (魅力的な)

☐ 0400
reduce
/ridjú:s/

動 (数量・程度など) **を減らす**；～を薄める；(ダイエットで) 体重を減らす
名 reduction (減少、縮小；割引)

Day 24))) CD-A24
Quick Review
答えは右ページ下

☐ ～を避ける
☐ ～を後悔する
☐ ～を創立する
☐ ～を所有する
☐ ～を怪しいと思う
☐ ～を採用する
☐ ～を退ける
☐ ～をくっつける
☐ ～に思い出させる
☐ ～を成し遂げる
☐ ～から奪う
☐ ～を追いかける
☐ ～に影響する
☐ 言及する
☐ 減少する
☐ 増加する

Check 2 Phrase

- bury a dead person（死人を葬る）
- bury treasure（宝を埋蔵する）

- respond to light（光に反応する）
- respond to a question（質問に答える）

- treat animals cruelly（動物を虐待する）
- treat a wound（傷を治療する）

- explore Mars（火星を探査する）
- explore a problem（問題を検討する）

- attempt an attack（攻撃を試みる）
- attempted murder（殺人未遂）

- lean forward [back]（身をかがめる [反らす]）
- lean against the wall（壁に寄りかかる）

- attract attention（注意を引く）
- feel attracted to ～（～に魅力を感じている、～が好きだ）

- reduce speed（減速する）

Check 3 Sentence

- He was buried in a grave next to his wife.（彼は妻の墓の横に埋葬された）

- I only responded to his letter yesterday.（彼の手紙の返事を昨日書いたばかりだ）

- I can't stand the way you treat me!（あなたの私の扱い方には我慢できません！）

- They explored the valley to find rare flowers.（彼らは珍しい花を見つけるためにその谷を探検した）

- The plane attempted an emergency landing.（その飛行機は緊急着陸を試みた）

- She leaned out of the window to get a better view.（彼女はもっとよく見ようと窓から身を乗り出した）

- He was attracted to his new, beautiful classmate.（彼はその新しい、美しいクラスメートに引きつけられた）

- We have to reduce expenses any way we can.（私たちは何としてでも支出を減らさなければならない）

WEEK 1
WEEK 2
WEEK 3
WEEK 4
WEEK 5
WEEK 6
WEEK 7
WEEK 8
WEEK 9
WEEK 10

Day 24)) CD-A24
Quick Review
答えは左ページ下

- [ ] avoid
- [ ] regret
- [ ] found
- [ ] possess
- [ ] suspect
- [ ] adopt
- [ ] dismiss
- [ ] attach
- [ ] remind
- [ ] achieve
- [ ] rob
- [ ] chase
- [ ] affect
- [ ] refer
- [ ] decrease
- [ ] increase

Day 26

Level 3＿動詞(Verb) **5**

Check 1　Listen)) CD-A26

0401 reform /rifɔ́ːrm/
- 動 **～を改善する**、改革する；(人)を改心させる、矯正する；(人が)改心する 名 改良、改善
- 名 reformation (改良、改善)

0402 boast /bóust/
- 動 (～を) **自慢する**、誇張して話す (about [of] ～)；～を誇りにする 名 自慢
- 形 boastful (自慢に満ちた)

0403 spoil /spɔ́il/
[活用] spoiled/spoilt - spoiled/spoilt
- 動 **～を台無しにする**、駄目にする；(食べ物が)腐る；(子ども)を甘やかす；(客など)を大事にする

0404 neglect /niglékt/
- 動 (義務・仕事など)**を怠る**；～を軽視[無視]する (≒disregard, ignore)；(不注意などから)～しないでおく (to do)
- 名 無視、軽視
- 名 negligence (怠慢、不注意)
- 形 negligent (怠慢な、不注意な)、negligible (取るに足らない)

0405 display /displéi/
- 動 **～を展示する** (≒exhibit)；(感情など)を表す；～を表示する (≒show) 名 陳列；表示

0406 admit /ædmít/
- 動 **～を認める**；～を自白する (⇔deny)；～に (…への) 入場 [入会] を認める (to [into] ...)
- 名 admission (入場料；[罪・誤りなどの] 自白、告白；入場 [入学] 許可)

0407 require /rikwáiər/
- 動 **～を必要とする** (≒need)；～を要求する (≒demand)；～であることを命ずる (≒order)
- 名 requirement (要求される事 [物]、必要条件)
- 形 requisite (必要な、不可欠の)

0408 operate /ápərèit/
- 動 (機械など)**を操作する**；～を経営する、管理する (≒manage, run)；手術をする；(機械などが効果的に) 働く、作動する
- 名 operation (手術；事業；取引)、operator (電話交換手；[機械などの] 操作者)

continued
▼

Level 3 (3000語レベル) の動詞は今日で最後。まずはCheck 1でチャンツ、余裕がある人はCheck 2とCheck 3にも取り組もう！

- ☐ 聞くだけモード Check 1
- ☐ しっかりモード Check 1 ▶ 2
- ☐ かんぺきモード Check 1 ▶ 2 ▶ 3

Check 2   Phrase

☐ reform the educational system (教育制度を改革する)
☐ reform oneself (改心する)

☐ boast about winning the game (試合に勝ったことを自慢する)

☐ spoil the plan (計画を台無しにする)
☐ spoil a child (子どもを甘やかす)

☐ neglect one's duties (職務を果たさない)
☐ neglect a law (法律を無視する)

☐ display paintings (絵を展示する)
☐ display hatred (憎悪をむき出しにする)

☐ admit the truth of ~ (~が事実であると認める)
☐ be admitted to the club (クラブへの入会を認められる)

☐ require a drastic change (抜本的な改革を必要とする)
☐ a required subject (必修科目)

☐ operate a device (装置を操作する)
☐ operate a restaurant (レストランを経営する)

Check 3   Sentence

☐ The government is planning to reform the health care system. (政府は医療制度の改革を計画している)

☐ He boasted that he was the best tennis player at the club. (彼は自分がクラブで一番のテニス選手だと自慢した)

☐ The bad weather spoiled our picnic. (悪天候が私たちのピクニックを台無しにした)

☐ They are neglecting their children's education. (彼らは自分の子どもたちの教育を怠っている)

☐ The company is displaying its products at a trade show. (その会社は自社製品を貿易見本市で展示している)

☐ The teacher admitted his mistake. (先生は自分の間違いを認めた)

☐ The job requires a knowledge of computers. (その仕事はコンピューターの知識を必要としている)

☐ He knows how to operate all the machines in the factory. (彼は工場にあるすべての機械の操作法を知っている)

WEEK 1
WEEK 2
WEEK 3
WEEK 4
WEEK 5
WEEK 6
WEEK 7
WEEK 8
WEEK 9
WEEK 10

continued ▼

Day 26

Check 1 Listen)) CD-A26

□ 0409
translate
/trænsleit/

動 **～を(…に)翻訳する**、訳す (into ...)；(～に) 変わる (into ～)；～を言い換える
名 translation (翻訳、通訳)、translator (翻訳家、通訳)

□ 0410
recommend
/rèkəménd/
❶アクセント注意

動 **～を勧める**、推奨する (≒advise, suggest)；～を奨励する
名 recommendation (勧告、忠告；推薦、推奨)

□ 0411
crush
/kráʃ/
[類音] crash (衝突 /kræʃ/)

動 **～を押しつぶす**；～を粉々にする；(敵など) を破滅させる；(希望など) をくじく；(人) を圧倒する

□ 0412
entertain
/èntərtéin/
❶アクセント注意

動 **～を楽しませる** (≒amuse)；～をもてなす；～を招待する；(希望など) を心に抱く
名 entertainment (娯楽；催し物、ショー)

□ 0413
seek
/síːk/
[活用] sought - sought

動 **～を得ようとする**；～しようと努める (to do)；(忠告・援助など) を求める (≒ask for)；～を探す

□ 0414
invent
/invént/

動 **(新しい物)を発明する**、考案する；(作り事など) をでっち上げる
名 invention (発明品；発明；作り事 [話])、inventor (発明家)
形 inventive (発明の才のある)

□ 0415
encourage
/inkə́ːridʒ/

動 **～を勇気づける** (⇔discourage)；～を (…するよう) 励ます (to do)；～を奨励する；～を促進する (≒promote)
名 encouragement (激励、奨励)
形 encouraging (勇気づける、激励の、励みになる)

□ 0416
identify
/aidéntəfài/

動 **～が誰 [何] であるか分かる**；～を (…であると) 確認する (as ...) (≒distinguish)
名 identification (身分証明書；身元確認；識別)、identity (本人であること；個性、独自性)
形 identical (同一の)

Day 25)) CD-A25
Quick Review
答えは右ページ下

□ ～を関係づける
□ ～を承認する
□ ～を拒絶する
□ ～を囲む

□ ～に値する
□ ～を観察する
□ ～を装う
□ ～に感銘を与える

□ ～を埋葬する
□ 反応する
□ ～を扱う
□ ～を探検する

□ ～を試みる
□ 体を曲げる
□ ～を引く
□ ～を減らす

Check 2 Phrase

- □ translate the novel into Japanese（小説を日本語に翻訳する）

- □ recommend the book to ~（その本を~に薦める）

- □ crush a box（箱を押しつぶす）
- □ crush a revolt（反乱を抑える）

- □ entertain a guest（客をもてなす）

- □ seek happiness（幸福を追い求める）
- □ seek her help（彼女の助けを求める）

- □ invent a new technology（新しい技術を発明する）
- □ invent an excuse（言い訳をでっち上げる）

- □ encourage children to study（子どもたちに勉強するよう励ます）
- □ encourage competition（競争を促す）

- □ identify a body（死体の身元を確認する）

Check 3 Sentence

- □ Her job is to translate letters from English into Japanese.（彼女の仕事は英語の手紙を日本語に翻訳することだ）

- □ I really recommend that restaurant for good food.（そのレストランは料理がおいしいので本当にお勧めします）

- □ The people were crushed in the subway at rush hour.（ラッシュアワーの混雑で地下鉄の乗客は押しつぶされた）

- □ He is very good at entertaining people at a party.（彼はパーティーで人々を楽しませるのが上手だ）

- □ We are seeking two computer science graduates.（私たちはコンピューター科学専攻の卒業生を2人求めている）

- □ Alexander Graham Bell invented the telephone.（アレクサンダー・グラハム・ベルは電話を発明した）

- □ His speech encouraged all the people who gathered in the hall.（彼のスピーチはホールに集まったすべての人を勇気づけた）

- □ I tried to identify my coat among all the others.（自分のコートをたくさんのコートの中から探そうとした）

Day 25 ») CD-A25
Quick Review
答えは左ページ下

- □ relate
- □ approve
- □ reject
- □ surround
- □ deserve
- □ observe
- □ pretend
- □ impress
- □ bury
- □ respond
- □ treat
- □ explore
- □ attempt
- □ lean
- □ attract
- □ reduce

Day 27

多義語(Multisense Word) 3

Check 1　　Listen))) CD-A27

☐ 0417
process
/prάses/
- 動 **〜を加工する**；〜を処理する　名 過程；経過
- 動 proceed（続ける；進む）
- 名 procedure（手順、やり方）、proceeding（進行；手続き）、procession（行進）

☐ 0418
state
/stéit/
- 動 (意見・問題など)**を明言する**、はっきり述べる（≒say）
- 名 状態；(米国などの)州；国家、国
- 名 statement（声明書、発表；計算書）、statesman（[大物] 政治家）
- 形 stately（荘重な、堂々たる）

☐ 0419
bear
/béər/
- 動 **〜に耐える**（≒stand、endure）；(費用・責任など)を負う；(特徴・関係など)を持つ、有する　名 クマ

☐ 0420
move
/mú:v/
- 動 (〜から／…へ)**引っ越す**（from 〜/to ...）；動く；〜を動かす；〜を感動させる　名 動き；措置；進展；引っ越し
- 名 motion（動き、運動）、motive（動機；主題）、movement（動き、運動）
- 形 moving（感動させる）

☐ 0421
store
/stɔ́:r/
- 動 **〜を蓄える**、貯蔵する　名 商店、店；貯蔵、蓄え
- 名 storage（貯蔵、保管；保管[貯蔵]所）

☐ 0422
run
/rʌ́n/
[活用] ran - run
- 動 **〜を経営**[運営、管理]**する**（≒manage）；走る；(競走)をする；(機械などが)動く；(〜に)立候補する（for 〜）　名 走ること；(野球の)得点；連続公演

☐ 0423
mind
/máind/
- 動 **〜を嫌だと思う**、気にする　名 思考力、頭脳；考え、意見；心
- 名 mentality（思考方法；知力、知能）
- 形 mental（心の、精神の [⇔physical]；精神病の）

☐ 0424
charge
/tʃɑ́:rdʒ/
- 名 **料金**、経費、手数料；責任、義務　動 (人)に(代金を)請求する；〜を告発する

continued
▼

今週の残り2日は、先週に続いて多義語を押さえよう。「クマ」のbear、同じつづりで動詞の意味は？ 知らない意味が今日も満載のはず！

- ☐ 聞くだけモード　Check 1
- ☐ しっかりモード　Check 1 ▶ 2
- ☐ かんぺきモード　Check 1 ▶ 2 ▶ 3

Check 2　Phrase

☐ processed foods（加工食品）
☐ in process of time（時がたつにつれて）

☐ state one's opinion（自分の意見を述べる）
☐ a state of emergency（緊急事態）

☐ bear the sorrow（悲しみに耐える）
☐ bear the expense（費用を負担する）

☐ move to a new house（新居に引っ越す）
☐ be deeply moved（深く感動している）

☐ store food for the winter（冬に備えて食糧を蓄える）
☐ a grocery store（食料品店）

☐ run a hotel（ホテルを経営する）
☐ run for mayor（市長に立候補する）

☐ I don't mind -ing.（～するのを気にしない）
☐ Would you mind -ing?（～していただけませんか？）

☐ free of charge（無料で）
☐ a person in charge（責任者）

Check 3　Sentence

☐ It will take up to two months to process your visa application.（あなたのビザ申請を処理するのに最大2カ月かかります）

☐ The president has stated that there will be tax cuts.（大統領は減税が行われる予定だと明言した）

☐ I can't bear her to be unhappy.（私は彼女が不幸になるのには耐えられない）

☐ Our family will move to Florida next year.（私たちの家族は来年フロリダに引っ越す予定だ）

☐ Canned foods are stored in a pantry.（缶詰食品は食料品室にしまってある）

☐ My uncle runs a restaurant in Sapporo.（私のおじは札幌でレストランを経営している）

☐ My parents don't mind that I spend so much time reading comic books.（私がとても長い時間漫画本を読むのを両親は気にしていない）

☐ There is a $5 charge for the service.（このサービスには5ドルの手数料がかかる）

continued
▼

Day 27

Check 1　Listen 》CD-A27

☐ 0425
share
/ʃéər/

名 株（≒stock）；分け前、取り分；負担、分担　動 ～を分配する；～を共有する

☐ 0426
character
/kǽriktər/

名（表意）**文字**；性格、個性；性質；特徴；人物（≒person）
名 characteristic（[通例～s] 特性、特質）
形 characteristic（特有の、特徴的な）

☐ 0427
rest
/rést/
[類音] lest（～しないように /lést/）

名（the ～）（～の）**残り**（of ～）；休息、休憩；停止　動 休む、休息する；～を休ませる
形 restful（安らぎを与える；落ち着いた）

☐ 0428
grave
/gréiv/

名 墓（≒tomb）；墓所　形（問題などが）重大な；危険をはらんだ；（顔つき・声などが）厳粛な、重々しい
名 gravitation（引力；引力作用）、gravity（重力、引力；厳粛さ、まじめさ）

☐ 0429
way
/wéi/
[同音] weigh（～の重さがある）

名 **やり方**、仕方、方法；道、道路；方向、方角；（in ～ wayの形で）～のように　副（副詞・前置詞を強調して）ずっと、とても、はるかに

☐ 0430
cost
/kɔ́ːst/
❶発音注意
[類音] coast（沿岸 /kóust/）

名（時間・労力の）**犠牲**；支出、費用（≒expense）；（～s）諸経費　動（金額）がかかる；～に（損失・犠牲を）支払わせる
形 costly（値段の高い；犠牲［損失］の大きい）

☐ 0431
interest
/íntərəst/
❶アクセント注意

名 **利子**、利息；興味、関心；重要性、重大性；利益、ため　動 ～に興味を持たせる
形 interested（[～に] 興味を持った [in ～]）、interesting（興味深い、面白い）

☐ 0432
plant
/plǽnt/

名（通例複合語で）**工場**；植物　動 ～を植える
名 plantation（[大規模な] 農場、農園；植林地）、planter（[鉢植えの] プランター；[大] 農園主）

Day 26 》CD-A26
Quick Review
答えは右ページ下

☐ ～を改善する　☐ ～を展示する　☐ ～を翻訳する　☐ ～を得ようとする
☐ 自慢する　　　☐ ～を認める　　☐ ～を勧める　　☐ ～を発明する
☐ ～を台無しにする ☐ ～を必要とする ☐ ～を押しつぶす ☐ ～を勇気づける
☐ ～を怠る　　　☐ ～を操作する　☐ ～を楽しませる ☐ ～が誰であるか分かる

Check 2 Phrase

- □ own five thousand shares of the company（その会社の株を5000株所有する）
- □ a fair share（正当[公正]な取り分）

- □ Chinese character（漢字）
- □ a national character（国民性）

- □ the rest of one's life（余生）
- □ take [have] a rest（一休みする）

- □ visit a grave（お墓参りをする）
- □ grave music（厳かな音楽）

- □ one's way of life（生き方）
- □ This way, please.（こちらへどうぞ）

- □ at the cost of ～（～を犠牲にして）
- □ the costs of production（生産費）

- □ an interest rate（利率）
- □ a matter of great interest（重要な事柄）

- □ a chemical plant（化学工場）
- □ garden plants（園芸植物）

Check 3 Sentence

- □ The share price of the company rose by 5 percent yesterday.（昨日、その会社の株価は5パーセント上昇した）

- □ "馬" is the Chinese character for horse.（「馬」はウマを意味する漢字だ）

- □ I ate half the cake and put the rest in the refrigerator.（私はケーキを半分食べて、残りを冷蔵庫にしまった）

- □ His grave is on a beautiful hill.（彼の墓は美しい丘の上にある）

- □ No one knows the best way to succeed.（誰も成功するための最良の方法は知らない）

- □ He wants to have a successful career, whatever the cost.（彼はどんな犠牲を払ってでも出世したいと思っている）

- □ I have been paying 3 percent interest on the housing loan.（私は住宅ローンに3パーセントの利子を払っている）

- □ There is a power plant near my house.（私の家の近くに発電所がある）

Day 26 » CD-A26
Quick Review
答えは左ページ下

- □ reform
- □ boast
- □ spoil
- □ neglect
- □ display
- □ admit
- □ require
- □ operate
- □ translate
- □ recommend
- □ crush
- □ entertain
- □ seek
- □ invent
- □ encourage
- □ identify

WEEK 1 / WEEK 2 / WEEK 3 / **WEEK 4** / WEEK 5 / WEEK 6 / WEEK 7 / WEEK 8 / WEEK 9 / WEEK 10

Day 28

多義語(Multisense Word) 4

Check 1　Listen)) CD-A28

□ 0433
class
/klǽs/
▶ 名 **階級**、階層；学級、クラス；授業　動 ~を分類する(≒ classify)
動 classify (~を分類する)
形 classic (最高級の；典型的な；伝統的な)

□ 0434
article
/ɑ́ːrtikl/
▶ 名 (新聞・雑誌などの) **記事**；物品、品物；(法律などの) 項目

□ 0435
leave
/líːv/
▶ 名 **休暇**　動 ~を去る；(~に向かって) 出発する (for ~)；~をそのままにしておく；~を置いていく

□ 0436
room
/rúːm/
▶ 名 **空間**、場所；部屋；余地、可能性　動 泊まる；~を泊める
形 roomy (広々とした)

□ 0437
concern
/kənsə́ːrn/
▶ 名 **心配**、気遣い、懸念(≒ anxiety)；関心事、重大事(≒ interest)
動 ~に関係する；(be concerned / concern oneselfで)心配する
形 concerned (心配そうな；関係している)
前 concerning (~について、~に関して [≒ about])

□ 0438
department
/dipɑ́ːrtmənt/
▶ 名 (会社などの) **部**、課；(大学の) 学科、学部 (≒ faculty)；(商品別の) 売り場

□ 0439
produce
/prə́djuːs/
▶ 名 **農産物**；野菜と果物　➕ 通例「工業生産物」はproductを使う　動 (/prədjúːs/) ~を生産する；~を引き起こす
名 producer (生産者；制作者)、product (製品、生産物)、production (生産、製作)
形 productive (生産的な、生産力のある)

□ 0440
degree
/digríː/
▶ 名 (温度などの) **度**；程度、度合い (≒ extent)；学位

continued
▼

多義語の特徴は、同じつづりで別の品詞、別の意味を持つものが多いこと。赤字の第1定義以外の意味もしっかりと押さえておこう。

- ☐ 聞くだけモード Check 1
- ☐ しっかりモード Check 1 ▶ 2
- ☐ かんぺきモード Check 1 ▶ 2 ▶ 3

Check 2　Phrase

☐ the upper [middle, lower] class（上流［中流、下層］階級）
☐ attend class（授業に出る）

☐ an editorial article（［新聞の］社説）
☐ domestic articles（家庭用品）

☐ sick [maternity] leave（病気［出産］休暇）
☐ leave a door open（ドアを開けっ放しにしておく）

☐ give room to ～（～のために場所を空ける、～に席を譲る）
☐ There is room for ～.（～の余地がある）

☐ I appreciate your concern.（ご配慮いただいて感謝しています）
☐ It is none of your concern.（あなたの知ったことではない）

☐ the accounting [personnel] department（会計［人事］課）
☐ the Department of History（史学科）

☐ fresh produce（生鮮食品）
☐ produce a film（映画を制作する）

☐ ten degrees below zero（氷点下10度）
☐ a matter of degree（程度の問題）

Check 3　Sentence

☐ The government promised tax cuts for the middle class.（政府は中流階級に対する減税を約束した）

☐ There was an interesting article in the paper this morning.（今朝の新聞に興味深い記事があった）

☐ My wife is on child-care leave.（私の妻は育児休暇中だ）

☐ That old chest of drawers takes up too much room.（あの古い洋服だんすは場所を取りすぎている）

☐ The rise in crime is a matter of public concern.（犯罪の増加が国民の関心事だ）

☐ The university has seven departments.（その大学には7つの学部がある）

☐ I go to a produce market every Sunday.（私は毎週日曜日に農産物の市場に行く）

☐ Tomorrow's high will be 25 degrees.（明日の最高気温は25度になるだろう）

continued
▼

Day 28

Check 1　Listen 》CD-A28

0441 relative /rélətiv/
名 **身内**、親族　形 比較上の；相対的な
動 relate（[〜に] 関係がある [to 〜]；〜を [...と] 関係づける [to ...]）
名 relation（関係、関連）
副 relatively（比較的；比較して言えば）

0442 tune /tjúːn/
名 **曲**、歌曲；調和、一致　動（テレビ・ラジオなど）を（放送局・チャンネルなどに）合わせる（to ...）；〜を調律する；（エンジンなど）を最良に調整する

0443 figure /fígjər/
名 **数字**；価格；(主に女性の) 体つき；人物、著名な人　動 目立つ；〜を計算する
形 figurative（比喩的な、文字通りでない [⇔literal]、[絵画・彫刻が] 形象描写の）

0444 fine /fáin/
名 **罰金**　動 〜に罰金を科する　形 立派な、素晴らしい、見事な；細かい、細い　副 よく、うまく
副 finely（細かく；精巧に；上品に）

0445 case /kéis/
名 **場合**、実例；訴訟、裁判、事件；容器、ケース

0446 bill /bíl/
名 **請求書**；勘定書（⇔receipt）；法案；紙幣　動 〜に請求書を送る

0447 part /páːrt/
名 **役**（≒role）；一部；部分；(機械・器具の) 部品　動 ばらばらになる；分かれる；離別する
形 partial（不完全な；[〜に] えこひいきする [to 〜]；不公平な）
副 partly（一部分は；ある程度は）

0448 sentence /séntəns/
名 **判決**（≒judgement）；文、センテンス　動 〜に判決を下す

Day 27 》CD-A27
Quick Review
答えは右ページ下

- □ 〜を加工する
- □ 〜を明言する
- □ 〜に耐える
- □ 引っ越す
- □ 〜を蓄える
- □ 〜を経営する
- □ 〜を嫌だと思う
- □ 料金
- □ 株
- □ 文字
- □ 残り
- □ 墓
- □ やり方
- □ 犠牲
- □ 利子
- □ 工場

Check 2　Phrase

- ☐ a near relative（近親者）
- ☐ live in relative luxury（比較的ぜいたくな生活をする）

- ☐ an old familiar tune（昔の聞き慣れた曲）
- ☐ Stay tuned.（チャンネルはそのままでお聞きください）

- ☐ add up figures（数を合計する）
- ☐ a public figure（有名人）

- ☐ a parking fine（駐車違反の罰金）
- ☐ a fine view（素晴らしい眺め）

- ☐ in that case（その場合には）
- ☐ a civil [criminal] case（民事 [刑事] 事件）

- ☐ a telephone bill（電話料金請求書）
- ☐ pass a bill（法案を可決する）

- ☐ play the part of ～（～の役を演じる）
- ☐ a large part of ～（～の大半）

- ☐ a light [heavy] sentence（軽い [重い] 判決）
- ☐ be sentenced to ～（～の刑を受ける）

Check 3　Sentence

- ☐ I've invited about 50 relatives to the wedding.（私は結婚式に50人ほどの親族を招待した）

- ☐ I heard a nice tune on the radio but I can't remember its name.（すてきな曲をラジオで聞いたのだが、曲名を思い出せない）

- ☐ The unemployment figure dropped slightly last month.（失業者数は先月、わずかに下がった）

- ☐ I had to pay a $200 fine for speeding.（私はスピード違反で200ドルの罰金を支払わなければならなかった）

- ☐ This is a classic case of one-sided love.（これは片思いの典型的な例だ）

- ☐ After we ate dinner we asked for the bill.（ディナーを食べ終え、私たちは勘定を頼んだ）

- ☐ The church plays an important part in this small village.（この小さな村では教会が重要な役割を果たしている）

- ☐ He was given a five-year prison sentence.（彼は5年の実刑判決を受けた）

WEEK 1
WEEK 2
WEEK 3
WEEK 4
WEEK 5
WEEK 6
WEEK 7
WEEK 8
WEEK 9
WEEK 10

Day 27))) CD-A27
Quick Review
答えは左ページ下

- ☐ process
- ☐ state
- ☐ bear
- ☐ move
- ☐ store
- ☐ run
- ☐ mind
- ☐ charge
- ☐ share
- ☐ character
- ☐ rest
- ☐ grave
- ☐ way
- ☐ cost
- ☐ interest
- ☐ plant

Week 4 Review

今週学習した語彙の定着度をチェック！ 下の英文と右ページの訳を読みながら、赤字部分の単語がしっかりと身についているかを確認しよう。意味が分からないときは、見出し語番号を参照して学習日の語彙を復習しておこう。

When I first came to Japan I was very impressed (0392). I found people tended (0341) to be generally reserved but also friendly. I was often greeted (0366) by strangers in the street whom I suspect (0373) probably just wanted to practice their English, but I didn't mind (0423). Once when I got on the wrong bus, a fellow passenger noticed my mistake and insisted (0362) on driving me to where I wanted to go — I couldn't refuse (0356) her kindness. However, in those early days if I attempted (0397) to speak Japanese a few people's interest (0431) in me seemed to decrease (0383)！

Nevertheless, most people encouraged (0415) me to exchange (0344) my poor Japanese for their poor English. While traveling in Hokkaido I soon established (0361) a good friendship with a man from Nagoya. We would search (0357) our limited vocabularies, determined (0351) not to be defeated (0358) in our attempts (0397) to explain ourselves to each other. It proved to me that you don't require (0407) a dictionary to translate (0409) every single unknown foreign word. Naturally, meeting people such as this increased (0384) my affection for Japan and the Japanese.

☐ reserved：控えめな、遠慮がちな　☐ stranger：見知らぬ人　☐ fellow passenger：乗り合わせている乗客　☐ affection：愛情、愛着

＊赤字の右上の数字は、その単語の見出し番号を表しています。和文の訳は、見出し語の第1定義ではない場合があります。また、訳中の見出し語訳は、文脈に沿って訳しているため、見出し語の定義と異なることがあります。

初めて日本に来たとき、私はとても感動しました。人々は一般に遠慮がちなのに、友好的でもあることに気づいたからです。通りで見知らぬ人にしばしばあいさつされましたし、そういった人たちは恐らく英語の練習をしたかっただけだろうと思いますが、私は嫌だと感じませんでした。私が間違ったバスに乗ったときのことですが、乗り合わせていた乗客が私の間違いに気づき、私が行こうとしていた所へ私を車で送ってくれると言い張ったのです——私は彼女の親切を断ることができませんでした。しかし、そういった（日本に来てから）日が浅いころに、私が日本語を話そうと試みると、何人かの人たちの私に対する関心は減ったようでした！

それにもかかわらず、ほとんどの人たちは、彼らのつたない英語と私のつたない日本語を交わすように私を励ましてくれました。北海道を旅しているときは、名古屋から来た男性とすぐに親しい関係になりました。私たちは自分たちの限られた語彙を探し、お互いに自分のことを説明しようとする試みに挫折しないことを決心しました。私は、知らない外国語のすべての語彙を翻訳するのに辞書は必要でないことが分かりました。当然のことながら、こういった人々に出会うことは、日本と日本人に対する私の愛着を増したのです。

WEEK 5

今日からWeek 5に突入！ 折り返し地点も目前です。ここが踏ん張り所！今週は、3000語レベルの名詞を中心に学習していきましょう。週後半の日常語の学習も忘れずに！

Day 29 【Level 3_名詞 ❶】
▶ 140
Day 30 【Level 3_名詞 ❷】
▶ 144
Day 31 【Level 3_名詞 ❸】
▶ 148
Day 32 【Level 3_名詞 ❹】
▶ 152
Day 33 【Level 3_名詞 ❺】
▶ 156
Day 34 【日常語 ❸】
▶ 160
Day 35 【日常語 ❹】
▶ 164

Week 5 Review
▶ 168

英語でコレ言える？
Can you say this in English?

カッコに入る語が分かったら、あなたは3000語レベル?!

▼

なあ、おまえ、佐藤サンに気があるだろ？
Hey, you have a crush on Sato-san, don't you?

えっ！ どうして分かるんだよ？
Oh! How do you know that?

彼女が通り過ぎるとき、いつも彼女のことをちらっと見てるぜ。
You always (　　　) at her as she walks by.

▼

答えはDay 33でチェック！

Day 29

Level 3＿名詞(Noun) **1**

Check 1　　Listen))) CD-A29

☐ 0449
passion
/pǽʃən/
- 名**情熱**；愛情；愛着
- 形passionate（情熱的な；[言葉・感情などが] 激しい）

☐ 0450
alarm
/əlάːrm/
- 名**警報装置**；目覚まし時計；驚き、恐怖（≒fear）　動〜をはっとさせる；〜に警報を発する
- 形alarmed（驚いた；盗難警報装置のついた）、alarming（驚くべき）

☐ 0451
dawn
/dɔ́ːn/
❶ 発音注意
[類音] down（下へ /dáun/）
- 名**夜明け**（⇔dusk [夕暮れ]）；(事の) 始まり、発端；出現、誕生　動（夜が）明ける

☐ 0452
item
/áitəm/
- 名**項目**、品目；（新聞・雑誌などの短い）記事

☐ 0453
research
/ríːsəːrtʃ/
- 名**研究**、調査、探求　動（/risə́ːrtʃ/）〜を調査[研究]する
- 名researcher（研究員、調査員）

☐ 0454
soil
/sɔ́il/
- 名**土**、土壌（≒earth）；（悪事の）温床

☐ 0455
conduct
/kάndʌkt/
- 名（道徳上の）**行為**、行い（≒behavior）；（仕事などの）運営；遂行　動（/kəndʌ́kt/）（業務など）を実施する；〜を指揮する
- 名conductor（指揮者；[列車の] 車掌；[電気の] 伝導体）

☐ 0456
honor
/άnər/
- 名**名誉**、名声；尊敬、敬意；道義　動〜を尊敬する、礼遇する；(be honoredで) 光栄に思う
- 形honorable（高潔な、立派な；[取り決めなどが] 公平な）
- 副honorably（立派に、尊敬されるように）

continued
▼

今日から5日間は、Level 3（3000語レベル）の名詞をチェック。まずはCheck 1で、チャンツの音楽に乗って、学習語彙を口ずさんでみよう。

- ☐ 聞くだけモード　Check 1
- ☐ しっかりモード　Check 1 ▶ 2
- ☐ かんぺきモード　Check 1 ▶ 2 ▶ 3

Check 2　Phrase

☐ the passion of love（愛の情熱）
☐ have a passion for ~（~が大好きである）

☐ a car alarm（車の［盗難防止］警報装置）
☐ take [feel] alarm at ~（~におびえる）

☐ stay open until dawn（夜明けまで営業している）
☐ the dawn of this century（今世紀の初め）

☐ an item of importance（重要項目）
☐ local items（地方記事）

☐ carry out research into ~（~の研究を行う）
☐ a research worker（研究者）

☐ poor [rich] soil（やせた［肥えた］土地）
☐ fertile soil for crime（犯罪の温床）

☐ good [bad] conduct（よい［悪い］振る舞い）
☐ the conduct of a company（会社の経営）

☐ maintain one's honor（名誉を守る）
☐ pay honor to ~（~に敬意を表す）

Check 3　Sentence

☐ Although he is a businessman, his real passion is music.（彼はビジネスマンだが、真に好きなのは音楽だ）

☐ The school fire alarm went off at 3 a.m.（学校の火災報知器が午前3時に鳴った）

☐ He got up just before dawn because he wanted to see the sunrise.（日の出を見たかったので、彼はちょうど夜明け前に起床した）

☐ They moved to the next item on the agenda.（彼らは協議事項の次の項目に話題を移した）

☐ Our research showed that people drink more red wine than white wine.（私たちの調査によると、白ワインよりも赤ワインを飲む人が多いという結果が出た）

☐ The soil here is not good for growing anything.（ここの土壌は何を育てるにも適していない）

☐ The student was suspended for his bad conduct on the school bus.（その生徒はスクールバスの中での行いがよくなかったので停学を受けた）

☐ It is an honor to be here with you.（あなたとご一緒できて光栄です）

continued ▼

Day 29

Check 1　Listen)) CD-A29

□ 0457
quality
/kwάləti/
- 名 **性質**、質（≒character）；特質、特性；良質、上質　●「量」はquantity　形 良質の、上等の
- 形 qualitative（性質［上］の、質的な）

□ 0458
technique
/tekníːk/
❶アクセント注意
- 名（専門）**技術**、技巧；技法、手法
- 形 technical（技術上の；専門的な）
- 副 technically（厳密に言えば；技術的には）

□ 0459
vision
/víʒən/
- 名 **視覚**、視力（≒eyesight）；理想像、未来像（≒dream）；幻（≒illusion）；想像力（≒imagination）
- 形 visible（目に見える）、visionary（洞察力のある、観念的な）
- 副 visibly（目に見えて、明らかに）

□ 0460
background
/bǽkgràund/
- 名 **経歴**、素性；（事件の）背景；（風景・絵画などの）背景

□ 0461
faith
/féiθ/
- 名 **信頼**、信用（≒trust）；信仰；自信（≒confidence）；義務
- 形 faithful（忠実な、誠実な；［説明などが］正確な）
- 副 faithfully（忠実に；正確に）

□ 0462
novel
/nάvəl/
- 名（長編）**小説**　●「短編小説」はshort story　形 新しい、奇抜な
- 名 novelist（［長編］小説家）、novelty（珍しさ、斬新さ）

□ 0463
crop
/kráp/
- 名 **作物**、収穫物；収穫高［量］；（a crop of ～で）～の集まり

□ 0464
leisure
/líːʒər/
❶発音注意
- 名（仕事から解放された）**余暇**、自由な時間
- 形 leisurely（悠々とした、余裕を持った）
- 副 leisurely（ゆったりと；急がずに）

| Day 28)) CD-A28
Quick Review
答えは右ページ下 | □ 階級
□ 記事
□ 休暇
□ 空間 | □ 心配
□ 部
□ 農産物
□ 度 | □ 身内
□ 曲
□ 数字
□ 罰金 | □ 場合
□ 請求書
□ 役
□ 判決 |

Check 2　Phrase

- of good [poor] quality（質のよい［悪い］）
- high quality（高品質）

- a teaching technique（教授法）
- develop a technique for ~（~の技術を開発する）

- the field of vision（視野、視覚）
- have good vision（視力がいい）

- an academic background（学歴）
- stay [remain] in the background（表面に出ないでいる）

- restore faith in ~（~の信頼を取り戻す）
- lose faith in ~（~への信頼を失う）

- a historical novel（歴史小説）
- a novel approach（新しいアプローチ）

- gather [harvest] a crop（作物を取り入れる）
- a bad [poor] crop（不作、凶作）

- have no leisure（暇がない）
- leisure time（暇な時間）

Check 3　Sentence

- The quality of the product is as important as its price.（製品の質は価格と同じくらい重要だ）

- The musician needed to improve his technique.（その音楽家はもっと技術を磨く必要があった）

- When I turned 40, my vision got bad and I started to wear glasses.（40歳になると私は視力が衰え、眼鏡をかけ始めた）

- Steve has a background in computer programming.（スティーブはコンピュータープログラミングの経験がある）

- She has a lot of faith in her mother.（彼女は母親をとても信頼している）

- The new novel by Sydney Sheldon is about 500 pages long.（シドニー・シェルダンの新しい小説は約500ページの長さだ）

- There should be good crops this year because of the good weather.（好天のおかげで今年は豊作のはずだ）

- My favorite leisure activity is playing golf.（私の好きな余暇の過ごし方はゴルフをすることだ）

WEEK 1
WEEK 2
WEEK 3
WEEK 4
WEEK 5
WEEK 6
WEEK 7
WEEK 8
WEEK 9
WEEK 10

Day 28))) CD-A28
Quick Review
答えは左ページ下

- class
- article
- leave
- room
- concern
- department
- produce
- degree
- relative
- tune
- figure
- fine
- case
- bill
- part
- sentence

Day 30

★★★☆
Level 3＿名詞(Noun) 2

Check 1　　Listen 》CD-A30

0465
tradition
/trədíʃən/

名 **伝説**；伝統、慣習
形 traditional（伝統的な；因習的な）

0466
appointment
/əpɔ́intmənt/

名（面会の）**約束**；任命；（医師などの）予約；役職　⊕ ホテルやレストランの「予約」はreservation
動 appoint（〜を任命する；[時間・場所など] を指定する）

0467
confidence
/kánfədəns/

名 **信頼**（≒trust）；自信、確信；秘密
形 confident（自信のある）、confidential（秘密の）

0468
soul
/sóul/
[同音] sole（唯一の；足裏、靴底）

名 **魂**、霊魂（≒spirit ⇔body）；精神（力）；人；情熱
形 soulful（感情の込もった、悲しみでいっぱいの）

0469
exception
/iksépʃən/

名 **例外**、特例；除外（≒exclusion）
形 exceptional（非常に優れた；例外的な、普通でない）
副 exceptionally（例外的に）
前 except（〜を除いて）

0470
instruction
/instrʌ́kʃən/

名（〜s）**使用説明書**；（〜s）指示；教えること；教育
動 instruct（〜に [...するよう] 指図する [to do]）
名 instructor（指導者、教官）
形 instructive（教育的な、ためになる [≒useful]）

0471
pity
/píti/

名 **惜しいこと**、残念なこと；同情、哀れみ（≒mercy, sympathy）　動 〜を気の毒に思う
形 pitiful（かわいそうな、痛ましい）

0472
tale
/téil/
[同音] tail（尾、しっぽ）

名（架空・伝説上などの）**話**、物語（≒story）；作り話、うそ
動 tell（〜を話す）

continued
▼

単語学習は机に向かわなくてもできる。通学のバスや電車内でチャンツを聞き流すだけでもOK！ 少しでも語彙に触れる機会を増やそう！

- ☐ 聞くだけモード　Check 1
- ☐ しっかりモード　Check 1 ▶ 2
- ☐ かんぺきモード　Check 1 ▶ 2 ▶ 3

Check 2　Phrase

☐ **according to** tradition（伝説によると）
☐ **by** tradition（伝統的に）

☐ **make an** appointment **with** ~（~と会う約束をする）
☐ **make the** appointment **of** ~（~の任命を行う）

☐ **give one's** confidence **to** ~（~を信頼する）
☐ **with** confidence（自信を持って）

☐ **the immortality of the** soul（霊魂の不滅）

☐ **an** exception **to a rule**（規則の例外）
☐ **without** exception（例外なく）

☐ **follow the** instructions（使用説明書に従う）
☐ **give** instructions **to** ~（~に指示する）

☐ **It is a** pity **that** ~.（~は残念なことだ）
☐ **feel** pity **for** ~（~を哀れむ、気の毒に思う）

☐ fairy tales（おとぎ話）
☐ **tell the** tale **of** ~（~の話をする）

Check 3　Sentence

☐ Christmas traditions started a long time ago.（クリスマスの伝統はかなり昔に始まった）

☐ I have an appointment to meet Mr. Johnson.（私はジョンソン氏と会う約束をしている）

☐ I have a lot of confidence in my new colleague.（私は新しい同僚を大いに信頼している）

☐ Some say that humans have souls but animals don't.（人間には魂があるが、動物にはないと言う人もいる）

☐ I'm afraid we can't make an exception.（残念ながら、例外を作ることはできない）

☐ I need more instructions on how to do this.（このやり方に関する説明がもっと必要だ）

☐ It's a real pity that you have to miss the party.（君がパーティーに出席できないのはとても残念だ）

☐ "The Tale of Genji" is one of Japan's most famous stories.（『源氏物語』は日本で最も有名な物語の1つだ）

continued ▼

Day 30

Check 1 Listen))) CD-A30

☐ 0473
element
/éləmənt/
名 **成分**、要素；(特殊な人の) 一団；元素
形 elemental (基本的な)、elementary (初歩の、入門の；簡単な、単純な)

☐ 0474
rent
/rént/
名 **賃貸料**、使用料；家賃 動 ～を賃借する；～を賃貸する
名 rental (賃貸［賃借］料；貸家、貸アパート；レンタカー)
形 rental (賃貸の、レンタルの)

☐ 0475
witness
/wítnis/
名 (～の) **目撃者** (to ～)；(法廷などでの) 証人；(文書などの) 立会人、連署人
動 ～を目撃する

☐ 0476
authority
/əθɔ́:rəti/
名 **権威**、権力 (≒ power)；公共事業機関；(the ～ies) 当局；権威者、大家
動 authorize (～を正式に認可する)
形 authoritative (権威ある；高圧的な)

☐ 0477
function
/fʌ́ŋkʃən/
名 **機能**、作用；職務 (≒ duty)；(社会的・宗教的) 儀式、行事
動 機能［役割］を果たす
形 functional (機能を果たせる；機能［上］の；機能本位の)

☐ 0478
means
/mí:nz/
名 **手段**、方法 (≒ way)；財産、収入

☐ 0479
influence
/ínfluəns/
❶アクセント注意
名 **影響力**；影響；影響力を及ぼす物［人］ 動 ～に影響を与える
形 influential (大きな影響を与える；有力な)

☐ 0480
access
/ǽkses/
名 **入る方法**、接近 (方法)；入手［面会、利用］の権利；接近［利用］できる状態 動 ～にアクセスする；～に接近する、入る
形 accessible (近づきやすい；入手［面会］可能な；分かりやすい)

Day 29))) CD-A29
Quick Review
答えは右ページ下

☐ 情熱　　　☐ 研究　　　☐ 性質　　　☐ 信頼
☐ 警報装置　☐ 土　　　　☐ 技術　　　☐ 小説
☐ 夜明け　　☐ 行為　　　☐ 視覚　　　☐ 作物
☐ 項目　　　☐ 名誉　　　☐ 経歴　　　☐ 余暇

Check 2　Phrase

- ☐ an important element of success（成功の重要な要素）
- ☐ the four elements（四大元素）

- ☐ pay the rent（家賃を払う）
- ☐ a house for rent（貸家）

- ☐ the only witness to the crime（犯罪の唯一の目撃者）

- ☐ exercise one's authority（権力を行使する）
- ☐ the school authorities（学校当局）

- ☐ the function of the brain（脳の機能）
- ☐ charity functions（慈善的催し物）

- ☐ means of production（生産手段）
- ☐ by means of ～（～［の手段］によって）

- ☐ a man of influence（有力者）
- ☐ have an influence on ～（～に影響を与える）

- ☐ gain [get] access to ～（～に接近する）
- ☐ have access to ～（～を利用［入手］できる）

Check 3　Sentence

- ☐ Vegetables are a vital element for good health.（野菜は健康のために不可欠な要素だ）

- ☐ We had to move because the rent got too high.（家賃があまりに高くなったので、私たちは引っ越さなくてはならなかった）

- ☐ She went to court as a witness to the car accident.（彼女はその自動車事故の目撃者として出廷した）

- ☐ He has the authority to decide if you go to jail or not.（彼には君を刑務所送りにするかどうかを決める権限がある）

- ☐ My cellphone has a lot of functions.（私の携帯電話には多くの機能がある）

- ☐ I take the train as a means of transportation.（私は交通手段として電車を使っている）

- ☐ He used his influence to get his nephew a job.（おいに仕事を与えるために、彼は自分の影響力を利用した）

- ☐ This highway gives you good access to Tokyo.（このハイウエーを使えば、東京へ行くのに便利だ）

Day 29))) CD-A29
Quick Review
答えは左ページ下

- ☐ passion
- ☐ alarm
- ☐ dawn
- ☐ item
- ☐ research
- ☐ soil
- ☐ conduct
- ☐ honor
- ☐ quality
- ☐ technique
- ☐ vision
- ☐ background
- ☐ faith
- ☐ novel
- ☐ crop
- ☐ leisure

WEEK 1
WEEK 2
WEEK 3
WEEK 4
WEEK 5
WEEK 6
WEEK 7
WEEK 8
WEEK 9
WEEK 10

Day 31

Level 3 __ 名詞(Noun) 3

Check 1   Listen)) CD-A31

☐ 0481
benefit
/bénəfit/
❶アクセント注意

名**利益**；特典；慈善[義援]興行　動~に利益を与える；(~によって)利益を得る (by [from] ~)
形 beneficial (ためになる、有益な)

☐ 0482
lightning
/láitniŋ/

名**稲妻**、稲光　✚「雷」はthunder　形 電光石火の、素早い

☐ 0483
equipment
/ikwípmənt/

名**備品**、機器；準備、備えること
動 equip (~を備える；~に[…を]装備する [with ...]；~に[…を]身につけさせる [with ...])

☐ 0484
protest
/próutest/

名**抗議**、異議　動 (/prətést/) (~に)抗議する、異議を申し立てる (against ~)；~を主張する
名 Protestant (プロテスタント、新教徒)

☐ 0485
situation
/sìtʃuéiʃən/

名**状況**、立場；情勢；場所 (≒place)
動 situate (~を位置づける；~を[…に]置く [in ...])
形 situated ([ある場所に]位置している [at [in, on] ~]、~の状態にある)

☐ 0486
fortune
/fɔ́ːrtʃən/

名**財産**、大金；富 (≒wealth)；運 (≒fate)；運勢
形 fortunate (幸福な、運のよい [≒lucky])
副 fortunately (幸いにも、運よく [⇔unfortunately])

☐ 0487
temper
/témpər/

名 (一時的な)**気分**、機嫌；かんしゃく、立腹 (≒anger)；落ち着き、冷静　動 ~を和らげる、鎮める
名 temperament (気質、気性)、temperance (節制；[特に]節酒)
形 temperate (温和な；節度のある)

☐ 0488
impact
/ímpækt/

名**影響**(力)；衝撃、衝突 (≒collision, crash)　動 (/impǽkt/) ~に影響を与える；衝突する

continued
▼

見出し語の下にある「アクセント注意」や「発音注意」をしっかり見てる？ 少しの違いで相手に伝わらないこともあるので要チェック！

☐ 聞くだけモード Check 1
☐ しっかりモード Check 1 ▶ 2
☐ かんぺきモード Check 1 ▶ 2 ▶ 3

Check 2　Phrase

☐ the public benefit（公共の利益）
☐ for the benefit of ~（~のために）

☐ be struck by lightning（雷に打たれる）
☐ like lightning（電光石火のごとく）

☐ office equipment（事務用品）

☐ make [enter] a protest against ~（~に抗議する）
☐ without protest（異議を唱えずに、反対もしないで）

☐ a difficult situation（難しい状況）
☐ save the situation（事態を収拾する）

☐ have fortune on one's side（幸運に恵まれる）

☐ be in a good temper（機嫌がいい）
☐ fly [get] into a temper（かっとなる）

☐ have [make] an impact on ~（~に影響を与える）
☐ on impact（衝撃で、衝突の弾みで）

Check 3　Sentence

☐ Smokers can reap benefits from quitting smoking.（喫煙者はたばこをやめることで利益を享受できる）

☐ The lightning flashed and made the night sky suddenly bright.（稲光が光り、突然夜空を明るくした）

☐ The movie crew moved their equipment onto a truck.（映画の撮影クルーは機材をトラックに運び込んだ）

☐ Five teachers quit in protest of the school's decision.（学校の決定に抗議して5人の教師が辞職した）

☐ Everyone knows how serious the situation is.（状況がどれほど深刻かを誰もが知っている）

☐ He made his fortune in the clothing business.（彼は服飾業界で財産を築いた）

☐ He's a good person except he has a short temper.（短気ということを除けば、彼はとてもいい人だ）

☐ The impact of the 5 percent tax was felt right away by everyone.（5パーセントの税の影響はすぐに誰もが感じた）

WEEK 1
WEEK 2
WEEK 3
WEEK 4
WEEK 5
WEEK 6
WEEK 7
WEEK 8
WEEK 9
WEEK 10

continued
▼

Day 31

Check 1　Listen 》CD-A31

0489 continent /kάntənənt/
名 **大陸**
形 continental（大陸[性]の）

0490 affair /əféər/
名（社会的）**事情**、問題；(しばしば〜s) 業務、仕事；浮気

0491 opportunity /ὰpərtjúːnəti/
❶アクセント注意
名 **機会**、好機（≒ chance、occasion）；出世[昇進]の機会
形 opportune（適切な；好都合な）

0492 lane /léin/
[類音] rain（雨 /réin/）
名 **車線**；(競走・競泳などの) コース；(家などの間の) 小道

0493 ruin /rúːin/
名（身の）**破滅**、(地位・名誉などの) 喪失；(〜s) 廃墟、遺跡
動（健康など）を損なう；〜を破壊する；〜を破産させる

0494 surface /sə́ːrfis/
名 **表面**、表；(the 〜) 外見、うわべ；面　形 うわべだけの；地上の

0495 author /ɔ́ːθər/
名 **著者**、作者；創始者；立案者　動 〜を著す、書く

0496 shame /ʃéim/
名 **残念なこと**；恥ずかしさ；不名誉、不面目　動 〜を辱めて(…を) させる (into ...)；〜の面目をつぶす
形 ashamed（[〜を] 恥じて [of 〜]）、shameful（恥ずべき；けしからぬ）、shameless（恥知らずな）

Day 30 》CD-A30
Quick Review
答えは右ページ下

- □ 伝説
- □ 約束
- □ 信頼
- □ 魂
- □ 例外
- □ 使用説明書
- □ 惜しいこと
- □ 話
- □ 成分
- □ 賃貸料
- □ 目撃者
- □ 権威
- □ 機能
- □ 手段
- □ 影響力
- □ 入る方法

Check 2　Phrase	Check 3　Sentence
☐ the Australian continent（オーストラリア大陸）	☐ There are six continents in the world.（世界には6つの大陸がある）
☐ world affairs（世界情勢） ☐ on business affairs（商用で）	☐ He has reported on foreign affairs since 1975.（彼は1975年以降、海外事情について報道している）
☐ have an [the] opportunity to do（～する機会がある） ☐ at every opportunity（機会があるたびに）	☐ I think this will be a wonderful business opportunity.（これは絶好のビジネスチャンスとなるだろうと思う）
☐ a three-lane highway（3車線道路） ☐ a winding lane（曲りくねった小道）	☐ You have to switch lanes here to get off at the next exit.（次の出口で出るには、車線を変えなければならない）
☐ go to ruin（滅びる、荒廃する） ☐ the ruins of Rome（ローマの遺跡）	☐ A risky investment could be the road to ruin.（危険な投資は破滅への道となることがある）
☐ the moon's surface（月の表面） ☐ on the surface（外見は、うわべは）	☐ The surface of the lake was so calm it looked like a mirror.（湖面はとても穏やかだったので、鏡のようだった）
☐ a famous author of children's books（児童書の有名な作家） ☐ the author of the plan（その計画の立案者）	☐ He is the author of more than 20 books.（彼は20冊以上もの本の著者だ）
☐ That's a shame.（それは残念だ） ☐ feel shame at ～（～を恥ずかしく思う）	☐ It's a shame that you had to cancel your trip due to illness.（あなたが病気で旅行をキャンセルしなければならなかったとは残念なことだ）

Day 30))) CD-A30
Quick Review
答えは左ページ下

☐ tradition　☐ exception　☐ element　☐ function
☐ appointment　☐ instruction　☐ rent　☐ means
☐ confidence　☐ pity　☐ witness　☐ influence
☐ soul　☐ tale　☐ authority　☐ access

Day 32

Level 3＿名詞（Noun） 4

Check 1　Listen))) CD-A32

☐ 0497
average
/ǽvərɪdʒ/
　名 平均、標準　**動 平均すると〜になる；〜を平均する**　**形 平均の、平均した**

☐ 0498
range
/réɪndʒ/
　名 範囲、幅；（能力などの）範囲、限界　**動（程度・範囲などが）（〜から／…へ）及ぶ（from 〜/to …）**

☐ 0499
structure
/strʌ́ktʃər/
　名 構造、構成；構造物、建築物、建造物（≒ building）；組織、機構　**動 〜を体系［組織］化する**
　形 structural（構造［上］の；構造物の）

☐ 0500
advantage
/ædvǽntɪdʒ/
❶アクセント注意
　名 有利（なこと）、優越（≒ benefit、profit）；有利な点、強み
　形 advantageous（[〜に] 都合のよい、有利な [to 〜]）

☐ 0501
lecture
/léktʃər/
　名 講義、講演；（長い）説教　**動 〜を説教する；〜に講義［講演］する**
　名 lecturer（講師、講演者）

☐ 0502
skill
/skíl/
　名（特殊な）技能、技術；技量
　形 skilled（[〜に] 熟練した、上手な [at ⟨in⟩ 〜]）、skilful（熟練した、腕のいい）

☐ 0503
threat
/θrét/
❶発音注意
　名 脅し、脅迫；（悪いことの）兆し；脅かす物［人、考え］
　動 threaten（〜を脅す；〜するぞと脅す [to do]）

☐ 0504
cure
/kjúər/
　名 治療；治療薬；解決策（≒ solution）；治療法　**動 〜を治療する；（問題・状況）を解決する**

continued
▼

学習語彙も、今日でいよいよ500語突破。折り返し地点ももう少し。今までのペースで、焦らず急がず語彙を増やしていこう！

- ☐ 聞くだけモード　Check 1
- ☐ しっかりモード　Check 1 ▶ 2
- ☐ かんぺきモード　Check 1 ▶ 2 ▶ 3

Check 2　　Phrase

☐ **above [below] the** average（平均以上［以下］）
☐ **the national** average（全国平均）

☐ **in the** range **of** ～（～の範囲内で）

☐ **sentence** structure（文の構造）
☐ **a huge wooden** structure（巨大な木造建築物）

☐ **have the** advantage **of** ～（～より有利な立場にある；～という強みを持つ）

☐ **give [read] a** lecture **to** ～（～に講義をする）
☐ **give** ～ **a** lecture（～に説教する）

☐ **his** skill **in dealing with people**（人と交渉する彼の技術）

☐ **make a** threat **against** ～（～を脅迫する）

☐ **a** cure **for the common cold**（風邪の治療法）
☐ cure **a patient**（患者を治す）

Check 3　　Sentence

☐ **Prices have risen by an** average **of 2 percent.**（価格は平均2パーセント上昇している）

☐ **Our products are sold at a wide** range **of prices.**（私たちの製品は幅広い価格帯で販売されている）

☐ **Crick and Watson discovered the** structure **of DNA.**（クリックとワトソンはDNAの構造を発見した）

☐ **It's to your** advantage **to pay fewer taxes.**（なるべく少ない税金を払うほうが得だ）

☐ **That** lecture **was so boring I almost fell asleep.**（その講義はとても退屈だったので、もう少しで寝てしまうところだった）

☐ **You'll have to learn new** skills **quickly.**（あなたは新しい技能をすぐに身につけなければならないだろう）

☐ **The** threat **of earthquakes is always a worry for Tokyo.**（地震の脅威は常に東京にとっての心配事だ）

☐ **Prevention is far better than any** cure.（予防はいかなる治療よりもずっと優れている）

WEEK 1
WEEK 2
WEEK 3
WEEK 4
WEEK 5
WEEK 6
WEEK 7
WEEK 8
WEEK 9
WEEK 10

continued ▼

Day 32

Check 1　Listen))) CD-A32

0505 frame
/fréim/
[類音] flame (炎 /fléim/)

- 名(窓などの)**枠**；(建物などの)骨組み；体格（≒body）；(通例～s)(眼鏡の)フレーム　動～を組み立てる；～を枠に入れる
- 名framework (骨組み；構成)

0506 reality
/riǽləti/

- 名**現実**(性)、真実(性)；事実（≒fact）
- 動realize (～を実感する；～を実現する)
- 形real (現実の；本当の)、realistic (現実的な)
- 副really (本当に；実際には)

0507 emotion
/imóuʃən/

- 名**感情**、情緒、感動、感激
- 形emotional (感動的な；感情的な；感情の、情緒の)

0508 device
/diváis/

- 名**装置**；考案物；工夫、計画（≒scheme）；策略
- 動devise (～を考案［発明、工夫］する)

0509 institution
/ìnstətjúːʃən/

- 名**組織**、機構；(社会的な)施設；(社会的)制度（≒system）；設立
- 動institute ([制度・習慣など] を設ける)
- 名institute (学会、協会、研究機関)

0510 delight
/diláit/

- 名**大喜び**、歓喜（≒pleasure）；楽しみ［喜び］を与える物［人］
- 動～を大喜びさせる、大いに楽しませる
- 形delighted (喜んで、うれしがって)、delightful (人を愉快にさせる、楽しい)

0511 literature
/lítərətʃər/
❶アクセント注意

- 名**文学**、文芸；文学［文芸］作品；文献；(広告などの) 印刷物
- 名literacy (識字能力)
- 形literal (逐語的な；文字通りの [⇔figurative])、literate (読み書きのできる)
- 副literally (文字通りに)

0512 belief
/bilíːf/

- 名**信じること**；確信；信用（≒trust）；信仰（≒faith）
- 動believe (～を信じる、信じている)

Day 31))) CD-A31
Quick Review
答えは右ページ下

- □ 利益
- □ 稲妻
- □ 備品
- □ 抗議
- □ 状況
- □ 財産
- □ 気分
- □ 影響
- □ 大陸
- □ 事情
- □ 機会
- □ 車線
- □ 破滅
- □ 表面
- □ 著者
- □ 残念なこと

Check 2 Phrase

- ☐ a window frame (窓枠)
- ☐ a bicycle frame (自転車のフレーム)

- ☐ become a reality (現実のものとなる)
- ☐ the difference between fantasy and reality (空想と現実の違い)

- ☐ hide one's emotions (感情を隠す)
- ☐ express one's emotions (感情を表す)

- ☐ a safety device (安全装置)

- ☐ a financial institution (金融機関)
- ☐ political institutions (政治制度)

- ☐ with delight (大喜びで)
- ☐ to one's delight (喜んだことには、うれしいことには)

- ☐ English literature (英文学)
- ☐ popular literature (大衆文学)

- ☐ beyond belief (信じられない[ほど])
- ☐ have a belief in ~ (~を信じている；~を信頼している)

Check 3 Sentence

- ☐ The frame of the house is built with Canadian two-by-fours. (その家の骨組みはカナダのツーバイフォー工法で建てられている)

- ☐ Bill turned to drugs as an escape from reality. (ビルは現実逃避として薬物に手を出した)

- ☐ When she saw her son after 15 years, she was filled with emotion. (15年ぶりに息子に会った時、彼女は感動でいっぱいになった)

- ☐ The GPS system is a device that saves people a lot of time and effort. (GPSシステムは時間と労力を大いに節約してくれる装置だ)

- ☐ The institution of marriage differs from country to country. (婚姻制度は国によって異なる)

- ☐ The children screamed in delight when Santa Claus appeared. (サンタクロースが現れると、子どもたちは大喜びで叫んだ)

- ☐ "Moby Dick" is an American literature classic. (『白鯨』はアメリカ文学の名著だ)

- ☐ It is my belief that he hasn't committed any crime. (彼は罪を犯していないと私は信じている)

Day 31 ◁)) CD-A31
Quick Review
答えは左ページ下

- ☐ benefit
- ☐ lightning
- ☐ equipment
- ☐ protest
- ☐ situation
- ☐ fortune
- ☐ temper
- ☐ impact
- ☐ continent
- ☐ affair
- ☐ opportunity
- ☐ lane
- ☐ ruin
- ☐ surface
- ☐ author
- ☐ shame

WEEK 1
WEEK 2
WEEK 3
WEEK 4
WEEK 5
WEEK 6
WEEK 7
WEEK 8
WEEK 9
WEEK 10

Day 33

★★★☆

Level 3＿名詞(Noun) **5**

Check 1　　Listen ») CD-A33

☐ 0513
childhood
/tʃáildhùd/

名**子ども時代**、児童期（⇔adulthood）；子どもの身分
形childish（子どもっぽい、子どもらしい）　childlike（[無邪気さなどが]子どものような）

☐ 0514
shelf
/ʃélf/

名**棚**

☐ 0515
glance
/glǽns/

名**ちらりと見ること**、一見　動ちらっと見る；ざっと目を通す

☐ 0516
sympathy
/símpəθi/

名**同情**、思いやり（⇔antipathy）；共感；(～ies) 支持
動sympathize（[～に] 同情する [with ～]；[～に] 同意する [with ～]）
形sympathetic（同情的な、思いやりのある；共感する、好意的な）

☐ 0517
attitude
/ǽtitjùːd/

名**態度**；意見；姿勢

☐ 0518
trend
/trénd/

名（一般的な）**傾向**、動向（≒tendency）；流行、トレンド（≒fashion）　動（世論などが）（～に）向かう傾向がある（to [toward] ～）
形trendy（最新流行の）

☐ 0519
statue
/stǽtʃuː/

名**像**、彫像

☐ 0520
evidence
/évədəns/

名**証拠**、根拠（≒proof）　動～を明示する；～の証拠となる
形evident（明白な、明らかな [≒apparent、obvious]）
副evidently（明らかに、明白に）

continued
▼

Level 3（3000語レベル）の名詞は今日が最後。なかなか手ごわくなってきたのでは？ 語彙学習は繰り返しが肝心。復習を忘れずに！

- ☐ 聞くだけモード　Check 1
- ☐ しっかりモード　Check 1 ▶ 2
- ☐ かんぺきモード　Check 1 ▶ 2 ▶ 3

Check 2　Phrase

☐ **in early childhood**（幼いころに）

☐ **put up a shelf**（棚をつる）
☐ **supermarket shelves**（スーパーマーケットの棚）

☐ **take [throw] a glance at ~**（~をちらっと見る）

☐ **feel (a) sympathy for ~**（~に同情する）
☐ **be in sympathy with ~**（~に賛成である）

☐ **take a strong attitude toward ~**（~に強硬な態度を取る）

☐ **a recent trend**（最近の傾向）
☐ **set a trend**（流行を作り出す）

☐ **carve a statue**（像を彫る）
☐ **the Statue of Liberty**（自由の女神）

☐ **reliable evidence**（確かな証拠）
☐ **give evidence**（証拠事実を述べる）

Check 3　Sentence

☐ **They have been friends since childhood.**（彼らは子どものころからの友人だ）

☐ **Please put the boxes back up on that shelf.**（その箱をあの棚の上に戻しておいてください）

☐ **I gave her a glance as she walked by.**（彼女が通り過ぎたとき、私は彼女をちらりと見た）

☐ **I have a lot of sympathy for the victims of the flood.**（洪水の被災者に私はとても同情している）

☐ **You have to improve your attitude if you want to do well at school.**（学校の成績を伸ばしたいのなら、君は態度を改めなければならない）

☐ **Narrow ties were a fashion trend for men in the 1980's.**（幅の細いネクタイは1980年代の男性の流行のファッションだった）

☐ **The city built a statue of the mayor.**（市は市長の彫像を建てた）

☐ **His lawyer presented some new evidence.**（彼の弁護士は何件かの新しい証拠を提示した）

continued
▼

Day 33

Check 1 Listen)) CD-A33

0521 bomb /bám/ ❶発音注意
名 **爆弾**；核兵器；大失敗 動 ～を爆撃する；大失敗する
動 bombard（～を砲撃［爆撃］する）
名 bombardment（砲撃、爆撃）

0522 pile /páil/
名 (物の) **積み重ね**、堆積；(a pile [piles] of ～で) 多数［多量］の～；大金 動 ～を積み重ねる；～をたくさん盛る

0523 wound /wúːnd/
名 **傷**、外傷；心の傷、痛手 ❶一般に「戦争による傷」はwound、「事故による傷」はinjury 動 ～を傷つける；(感情)を害する

0524 sum /sám/ [同音] some（いくらかの）
名 **総額**、合計金額；合計、総計 動 ～を要約する（＋up）（≒ summarize）；～を合計する（＋up）

0525 instrument /ínstrəmənt/ ❶アクセント注意
名 **道具**、器具；楽器；計器；手段、方法 ❶toolよりも「精密な道具」を表す
形 instrumental（[～に] 役立つ [in ～]；楽器の）

0526 feature /fíːtʃər/
名 **特徴**（≒characteristic）；(新聞・雑誌の) 特集記事；(映画の) 主要作品；顔立ち 動 ～を呼び物にする、特集する；～を主演させる

0527 treasure /tréʒər/
名 **財宝**；財産；貴重品；大事な人 動 ～を大切に保存する、秘蔵する
名 treasurer（会計［出納］係）、treasury（[the T～] 財務省；宝庫）

0528 appeal /əpíːl/
名 **訴え**、懇願（≒petition）；魅力、人気；上訴 動 (～に／助けなどを) 求める（to ～/for ...）、上訴する
形 appealing（心を動かすような、魅力的な）

Day 32)) CD-A32 Quick Review 答えは右ページ下

- ☐ 平均
- ☐ 範囲
- ☐ 構造
- ☐ 有利
- ☐ 講義
- ☐ 技能
- ☐ 脅し
- ☐ 治療
- ☐ 枠
- ☐ 現実
- ☐ 感情
- ☐ 装置
- ☐ 組織
- ☐ 大喜び
- ☐ 文学
- ☐ 信じること

Check 2 Phrase	Check 3 Sentence
☐ an atomic bomb（原子爆弾）	☐ A bomb went off in a crowded part of London.（1発の爆弾がロンドンの繁華街で爆発した）
☐ a pile of bricks（レンガの山） ☐ a pile of work（山のような仕事）	☐ In autumn, children like to jump into piles of leaves.（秋になると、子どもたちは積み重なった落ち葉の中に飛び込むのが好きだ）
☐ a mortal [fatal] wound（致命傷） ☐ lick one's wounds（痛手を癒やそうとする）	☐ The knife wound was really bad.（そのナイフによる傷は本当にひどかった）
☐ a good sum（かなりの大金） ☐ figure out a sum（合計を出す）	☐ Ten thousand yen was a large sum of money in the Meiji period.（1万円は明治時代には大金だった）
☐ medical instruments（医療機器） ☐ surgical instruments（手術器具）	☐ The guitar is one of the most popular musical instruments.（ギターは最も人気のある楽器の1つだ）
☐ geographical features（地理的特徴） ☐ a double feature（[映画の] 2本立て）	☐ The main feature of the Mona Lisa is her smile.（モナリザの主な特徴はその笑顔である）
☐ national treasures（国宝） ☐ art treasures（貴重な芸術品）	☐ Her greatest treasure is not gold or jewelry but her photo album.（彼女の一番の宝は黄金や宝石でなく、写真のアルバムだ）
☐ an urgent appeal（差し迫った訴え） ☐ have wide appeal（幅広い人気がある）	☐ They made an appeal for money to help the poor.（彼らは貧しい人々への金銭的な援助を訴えた）

WEEK 1
WEEK 2
WEEK 3
WEEK 4
WEEK 5
WEEK 6
WEEK 7
WEEK 8
WEEK 9
WEEK 10

Day 32))) CD-A32
Quick Review
答えは左ページ下

☐ average   ☐ lecture   ☐ frame   ☐ institution
☐ range   ☐ skill   ☐ reality ☐ delight
☐ structure ☐ threat   ☐ emotion ☐ literature
☐ advantage ☐ cure   ☐ device   ☐ belief

Day 34

日常語(Vernacular) 3

Check 1　　Listen))) CD-A34

☐ 0529
battery
/bǽtəri/

名 **電池**、バッテリー　●cellが集まったものがbattery

☐ 0530
scent
/sént/
❶発音注意
[同音] cent (セント)

名 (快い) **におい**、香り (≒ fragrance)　動 〜をにおわせる；(陰謀など) に感づく；(獲物など) をかぎつける

☐ 0531
vehicle
/víːikl/
❶発音注意

名 **車両**、乗り物、輸送機関；(目的達成のための) 手段　●車、バス、トラック、自転車などを指す

☐ 0532
flavor
/fléivər/

名 (独特の) **味**、風味；香味料、調味料；味わい (≒ taste)
動 〜に (…で) 味をつける (with ...)
名 flavoring (香味料、調味料)

☐ 0533
ladder
/lǽdər/
[類音] latter (後者の /lǽtər/)

名 **はしご**；(出世への) 段階、道

☐ 0534
pavement
/péivmənt/

名 **舗装道路**、車道；歩道 (≒ sidewalk)
動 pave (〜を舗装する)

☐ 0535
subway
/sʌ́bwèi/

名 **地下鉄**　●一般に「地下鉄」のことをイギリスではundergroundまたはtube、ヨーロッパではmetroで表す

☐ 0536
anniversary
/ænəvə́ːrsəri/

名 (毎年の) **記念日**；記念祭

continued
▼

今週の残り2日は、先々週に続いて日常語を押さえよう。今日も言えそうで言えない単語が続出?!「ちり」「ふた」は英語で何と言う?

☐ 聞くだけモード Check 1
☐ しっかりモード Check 1 ▶ 2
☐ かんぺきモード Check 1 ▶ 2 ▶ 3

Check 2 Phrase

☐ charge a battery（電池を充電する）

☐ a sweet scent（甘い香り）

☐ a passenger vehicle（乗用車）

☐ give flavor to food（食べ物に味をつける）
☐ natural [artificial] flavors（天然［人工］香味料）

☐ set [put] a ladder against a wall（壁にはしごをかける）
☐ climb the ladder of success（出世の階段を登る）

☐ pavement construction（舗装工事）

☐ take the subway（地下鉄に乗る）

☐ celebrate the 77th anniversary of one's birth（喜寿［生誕77年］を祝う）

Check 3 Sentence

☐ The battery in my cellphone needs to be changed.（私の携帯電話の電池は換える必要がある）

☐ The scent of her perfume is too strong.（彼女の香水のにおいは強すぎる）

☐ He owns three vehicles — a car, a truck, and a motorcycle.（彼は乗り物を3台所有している——乗用車、トラック、そしてオートバイだ）

☐ Chocolate is my favorite flavor of ice cream.（チョコレートは私の好きなアイスクリームの味だ）

☐ They climbed up the ladder to go to the roof.（彼らは屋根の上に行こうとはしごを登った）

☐ I cleared snow from the pavement.（私は車道を除雪した）

☐ Tokyo has many subway lines.（東京にはたくさんの地下鉄の路線がある）

☐ Today is our 10th wedding anniversary, but my husband forgot.（今日は私たちの結婚10周年記念日だが、夫は忘れていた）

WEEK 1
WEEK 2
WEEK 3
WEEK 4
WEEK 5
WEEK 6
WEEK 7
WEEK 8
WEEK 9
WEEK 10

continued
▼

Day 34

Check 1　Listen))) CD-A34

0537 thief /θíːf/
- 名 **泥棒**、こそどろ　⊕ 暴力による「強盗」はrobber、夜間の「押し込み泥棒」はburglar
- 動 thieve（〜を盗む [≒ steal]）

0538 medicine /médəsin/
- 名 **薬**、医薬品（⇔ poison）；医学、医術

0539 dust /dʌ́st/
- 名 **ちり**、ほこり；粉末；花粉　動 〜のほこりを払う；（粉など）をまく
- 形 dusty（ほこり [ちり] をかぶった、ほこりまみれの）

0540 date /déit/
- 名（ある特定の）**日**；日付；デート　動 〜に日付を書く；〜の年代を確定する；〜とデートする

0541 neighbor /néibər/ ❶発音注意
- 名 **隣人**、近所の人；隣国（の人）
- 名 neighborhood（近所；近所の人々）
- 形 neighboring（近所の、隣の；隣接した）

0542 fuel /fjúːəl/
- 名（石油・石炭などの）**燃料**　動 〜を刺激する；（感情など）をあおる；〜に燃料を補給する

0543 lid /líd/
- 名（鍋・箱などの）**ふた**；まぶた　⊕ 瓶の「ふた、栓」はtop

0544 purse /pə́ːrs/
- 名（女性用の）**ハンドバッグ**；金銭；財源；賞金

Day 33))) CD-A33　Quick Review
答えは右ページ下

- ☐ 子ども時代
- ☐ 棚
- ☐ ちらりと見ること
- ☐ 同情
- ☐ 態度
- ☐ 傾向
- ☐ 像
- ☐ 証拠
- ☐ 爆弾
- ☐ 積み重ね
- ☐ 傷
- ☐ 総額
- ☐ 道具
- ☐ 特徴
- ☐ 財宝
- ☐ 訴え

Check 2　Phrase

☐ **Stop thief!**（泥棒！ [泥棒を追いかけるときのかけ声]）
☐ **like a thief in the night**（こっそりと）

☐ **take medicine**（薬を飲む）
☐ **practice medicine**（医者を開業している）

☐ **wipe the dust off**（ほこりをふき取る）
☐ **gold dust**（砂金）

☐ **one's date of birth**（生年月日）
☐ **have [make] a date with ~**（~とデートをする）

☐ **a next-door neighbor**（隣家の人）
☐ **a good [bad] neighbor**（親切な [親しめない] 隣人）

☐ **liquid fuel**（液体燃料）

☐ **take the lid off**（ふたを取る）

☐ **a heavy [light] purse**（重い [軽い] ハンドバッグ）

Check 3　Sentence

☐ **The police caught the car thief.**（警察は自動車泥棒を捕まえた）

☐ **The doctor prescribed her some medicine for her cold.**（医師は風邪用の薬を彼女に処方した）

☐ **There's a lot of dust behind the TV.**（テレビの後ろにほこりがいっぱいたまっている）

☐ **What's the date of the meeting?**（その会議の日付はいつですか？）

☐ **Our new neighbors are very friendly.**（私たちの新しい隣人たちはとても親しみやすい）

☐ **Most cars use gasoline for fuel.**（多くの車は燃料にガソリンを使う）

☐ **Please put the lid on the jar or the food will go bad.**（びんにふたをしてください。そうしないと食べ物が腐ってしまいます）

☐ **Someone stole her purse.**（誰かが彼女のハンドバッグを盗んだ）

Day 33))) CD-A33
Quick Review
答えは左ページ下

☐ childhood
☐ shelf
☐ glance
☐ sympathy
☐ attitude
☐ trend
☐ statue
☐ evidence
☐ bomb
☐ pile
☐ wound
☐ sum
☐ instrument
☐ feature
☐ treasure
☐ appeal

WEEK 1
WEEK 2
WEEK 3
WEEK 4
WEEK 5
WEEK 6
WEEK 7
WEEK 8
WEEK 9
WEEK 10

Day 35

日常語(Vernacular) 4

Check 1 Listen)) CD-A35

0545 string /stríŋ/
图 **ひも**、糸；(a string of 〜で) 一続きの〜、一連の〜　勔 〜にひもをつける；〜を糸でつるす

0546 envelope /énvəlòup/
图 **封筒**；包む物、包み
勔 envelop (〜を […で] 包む、くるむ [in ...])

0547 nap /nǽp/
图 **仮眠**、うたた寝；昼寝　勔 うたた寝する、昼寝する

0548 ambulance /ǽmbjuləns/
图 **救急車**

0549 housework /háuswə̀ːrk/
图 **家事**

0550 cash /kǽʃ/
图 **現金**、お金　勔 (小切手など) を現金に換える、換金する
图 cashier ([店・ホテルなどの] レジ係、勘定係；[会社の] 出納係)

0551 refrigerator /rifrídʒərèitər/
图 **冷蔵庫**　➕ 略語は fridge
勔 refrigerate ([食料品] を冷蔵する)

0552 weed /wíːd/
图 **雑草**　勔 (庭など) の雑草を取る；(好ましくない物など) を取り除く (＋out)

continued
▼

今日で『キクタンBasic』は前半戦が終了！ここまで一緒に学習を続けてくれてありがとう！ あと5週間、頑張ろう！

- ☐ 聞くだけモード　Check 1
- ☐ しっかりモード　Check 1 ▶ 2
- ☐ かんぺきモード　Check 1 ▶ 2 ▶ 3

Check 2　Phrase

☐ a ball of string（1巻きの糸）
☐ a string of cars（1列に続く自動車）

☐ an airmail envelope（航空便用封筒）

☐ fall into a nap（うとうとする）

☐ call an ambulance（救急車を呼ぶ）

☐ help with (the) housework（家事を手伝う）

☐ pay by cash（現金で払う）
☐ cash a check（小切手を換金する）

☐ get ～ from the refrigerator（～を冷蔵庫から取ってくる）

☐ pull out the weeds（雑草を引き抜く）

Check 3　Sentence

☐ He tied the package with a piece of string.（彼はひもで荷物を縛った）

☐ Don't forget to put a stamp on the envelope.（封筒に切手を貼るのを忘れないでください）

☐ I lay down and took a nap.（私は横になって仮眠を取った）

☐ The ambulance rushed to the accident site.（その救急車は事故現場へと急いだ）

☐ Women still do more housework than men.（女性はいまだに男性よりも多くの家事をこなしている）

☐ I have about 20,000 yen in cash in my wallet.（私の財布には2万円くらい現金が入っている）

☐ I forgot to put the meat in the refrigerator so it went bad.（私は肉を冷蔵庫の中に入れるのを忘れてしまい、腐らせてしまった）

☐ I have to pull those ugly weeds out of my garden.（私はその見苦しい雑草を庭から抜かなければならない）

WEEK 1
WEEK 2
WEEK 3
WEEK 4
WEEK 5
WEEK 6
WEEK 7
WEEK 8
WEEK 9
WEEK 10

continued ▼

Day 35

Check 1　Listen))) CD-A35

0553 clerk /klə́:rk/
名 店員；フロント係；(会社などの)事務員　動 店員[事務員]として働く
名 clergy (聖職者)
形 clerical (事務員の；聖職者の)

0554 niece /ní:s/
名 めい　❶「おい」はnephew、「いとこ」はcousin

0555 laundry /lɔ́:ndri/
名 洗濯物；洗濯(すること)；クリーニング屋
動 launder ([不正な金]を[出所を隠すなどして]合法的に見せかける；〜を洗濯する、洗濯してアイロンをかける)

0556 fever /fí:vər/
名 (病気による)熱、発熱；興奮状態、熱狂
形 feverish ([微]熱のある；ひどく興奮した)

0557 thread /θréd/
❶発音注意
名 糸、縫い糸；(議論などの)筋道、脈略　動 〜に糸を通す；(録音・録画テープ)をはめ込む；〜を糸に通す

0558 scissors /sízərz/
❶発音注意
名 はさみ　❶植木や羊毛の刈り込み用の「大ばさみ」はshears

0559 flight /fláit/
名 飛行機旅行；定期航空便、フライト
動 fly (飛ぶ；飛行機に乗る[で行く]；飛行機を操縦する)

0560 ceiling /sí:liŋ/
❶発音注意
名 天井(板) (⇔floor)；(通例法令による賃金・価格などの)最高限度　❶「屋根」はroof

Day 34))) CD-A34
Quick Review
答えは右ページ下

☐ 電池　　☐ はしご　　☐ 泥棒　　☐ 隣人
☐ におい　☐ 舗装道路　☐ 薬　　　☐ 燃料
☐ 車両　　☐ 地下鉄　　☐ ちり　　☐ ふた
☐ 味　　　☐ 記念日　　☐ 日　　　☐ ハンドバッグ

Check 2 Phrase	Check 3 Sentence
☐ a bank clerk（銀行員）	☐ The clerk asked me to wait a moment.（その店員は少しの間待つように私にお願いした）
☐ a niece of ~（~のめい）	☐ Her niece got married last year.（彼女のめいは昨年結婚した）
☐ do the laundry（洗濯をする）	☐ He spent his whole weekend doing laundry.（彼は週末を丸々洗濯に費やした）
☐ have a high fever（熱が高い） ☐ in a fever（熱に浮かされて；熱狂して）	☐ His fever went up to 39 degrees and his mother began to worry.（彼の熱は39度まで上がり、母親が心配し始めた）
☐ silk thread（絹糸） ☐ lose the thread of a story（話の筋が分からなくなる）	☐ She used the scissors to cut off a thread on her shirt.（彼女はスカートの糸を切るためにはさみを使った）
☐ cut with scissors（はさみで切る） ☐ a pair [two pairs] of scissors（はさみ1丁 [2丁]）	☐ She used a pair of scissors to cut the paper.（彼女は紙を切るためにはさみを使った）
☐ How was your flight?（空の旅はいかがでしたか?） ☐ a long-distance flight（長距離飛行）	☐ Our flight leaves at eight o'clock in the morning.（私たちの乗る便は朝の8時に出発する）
☐ a fly on the ceiling（天井に止まっているハエ） ☐ set [put, impose] a ceiling on ~（~の最高限度を設ける）	☐ Old Japanese houses have wooden ceilings.（古い日本の家屋には木でできた天井がある）

Day 34))) CD-A34
Quick Review
答えは左ページ下

☐ battery ☐ ladder ☐ thief ☐ neighbor
☐ scent ☐ pavement ☐ medicine ☐ fuel
☐ vehicle ☐ subway ☐ dust ☐ lid
☐ flavor ☐ anniversary ☐ date ☐ purse

Week 5 Review

今週学習した語彙の定着度をチェック！ 下の英文と右ページの訳を読みながら、赤字部分の単語がしっかりと身についているかを確認しよう。意味が分からないときは、見出し語番号を参照して学習日の語彙を復習しておこう。

What makes a good author (0495)? For an author (0495) to write a novel (0462) or piece of literature (0511) with impact (0488), he or she needs more than good technique (0458) or skill (0502). Writers must know a range (0498) of intense emotions (0507), like passion (0449), pity (0471), or shame (0496). A background (0460) in medicine (0538) can be an advantage (0500) if one wants to create a reality (0506)-based drama like "Black Jack." Otherwise, an author can do research (0453) if he or she wants to write about unfamiliar events, attitudes (0517) or beliefs (0512).

A strong writer can influence (0479) our thinking and conduct (0455). A self-help book can help us cure (0504) a personal problem. A book on business can teach us about leadership trends (0518). Political writing can lead to action such as a protest (0484).

Book critics often talk about the power of a writer or the quality (0457) of an author's (0495) vision (0459) or soul (0468). Yet the average (0497) reader usually finds appeal (0528) in tales (0472) of ruin (0493) or bombs (0521) or love affairs (0490). This leads back to the question: What makes a good author (0495) ?

□ ~-based：~を基にした、~に基礎づけられた　□ self-help：自己修養の　□ critic：批評家、評論家

＊赤字の右上の数字は、その単語の見出し番号を表しています。和文の訳は、見出し語の第1定義ではない場合があります。また、訳中の見出し語訳は、文脈に沿って訳しているため、見出し語の定義と異なることがあります。

何が優秀な著者を生むのでしょうか？ 影響力のある小説や文学作品を著者が書くためには、素晴らしい技術や技能以上のものが必要となります。作家は、情熱や哀れみや恥ずかしさなどの激しい感情の範囲を知っていなければなりません。『ブラック・ジャック』のような、現実に基礎づけられたドラマを創作しようとするなら、医学の経歴があると有利になるでしょう。もしなければ、よく知らない出来事や意見、信仰について書こうとするなら、著者は調査をすることができます。

力のある作家は、私たちの思考や行為に影響を与えることができます。自己修養の本は、私たちの個人的な問題を解決する手助けになることができます。ビジネスに関する本は、指導者の動向について私たちに教えてくれます。政治的な書物は、抗議運動などの行動へとつながることがあります。

文芸評論家は、作家の力や、著書の想像力や精神の質についてしばしば論じます。しかし、平均的な読者は、破滅や爆弾や恋愛の物語の中に魅力を見いだすのが普通です。このことは、この質問へと戻ることになります。つまり、何が優秀な著者を生むか、ということです。

WEEK 6

『キクタンBasic』は今週から後半戦！Week 6の前半は3000語レベルの形容詞、後半の4日間は多義語と日常語の残りをマスターしましょう。今週が終われば、日常会話は完ぺきにできるはず?!

Day 36【Level 3_形容詞 1】
▶ 172
Day 37【Level 3_形容詞 2】
▶ 176
Day 38【Level 3_形容詞 3】
▶ 180
Day 39【多義語 5】
▶ 184
Day 40【多義語 6】
▶ 188
Day 41【日常語 5】
▶ 192
Day 42【日常語 6】
▶ 196

Week 6 Review
▶ 200

英語でコレ言える?
Can you say this in English?

カッコに入る語が分かったら、あなたは3000語レベル?!

▼

あー、彼が欲しいな。
Ah, I wish I had a boyfriend.

あなたのタイプってどんな人なの?
What is your type?

私の理想の男性は、背が高くて、色黒で、ハンサムな人よ。
My (　　) man is tall, dark, and handsome.

▼

答えはDay 37でチェック!

Day 36

★★★☆

Level 3＿形容詞(Adjective) **1**

Check 1　　Listen 》CD-B1

| □ 0561 **steady** /stédi/ | 形 **固定された**、安定した（≒firm ⇔unsteady）；(運動などが) 絶え間ない、着実な
名 steadiness（安定；堅実さ；着実さ）
副 steadily（堅実に、着々と）|

| □ 0562 **casual** /kǽʒuəl/ | 形 (態度・服装などが) **カジュアルな**、いつも通りの；打ち解けた；何気ない
名 casualty（死傷者；[一般に] 被害者、犠牲者）|

| □ 0563 **entire** /intáiər/ | 形 **全体の**、全部の（⇔partial）
副 entirely（全く、完全に [≒completely]；ひたすら）|

| □ 0564 **individual** /ìndəvídʒuəl/ ❶アクセント注意 | 形 **個々の**(⇔general)；個人の；独自の、個性的な(≒original)
名 個人
名 individuality（個性、特性）
副 individually（個々に、それぞれ）|

| □ 0565 **rare** /réər/ [類音] rear（後部 /ríər/） | 形 **まれな**、珍しい；(肉が) レア [生焼け] の；(空気などが) 希薄な
名 rarity（珍しい物、珍品；珍しさ）
副 rarely（めったに～ない、まれに）|

| □ 0566 **cruel** /krúːəl/ | 形 **残酷な**、無慈悲な（≒brutal）；悲惨な
名 cruelty（残酷さ、無慈悲さ；残酷な行為）
副 cruelly（残酷に；ひどく）|

| □ 0567 **permanent** /pə́ːrmənənt/ ❶アクセント注意 | 形 **永続する**、(半) 永久的な（⇔temporary）；(雇用などが) 終身の；常設の　名 パーマ（perm）
名 permanence（永続 [性]、永久不変）
副 permanently（永久に、不変に）|

| □ 0568 **mental** /méntl/ | 形 **精神の**、心の（⇔physical）；精神病の
名 mentality（知能、知力、知性）|

continued
▼

今日から後半戦に突入！ Week 6では、Level 3（3000語レベル）の形容詞と、多義語と日常語の残りを押さえていこう！

☐ 聞くだけモード　Check 1
☐ しっかりモード　Check 1 ▶ 2
☐ かんぺきモード　Check 1 ▶ 2 ▶ 3

Check 2　Phrase

☐ a steady income（定収入）
☐ a steady snow（絶え間なく降る雪）

☐ casual shoes（カジュアルな靴）
☐ a casual party（打ち解けたパーティー）

☐ the entire family（家族全員）
☐ the entire population of the city（市の全人口）

☐ in the individual case（個々の場合において）
☐ an individual act（個人の行動）

☐ a rare stamp（珍しい切手）
☐ a rare steak（レアステーキ、生焼けのステーキ）

☐ be cruel to animals（動物を虐待する）
☐ a cruel war（悲惨な戦争）

☐ a permanent tooth（永久歯）
☐ permanent employment（終身雇用）

☐ mental illness（精神病）

Check 3　Sentence

☐ She hasn't had a steady job in five years.（彼女は5年間も定職に就いていない）

☐ Please wear casual clothes to the party.（パーティーにはいつも通りの服装で来てください）

☐ I spent the entire day in the library.（私は丸1日を図書館で過ごした）

☐ Each individual employee was given a bonus.（従業員1人ひとりにボーナスが与えられた）

☐ It is rare for her to ask for my help.（彼女が私に助けを求めるのは珍しいことだ）

☐ The cruel man was always kicking his dog.（その残酷な男はいつも飼い犬をけっていた）

☐ I have applied for permanent residence in the U.S.（私はアメリカでの永住を申請している）

☐ Golf is a very mental sport.（ゴルフは非常に精神的なスポーツだ）

WEEK 1
WEEK 2
WEEK 3
WEEK 4
WEEK 5
WEEK 6
WEEK 7
WEEK 8
WEEK 9
WEEK 10

continued
▼

Day 36

Check 1   Listen)) CD-B1

0569 conscious /kánʃəs/
- 形 (〜に) **気づいて** (of 〜) (≒aware); 意識のある；(〜を) 意識して (of 〜)
- 名 conscience (良心；道徳心；自制心)、consciousness (意識、自覚)
- 副 consciously (意識して、故意に)

0570 typical /típikəl/
- 形 **典型的な**、代表的な (⇔untypical)；特有の
- 副 typically (概して、一般的に；典型的に；例によって)

0571 huge /hjúːdʒ/
- 形 **巨大な**、莫大な (⇔tiny)；(程度などの点で) 無限の

0572 sensitive /sénsətiv/
- 形 (精神的・感情的に) **敏感な**、気が回る；神経過敏の
- 名 sense (感覚；判断力；意味)
- 形 senseless (無意味な；意識を失った)、sensible (分別がある)

0573 vast /vǽst/
- 形 **非常に広い**、広大な；(数・量・程度などが) 莫大な、ものすごい
- 名 vastness (広大さ；莫大さ)
- 副 vastly (広大に；[程度が] 非常に)

0574 previous /príːviəs/ ❶発音注意
- 形 **以前の**、前の、先の (⇔following)
- 副 previously (前もって、以前に)

0575 sufficient /səfíʃənt/ ❶アクセント注意
- 形 (数・量について) **十分な**、足りる (≒enough ⇔insufficient)
- 名 sufficiency (十分なこと；[a sufficiency of 〜で] 十分な〜、たくさんの〜)
- 副 sufficiently (十分に)

0576 negative /négətiv/
- 形 (効果などが) **否定的な**、思わしくない (⇔positive)；消極的な 名 (写真の) ネガ；否定的側面
- 名 negation (否定、否認)

Day 35)) CD-A35 Quick Review
答えは右ページ下

- □ ひも
- □ 封筒
- □ 仮眠
- □ 救急車
- □ 家事
- □ 現金
- □ 冷蔵庫
- □ 雑草
- □ 店員
- □ めい
- □ 洗濯物
- □ 熱
- □ 糸
- □ はさみ
- □ 飛行機旅行
- □ 天井

Check 2　Phrase

- ☐ be conscious of one's own faults（自分の欠点を自覚している）
- ☐ become conscious（気づく；意識が戻る）

- ☐ a typical American movie（典型的なアメリカの映画）

- ☐ a huge tanker（巨大タンカー）
- ☐ a huge success（大成功）

- ☐ a sensitive ear（敏感な耳）
- ☐ a sensitive heart（感じやすい心）

- ☐ a vast plain（広大な平原）
- ☐ a vast improvement（大きな進歩）

- ☐ a previous offense（前科）
- ☐ a previous appointment（先約）

- ☐ sufficient funds（十分な資金）

- ☐ a negative effect（悪影響）
- ☐ make a negative reply（断りの返事をする）

Check 3　Sentence

- ☐ I was conscious that she was looking at me.（私は彼女が私を見ているのに気づいていた）

- ☐ My father is a typical gourmet who likes good wine and good food.（私の父親はいいワインとおいしい食事が好きな典型的なグルメだ）

- ☐ She baked a huge cake for my birthday.（彼女は私の誕生日にとても大きなケーキを焼いてくれた）

- ☐ She's such a sensitive person that she even cries during TV shows.（彼女はとても感じやすい人なので、テレビ番組でも泣いてしまう）

- ☐ Russia is a vast country.（ロシアは広大な国だ）

- ☐ The previous owners of this house moved to England.（この家の以前の持ち主はイギリスに引っ越した）

- ☐ When we go camping, we'll need sufficient food for a week.（キャンプに行くときは、1週間分の十分な食料が必要になるだろう）

- ☐ You should change your negative attitude toward life.（君は人生に対する否定的な態度を改めるべきだ）

Day 35))) CD-A35
Quick Review
答えは左ページ下

- ☐ string
- ☐ envelope
- ☐ nap
- ☐ ambulance
- ☐ housework
- ☐ cash
- ☐ refrigerator
- ☐ weed
- ☐ clerk
- ☐ niece
- ☐ laundry
- ☐ fever
- ☐ thread
- ☐ scissors
- ☐ flight
- ☐ ceiling

WEEK 1
WEEK 2
WEEK 3
WEEK 4
WEEK 5
WEEK 6
WEEK 7
WEEK 8
WEEK 9
WEEK 10

Day 37

Level 3 ＿ 形容詞(Adjective) 2

Check 1　　Listen))) CD-B2

0577 available /əvéɪləbl/
- 形 **利用できる**；入手できる（⇔unavailable）；（手が空いて）会う［来る］ことができる
- 動 avail（［通例否定文・疑問文で］役に立つ；［avail oneself of 〜で］〜を利用する）

0578 ideal /aidí:əl/ ❶アクセント注意
- 形 **理想的な**、申し分のない、最善の（≒perfect）；想像上の（⇔real） 名 理想；究極の目的；模範
- 動 idealize（〜を理想化する）
- 名 idealism（理想主義）
- 形 idealistic（理想主義の、理想家の）

0579 physical /fízikəl/
- 形 **身体の**、肉体の（⇔mental）；物質的な（≒material）；物理の 名 身体検査、健康診断
- 名 physician（医師；［特に］内科医）、physics（物理学）
- 副 physically（肉体的に；物理的に）

0580 sincere /sɪnsíər/ ❶アクセント注意
- 形 **誠実な**、正直な；偽りのない、本心を言う
- 名 sincerity（誠実、率直）
- 副 sincerely（心から、誠実に）

0581 temporary /témpərèri/
- 形 **一時の**、つかの間の、はかない（⇔permanent）；一時的な、仮の
- 副 temporarily（一時的に、仮に）

0582 considerable /kənsídərəbl/ ❶アクセント注意
- 形（数量・程度などが）**かなりの**、相当な
- 副 considerably（かなり、ずいぶん、相当に）

0583 stiff /stíf/
- 形（筋肉などが）**凝った**、痛い；（紙などが）硬い；堅苦しい；難しい、（競争などが）厳しい
- 動 stiffen（［態度・決意などが］堅くなる；〜を固める）
- 副 stiffly（堅く、堅苦しく）

0584 essential /isénʃəl/ ❶アクセント注意
- 形（〜にとって）**絶対必要な**、不可欠の（for [to] 〜）（≒crucial）；本質的な（≒fundamental） 名（通例〜s）必需品；(the 〜s) 不可欠な要素
- 名 essence（本質；最も重要な要素；エキス）
- 副 essentially（本質的に；基本的には）

continued
▼

細切れ時間を活用しよう。通学時間中にCheck 1、帰宅後にCheck 2、寝る前にCheck 3――「すき間時間」を使って、何度も語彙に触れよう。

- ☐ 聞くだけモード　Check 1
- ☐ しっかりモード　Check 1 ▶ 2
- ☐ かんぺきモード　Check 1 ▶ 2 ▶ 3

WEEK 1
WEEK 2
WEEK 3
WEEK 4
WEEK 5
WEEK 6
WEEK 7
WEEK 8
WEEK 9
WEEK 10

Check 2　Phrase

☐ available information（入手可能な情報）
☐ make oneself available（時間の都合をつける）

Check 3　Sentence

☐ No car is available at the moment.（今のところ、どの車も利用できない）

☐ an ideal location（理想的な立地）

☐ My ideal man is tall, dark, and handsome.（私の理想の男性は、長身で色黒でハンサムな人だ）

☐ physical labor（肉体労働）
☐ a physical checkup（健康診断）

☐ To get into the army, you need to pass a physical examination.（軍隊に入るには、身体検査に通らなければならない）

☐ a sincere man（誠実な人）
☐ a sincere effort（真摯な努力）

☐ He's a sincere person you can really trust.（彼は本当に信用できる誠実な人物だ）

☐ a temporary job（臨時の仕事）
☐ temporary housing（仮設住宅）

☐ A temporary parking space will be provided for the guests.（招待客のために臨時駐車場が設けられる予定だ）

☐ a considerable distance（かなりの距離）

☐ He has a considerable amount of money in the bank.（彼は銀行にかなりの額のお金を預けている）

☐ have a stiff neck（肩が凝っている）
☐ stiff competition（厳しい競争）

☐ My arms are stiff from playing tennis yesterday.（昨日テニスをしたので腕が痛い）

☐ be essential for surviving（生きていく上で不可欠である）
☐ an essential element（本質的要素）

☐ The most essential thing in the desert is water.（砂漠で最も必要な物は水だ）

continued
▼

Day 37

Check 1　Listen))) CD-B2

0585
minor
/máinər/

形 (比較的) **重要でない** (≒unimportant); 小さいほうの、少ないほうの　名 未成年者; 副専攻科目
名 minority ([通例~ies] 少数民族; 少数、少数派)

0586
vague
/véig/
❶発音注意

形 (言葉・考えなどが) **あいまいな**、漠然とした (⇔definite); (輪郭・色などが) はっきりしない (⇔clear)
副 vaguely (漠然と、あいまいに、ぼんやりと)

0587
calm
/ká:m/
❶発音注意

形 (人・態度などが) **落ち着いた**、平静な; (天候・海などが) 穏やかな、静かな (⇔stormy)　動 ~を落ち着かせる (+down)、落ち着く (+down)
副 calmly (静かに、落ち着いて)

0588
due
/djú:/
[同音] dew (露)

形 **到着予定で**、誕生予定で; ~することになって(to do); 当然支払われるべき　名 与えられるべきもの; (~s) 会費
副 duly (適切に、正式に)

0589
promising
/prámisiŋ/

形 **前途有望な**、見込みのある、期待できる (⇔unpromising)
動 promise (~を約束する)
名 promise (約束)

0590
keen
/kí:n/

形 **熱心な** (≒enthusiastic); (~したく) 思っている (to do) (≒eager); (知力・感覚などが) 鋭敏な; (競争などが) 激しい
副 keenly (鋭く; 熱心に; 抜け目なく)

0591
latest
/léitist/

形 **最新の**、最近の　名 (the ~) 最新のもの; 最新のニュース; 最新の流行品
形 late (遅れた; 遅い; 後期の; 最近の)

0592
strict
/stríkt/

形 **厳しい**、厳格な; 厳密な、正確な
副 strictly (厳密に、正確に; 厳密に言えば)

Day 36))) CD-B1
Quick Review
答えは右ページ下

- □ 固定された
- □ カジュアルな
- □ 全体の
- □ 個々の
- □ まれな
- □ 残酷な
- □ 永続する
- □ 精神の
- □ 気づいて
- □ 典型的な
- □ 巨大な
- □ 敏感な
- □ 非常に広い
- □ 以前の
- □ 十分な
- □ 否定的な

Check 2 — Phrase

- minor injuries（軽傷）
- a minor traffic violation（軽微な交通違反）

- a vague answer（あいまいな返事）
- a vague smile（含み笑い）

- a calm voice（落ち着いた声）
- a calm sea（穏やかな海）

- be due back（戻ってくることになっている）
- the money due (to) her（彼女に払わねばならないお金）

- a promising student（前途有望な生徒）

- be keen on tennis（テニスに熱中している）
- a keen understanding of ~（～の鋭い理解力）

- the latest news（最新のニュース）
- the latest thing（最新の物）

- strict rules（厳しい規則）
- the strict truth（厳正な事実）

Check 3 — Sentence

- She played a minor part in the musical.（彼女はそのミュージカルで脇役を演じた）

- Her use of language is vague and imprecise.（彼女の言葉の使い方はあいまいで不正確だ）

- She is a calm, slow-speaking woman.（彼女は落ち着いた、ゆっくりと話す女性だ）

- The flight from Chicago is due at 8 p.m.（シカゴ発の飛行機は午後8時に到着予定だ）

- His promising career is recognized by all.（彼の前途有望なキャリアは誰もが認めている）

- I'm keen to meet her again soon.（またすぐに彼女に会いたくてたまらない）

- She checks the latest fashions in the fashion magazines.（彼女はファッション雑誌で最新ファッションをチェックしている）

- Her parents are so strict that she has to be home by 8 o'clock.（両親がとても厳格なので、彼女は8時までに帰宅しなければならない）

Day 36))) CD-B1
Quick Review
答えは左ページ下

- steady
- casual
- entire
- individual
- rare
- cruel
- permanent
- mental
- conscious
- typical
- huge
- sensitive
- vast
- previous
- sufficient
- negative

Day 38

Level 3 ＿形容詞（Adjective） 3

Check 1　　Listen))) CD-B3

0593
horrible
/hɔ́ːrəbl/
- 形 **恐ろしい**、身の毛のよだつような；ひどく嫌な；とても不親切な
- 動 horrify（〜を怖がらせる）
- 名 horror（恐怖；恐ろしい物［事件］）
- 副 horribly（恐ろしく、ひどく）

0594
senior
/síːnjər/
- 形 **身分が上の**、（役職・地位などが）上位の、先輩の；年上の、年長の（⇔junior）　名 （高校・大学の）最上級生；高齢者

0595
moral
/mɔ́ːrəl/
- 形 **道徳上の**、道徳に関する、倫理上の；道徳的な（⇔immoral）；精神的な　名 （物語・経験などの）教訓；(〜s)（社会の）道徳
- 名 morality（道徳［性］、倫理［性］）
- 副 morally（道徳上；道徳的に）

0596
complex
/kəmpléks/
- 形 **複雑な**、入り組んだ（⇔simple）；いくつかの部分から成る
- 名 (/kάmpleks/)（建物などの）複合体；コンプレックス
- 名 complexity（複雑さ；複雑なもの）

0597
tough
/tʌ́f/
❶発音注意
- 形 （問題などが）**難しい**（≒difficult）；たくましい、タフな；強情な；硬い

0598
dull
/dʌ́l/
［類音］doll（人形 /dάl/）
- 形 **面白くない**、退屈な（≒boring）；（色・音・光などが）はっきりしない（⇔clear）；（痛みが）鈍い　動 〜を鈍く［弱く］する
- 名 dullness（鈍さ、鈍感）
- 副 dully（鈍く、のろく）

0599
principal
/prínsəpəl/
［類音］principle（原理 /prínsəpl/）
- 形 **主要な**、主な（≒chief）；最も重要な　名 校長；社長、会長；主役
- 副 principally（主に、主として［≒mainly、chiefly］）

0600
independent
/ìndipéndənt/
- 形 **独立した**、自主の；自制制のある、自立的な（⇔dependent）；独自の　名 無所属の政治家
- 名 independence（独立、自立）

continued
▼

今日がLevel 3の最終日。キミの語彙力はきっと3000語レベルに到達しているはず。え？ 自信がない?! そんなときは復習、復習！

- ☐ 聞くだけモード　Check 1
- ☐ しっかりモード　Check 1 ▶ 2
- ☐ かんぺきモード　Check 1 ▶ 2 ▶ 3

Check 2　Phrase

☐ a horrible accident（恐ろしい事故）
☐ a horrible sight（恐ろしい光景）

☐ a senior counsel（首席弁護士）
☐ the senior class（上級のクラス）

☐ a moral sense（道徳観）
☐ a moral responsibility（道徳的責任）

☐ a complex problem（複雑な問題）

☐ be tough to get（入手困難である）
☐ get tough on ～（～に厳しく対処する）

☐ a dull lecture（面白くない講義）
☐ a dull color（くすんだ色）

☐ the principal cities（主要都市）

☐ an independent country（独立国）
☐ an independent investigation（独自調査）

Check 3　Sentence

☐ We had horrible weather on our camping trip.（私たちのキャンプ旅行はひどい天気だった）

☐ She is younger than I am, but she is senior to me at the office.（彼女は私よりも年下だが、職場では地位が上だ）

☐ Parents have to give their children moral guidance.（親たちは子どもたちに道徳上の指導をしなければならない）

☐ Physics is a very complex subject.（物理は非常に複雑な学科だ）

☐ That exam was so tough that half the people failed it.（その試験はとても難しかったので、半分の人は不合格だった）

☐ The book was so dull that I stopped reading it.（その本はとてもつまらなかったので、私は読むのをやめた）

☐ The principal reason he quit his job was to go back to school.（彼が仕事を辞めた主な理由は復学するためだ）

☐ Cats are more independent than dogs.（ネコはイヌよりも独立心が強い）

continued
▼

Day 38

Check 1　Listen)) CD-B3

0601 bound /báund/
形 (列車などが) **〜行きの** (for 〜)；きっと〜する (to do)；〜する義務がある (to do)　動 弾む、跳ね返る

0602 recent /rí:snt/
形 **最近の**、近ごろの；新しい (≒new)
副 recently (近ごろ、最近)

0603 ugly /ʌ́gli/
形 (外見上) **醜い**、見苦しい (⇔beautiful)；嫌な、不快な (⇔pleasant)

0604 obvious /ɑ́bviəs/　❶アクセント注意
形 **明らかな**、見てすぐ分かる (≒plain　⇔obscure)；見え透いた
副 obviously (明らかに；言うまでもなく)

0605 disappointed /dìsəpɔ́intid/
形 **失望した**、がっかりした；(計画・希望が) くじかれた、当て外れの
動 disappoint (〜を失望させる)
名 disappointment (失望；失望させる物 [人])
形 disappointing (期待外れの)

0606 specific /spisífik/　❶アクセント注意
形 **特定の**、一定の (⇔general)；明確な、詳細な；(〜に) 特有の (to 〜)　名 (〜s) 詳細；仕様書
動 specify (〜を明確に述べる)
名 specification ([通例〜s] 仕様書)
副 specifically (明確に；特に)

0607 evil /í:vəl/　❶発音注意
形 **邪悪な**、悪い (≒bad)；有害な (≒harmful)　名 悪事、悪行；害悪；災い

0608 ordinary /ɔ́:rdənèri/
形 **普通の**、通常の (≒common)；平凡な、並の (⇔extraordinary)
副 ordinarily (通例、普通は)

Day 37)) CD-B2　Quick Review
答えは右ページ下

- 利用できる
- 理想的な
- 身体の
- 誠実な
- 一時の
- かなりの
- 凝った
- 絶対必要な
- 重要でない
- あいまいな
- 落ち着いた
- 到着予定で
- 前途有望な
- 熱心な
- 最新の
- 厳しい

Check 2　Phrase	Check 3　Sentence
☐ a plane bound for London（ロンドン行きの飛行機） ☐ be bound to say so（そう言わなければならない）	☐ A plane bound for Paris will take off soon.（パリ行きの飛行機は間もなく離陸する）
☐ recent events（最近の出来事） ☐ in recent years（近年では）	☐ The recent trend of violence in schools is a serious matter.（校内暴力という最近の傾向は深刻な問題だ）
☐ ugly dress（不格好な服装） ☐ ugly weather（悪天候）	☐ He depicts an ugly world in this film.（彼はこの映画の中で醜い世界を描いている）
☐ an obvious error（明らかな間違い） ☐ It is obvious that ~.（~ということは明らかだ）	☐ They're so alike it's obvious they're sisters.（あまりにそっくりなので、彼女たちが姉妹であることは明らかだ）
☐ a disappointed face（がっかりした顔） ☐ a disappointed hope（かなえられなかった夢）	☐ They were disappointed when they lost the game.（彼らは試合に負けてがっかりした）
☐ a specific sum of money（一定の金額） ☐ specific instructions（詳細な指示）	☐ The specific purpose of the trip was to see you.（その旅行の特定の目的は、あなたに会うことだった）
☐ an evil man（悪人） ☐ an evil thought（有害な思想）	☐ He tried to hide his evil intentions by pretending to be friendly.（彼は親切そうなふりをすることで、悪意を隠そうとした）
☐ an ordinary workday（通常の仕事日）	☐ Generally speaking, they are ordinary people.（一般的に言えば、彼らは普通の人々だ）

WEEK 1
WEEK 2
WEEK 3
WEEK 4
WEEK 5
WEEK 6
WEEK 7
WEEK 8
WEEK 9
WEEK 10

Day 37))) CD-B2
Quick Review
答えは左ページ下

☐ available ☐ temporary ☐ minor ☐ promising
☐ ideal ☐ considerable ☐ vague ☐ keen
☐ physical ☐ stiff ☐ calm ☐ latest
☐ sincere ☐ essential ☐ due ☐ strict

Day 39

多義語(Multisense Word) 5

Check 1　Listen))) CD-B4

□ 0609
break
/bréik/

名 **休憩**；中断　動 ～を壊す；～を骨折する；(法律・約束など)を破る；～を(小銭に)くずす(into ...)

□ 0610
race
/réis/
[類音] lace (ひも /léis/)

名 **人種**；民族；競走；(一般に)競争　❶「種族、部族」は tribe　動 競走[競争]する；急ぐ
形 racial (人種[民族]の、人種[民族]間の)

□ 0611
check
/tʃék/

名 **小切手**；検査、点検；伝票、勘定書　動 ～を調べる、検査する

□ 0612
term
/tə́ːrm/

名 (専門)**用語**；言い方、言葉遣い；期間、任期；(3学期制の)学期；(～s)(契約などの)条件　❶2学期制の「学期」は semester
名 terminology (術語、専門用語)

□ 0613
gift
/gíft/

名 (天賦の)**才能**；贈り物(≒present)　動 ～に(…を)贈る(with ...)
形 gifted (天賦の才能のある；優れた才能のある)

□ 0614
arm
/áːrm/

名 (～s) **武器**、兵器(≒weapon)；腕
名 armor (よろい)、army (軍隊)
形 armed (武器を持った、武装した)、armored (装甲した；よろいを着た)

□ 0615
will
/wíl/

名 **意志**(力)；願望、決意；遺言、遺書　助 ～だろう、～でしょう

□ 0616
manual
/mǽnjuəl/

名 (取扱)**説明書**、マニュアル　形 手の；手を使う

continued
▼

今日から4日間は、多義語と日常語の残りを押さえよう。まずは多義語から。動詞のbreak、名詞としてよく使われる意味は知ってる？

- ☐ 聞くだけモード　Check 1
- ☐ しっかりモード　Check 1 ▶ 2
- ☐ かんぺきモード　Check 1 ▶ 2 ▶ 3

Check 2　Phrase

☐ have a ten-minute break（10分間の休憩を取る）
☐ break one's promise（約束を破る）

☐ the black [white, yellow] race（黒［白、黄］色人種）
☐ a race against time（時間との競争）

☐ pay by check（小切手で払う）
☐ check the engine（エンジンを点検する）

☐ legal [scientific] terms（法律［科学］用語）
☐ in the long [short] term（長期［短期］的には）

☐ a man of many gifts（多才な人）
☐ a gift from the gods（幸運）

☐ carry arms（武器を携帯する）
☐ fold one's arms（腕組みをする）

☐ the freedom of the will（意思の自由）
☐ make [draw up] a will（遺書を作成する）

☐ a teacher's manual（教師用指導書）
☐ manual labor（手仕事）

Check 3　Sentence

☐ He's been working for six hours without a break.（彼は休憩なしで6時間働き続けている）

☐ He was discriminated against because of his race.（彼は彼の人種のせいで差別を受けた）

☐ She sent a check for $1,000 to her family.（彼女は家族に1000ドルの小切手を送った）

☐ I could hardly understand the technical terms in the textbook.（私はテキストブックの専門用語がほとんど分からなかった）

☐ Elena has a gift for playing the piano.（エレーナはピアノ演奏の才能がある）

☐ Sales of arms to the Middle East have dramatically increased.（中東諸国への武器販売は急激に伸びている）

☐ It seems that he lost the will to succeed.（彼は成功しようという意志を失ったようだ）

☐ I'm looking for the manual for the cellphone I bought yesterday.（昨日買った携帯電話の説明書を私は探している）

continued
▼

Day 39

Check 1　Listen 》CD-B4

0617
credit
/krédit/

- 名 **信用**、信頼（≒belief, trust）；貸金；名誉を高めること［もの］、栄誉；預金；履修単位　動 ～を信じる
- 名 creditor（債権者、貸し主［⇔debtor］）
- 形 creditable（尊敬に値する、立派な）

0618
issue
/íʃuː/

- 名 **発行物**、出版物；発行；問題（点）（≒subject）、論争点　動（宣言など）を出す、公布する；～を支給する；（通貨・切手など）を発行する

0619
form
/fɔ́ːrm/
[類音] foam（泡 /fóum/）

- 名（申し込み）**用紙**、書式；形、形状；形式；表現形式　動 ～を作る；生じる；～を組織する
- 名 formation（形成、成立）、formula（決まったやり方；公式）
- 形 formal（正式の、公式の；儀礼的な）

0620
right
/ráit/
[同音] write（～を書く）、rite（儀式）

- 名 **権利**（⇔duty）；正しさ、公正さ（⇔wrong）；(the ～) 右、右側　形 正しい（⇔wrong）；右の、右側の
- 形 righteous（もっともな、道理のある；正しい）
- 副 rightly（正しく、公正に）

0621
custom
/kʌ́stəm/

- 名（～s）**税関**（手続き）；（社会の）慣習；（人の）習慣（≒habit）；（商店などへの）ひいき、愛顧　形 オーダーメードの
- 動 customize（～を注文で特製する）
- 名 customer（顧客）
- 形 customary（慣習的な）

0622
turn
/tə́ːrn/

- 名 **順番**；方向転換；回転；曲がり角　動 向きを変える；方向を変える；進行方向を変える

0623
chance
/tʃǽns/

- 名 **可能性**、見込み；機会、好機（≒opportunity）；偶然　動 ～を運任せにやってみる；たまたま～する (to do)

0624
letter
/létər/

- 名 **文字**、字；手紙；(～s) 文学；学識　● characterは「表意文字」、letterはアルファベットやカタカナなどの「文字」

Day 38 》CD-B3
Quick Review
答えは右ページ下

- □ 恐ろしい
- □ 身分が上の
- □ 道徳上の
- □ 複雑な
- □ 難しい
- □ 面白くない
- □ 主要な
- □ 独立した
- □ ～行きの
- □ 最近の
- □ 醜い
- □ 明らかな
- □ 失望した
- □ 特定の
- □ 邪悪な
- □ 普通の

Check 2　Phrase

- gain credit（信用を得る）
- have a credit of $~ in one's bank account（銀行の口座に〜ドルの預金がある）

- the latest issue of a magazine（雑誌の最新号）
- a point of issue（争点）

- an application form（申し込み用紙）
- in the form of ~（〜の形で）

- rights and responsibilities（権利と義務）
- fight for the right（正義のために戦う）

- pass customs（税関を通過する）
- social customs（社会慣習）

- wait one's turn（自分の順番を待つ）

- There is a good chance of ~.（〜の見込みは十分にある）
- the chance of a lifetime（またとない好機）

- an initial letter（頭文字）
- a capital [small] letter（大[小]文字）

Check 3　Sentence

- My credit is very good because I pay my bills on time.（遅れずに請求書の支払いをしているので、私の信用は非常に厚い）

- This week's issue of "Newsweek" was very interesting.（今週号の『ニューズウィーク』はとても面白かった）

- You have to fill out this form.（あなたはこの申し込み用紙に必要事項を記入しなければなりません）

- Everyone has the right to freedom of expression.（すべての人に表現の自由の権利がある）

- All belongings must be inspected by customs officers.（すべての所持品は税関職員によって検査されなければならない）

- It's my turn to wash the dishes today.（今日は私がお皿を洗う番だ）

- I have a good chance of passing the examination.（私が試験に受かる見込みは十分ある）

- There are 26 letters in the English alphabet.（英語のアルファベットには26の文字がある）

WEEK 1
WEEK 2
WEEK 3
WEEK 4
WEEK 5
WEEK 6
WEEK 7
WEEK 8
WEEK 9
WEEK 10

Day 38))) CD-B3
Quick Review
答えは左ページ下

- horrible
- senior
- moral
- complex
- tough
- dull
- principal
- independent
- bound
- recent
- ugly
- obvious
- disappointed
- specific
- evil
- ordinary

Day 40

多義語(Multisense Word) **6**

Check 1　Listen 》CD-B5

0625
press
/prés/
- 名 **報道機関**；出版物；報道、言論、出版　動 ～を押す；～を（アイロンなどで）平らにする
- 名 pressure（圧力；強制 [力]；苦悩、重圧）
- 形 pressing（[問題などが] 緊急の、差し迫った [≒urgent]）

0626
change
/tʃéindʒ/
- 名 **小銭**；釣り銭；変化；取り換え；気分転換　動 ～を変える
- 形 changeable（[天候が] 変わりやすい；変更可能の；気まぐれな）

0627
diet
/dáiət/
- 名（栄養面などから見た）**飲食物**；ダイエット、減食、規定食；（通例 D～）（日本などの）国会　動 食事を制限する、ダイエットする
- 形 dietary（食事 [食物] の）

0628
subject
/sʌ́bdʒekt/
- 名 **学科**、教科、科目；主題、題目（≒topic、theme）；被験者、患者　動 (/səbdʒékt/) ～を支配する　形 (～の) 支配下にある (to ～)、(～を) 受けやすい (to ～)
- 名 subjection（支配、征服）
- 形 subjective（主観的な；個人的な）

0629
firm
/fə́ːrm/
[類音] farm（農場 /fɑ́ːrm/）
- 名（2人以上の合資の）**会社**、商会（≒company、corporation）
- 形 硬い；（信念などが）確固たる；ぐらつかない　動 ～を固める
- 副 firmly（しっかりと；断固として）

0630
jam
/dʒǽm/
- 名 **混雑**、雑踏；ジャム；窮地、困難　動 ～を押し込む；～を（押し寄せて）ふさぐ；（機械などが）（つかえて）動かなくなる

0631
company
/kʌ́mpəni/
- 名 **仲間**；交際；会社；客

0632
word
/wə́ːrd/
- 名 **約束**、保証；単語、言葉；知らせ、消息、うわさ；手短な会話
- 名 wording（言葉遣い、言い回し）
- 形 wordy（言葉数の多い、冗長な）

continued
▼

6回にわたった多義語も今日が最後。よく知っているはずの「あの単語」の「意外な意味」が、今日も満載！ しっかりとマスターしよう！

- □ 聞くだけモード　Check 1
- □ しっかりモード　Check 1 ▶ 2
- □ かんぺきモード　Check 1 ▶ 2 ▶ 3

WEEK 1
WEEK 2
WEEK 3
WEEK 4
WEEK 5
WEEK 6
WEEK 7
WEEK 8
WEEK 9
WEEK 10

Check 2　Phrase

- □ the freedom of the press（報道の自由）
- □ press the wrinkles out（アイロンでしわを伸ばす）

Check 3　Sentence

- □ I don't think that the press coverage is always objective.（報道機関の報道が常に客観的であるとは私は思わない）

- □ small change（小銭）
- □ a change of sheets（シーツの交換）

- □ I put my spare change in a donation box.（私は余っている小銭を募金箱に入れた）

- □ a vegetarian diet（菜食［料理］）
- □ be [go] on a diet（ダイエットをしている［始める］）

- □ It is very important to have a balanced diet.（バランスの取れた食事をすることがとても重要だ）

- □ a required [an elective] subject（必修［選択］科目）
- □ change the subject（話題を変える）

- □ Math is my favorite subject in school.（数学は学校で私の好きな教科だ）

- □ a law firm（法律事務所）
- □ firm plastic（硬いプラスチック）

- □ She works for one of the best design firms in Tokyo.（彼女は東京の一流デザイン会社の1つに勤めている）

- □ a traffic jam（交通渋滞）
- □ be in a jam（困っている）

- □ I got stuck in a traffic jam on the way to work today.（今日、会社に行く途中で交通渋滞に捕まった）

- □ be in good company（よい仲間とつき合っている）
- □ in the company of ~（~と一緒に）

- □ People judge you by the company you keep.（人はあなたがつき合っている仲間であなたを判断する）

- □ be as good as one's word（約束を守る、信頼できる）
- □ The word is [Word has it] that ~.（うわさでは~ということだ）

- □ She sometimes doesn't keep her word.（彼女は時々約束を守らないことがある）

---

continued ▼

Day 40

Check 1　Listen 》CD-B5

□ 0633 content /kántent/ ❶アクセント注意
- 名 (~s) **中身**、内容物；(~s)（書物などの）目次；内容、意味（≒meaning）　形 (/kəntént/)（be content to doで）喜んで~する；満足している
- 名 contentment（満足）
- 形 contented（[~に] 満足した [with ~]）

□ 0634 responsible /rispάnsəbl/
- 形 (~に) **責任がある** (for ~)（⇔irresponsible）；(~の) 原因である (for ~)；信頼できる；頼りになる
- 名 responsibility（責任、責務）

□ 0635 used /júːst/ ❶発音注意
- 形 (~に) **慣れて** (to ~)（≒accustomed）；(/júːzd/) 使用された、中古の

□ 0636 fancy /fǽnsi/
- 形 **高級な**、上品な趣味の；装飾の多い；複雑な　動 ~を想像する　名 空想；夢想
- 形 fanciful（[デザインなどが] 風変わりな；想像 [空想] 上の）

□ 0637 present /préznt/
- 形 **現在の**（⇔past）；存在する、出席している（⇔absent）
- 動 (/prizént/)~を贈る；~を口頭発表する　名 (/préznt/) 贈り物
- 名 presence（存在；出席、[堂々とした] 態度）、presentation（贈呈；発表；上演、上映）
- 副 presently（現在、目下）

□ 0638 sound /sáund/
- 形（判断などが）**適切な**；健全な、健康な；頑丈な　動 ~に聞こえる、~のような音がする　名 音
- 副 soundly（ぐっすりと；全く、徹底的に）

□ 0639 minute /mainjúːt/ ❶発音注意
- 形 **微少の**；詳細な　名 (/mínit/) 分；(the ~s) 議事録
- 副 minutely（詳細に；小さく；綿密に）

□ 0640 odd /άd/
- 形 **奇数の**（⇔even）；変わった、普通でない；奇妙な（≒strange）
- 名 oddity（風変わりな人、異常な物；風変わり、奇妙）
- 副 oddly（奇妙に；不思議なことには）

| Day 39 》CD-B4 Quick Review 答えは右ページ下 | □ 休憩
□ 人種
□ 小切手
□ 用語 | □ 才能
□ 武器
□ 意志
□ 説明書 | □ 信用
□ 発行物
□ 用紙
□ 権利 | □ 税関
□ 順番
□ 可能性
□ 文字 |

Check 2 Phrase

- the drawer's contents（引き出しの中身）
- the content of the book（その本の内容）

- make oneself responsible for ~（~の責任を取る）
- a responsible man（信頼できる人）

- get [become] used to ~（~に慣れる）
- a used car（中古車）

- a fancy restaurant（高級なレストラン）
- fancy clothes（凝った服）

- a present address（現住所）
- the members present（今出席している人たち）

- sound judgement（正しい判断）
- A sound mind in a sound body.（健全な身体に健全な精神が宿る［ことわざ］）

- minute changes（ごくわずかな変化）
- the minutes of the meeting（会議の議事録）

- odd numbers（奇数）
- It's odd that ~.（~というのは変だ）

Check 3 Sentence

- The content of the speech was difficult to understand.（そのスピーチの内容は理解しにくかった）

- Who was responsible for the accident?（誰がその事故に責任があるのか？）

- He still hasn't gotten used to working nights.（彼はまだ夜に働くことに慣れていない）

- We stayed in the fancy hotel by the lake.（私たちは湖畔の高級ホテルに泊まった）

- The new city library will be triple the size of the present one.（新しい市立図書館は現在のものより3倍の大きさになる予定だ）

- We're looking for a political leader who can make sound decisions.（私たちは適切な決定ができる政治指導者を探している）

- I used a microscope to look at the minute creatures.（微生物を調べるために私は顕微鏡を使った）

- Odd numbers can't be divided evenly by 2.（奇数は2では割り切れない）

Day 39)) CD-B4
Quick Review
答えは左ページ下

- break
- race
- check
- term
- gift
- arm
- will
- manual
- credit
- issue
- form
- right
- custom
- turn
- chance
- letter

WEEK 1 / WEEK 2 / WEEK 3 / WEEK 4 / WEEK 5 / **WEEK 6** / WEEK 7 / WEEK 8 / WEEK 9 / WEEK 10

Day 41

日常語(Vernacular) 5

Check 1　Listen 》CD-B6

☐ 0641
drawer
/drɔ́:r/

名引き出し；(~s) たんす
動draw (~を描く；~を引き寄せる；[結論など]を得る)
名drawing (スケッチ、線画)

☐ 0642
sweat
/swét/
❶発音注意

名汗；発汗(作用)(≒perspiration)　動汗をかく；一心に働く
名sweater (セーター)

☐ 0643
nephew
/néfju:/

名おい　●「めい」はniece、「いとこ」はcousin

☐ 0644
appetite
/ǽpətàit/

名食欲；(生理的・精神的) 欲求

☐ 0645
cough
/kɔ́:f/
❶発音注意

名せき；せきの出る病気　●「くしゃみ」はsneeze　動せきをする、せき払いする

☐ 0646
furniture
/fə́:rnitʃər/

名家具、調度品、備品
動furnish (~に家具を設備する；~に [...を] 与える、供給する [with ...])
形furnished (家具つきの；[店などが] 在庫のある)

☐ 0647
rumor
/rú:mər/

名うわさ、風評

☐ 0648
line
/láin/

名(順番などを待つ人の) 列、行列；線　動~に沿って並ぶ；1列に並ぶ (+up)
名lineage (血統、家系)
形linear (直線状の；長さの)

continued
▼

今週の残りの2日間は、日常語の残りをチェック。「せき」「うわさ」「錠剤」……、言えそうで言えない言葉を押さえよう。

- ☐ 聞くだけモード　Check 1
- ☐ しっかりモード　Check 1 ▶ 2
- ☐ かんぺきモード　Check 1 ▶ 2 ▶ 3

Check 2　Phrase

☐ **a deep drawer**（奥行きの深い引き出し）

☐ **break a sweat**（汗をかく）
☐ **sweat with fear**（恐ろしくて汗をかく）

☐ **a nephew of ~**（~のおい）

☐ **a healthy appetite**（旺盛な食欲）

☐ **a dry cough**（空せき）
☐ **give a cough**（[注意・警告のために] せき払いをする）

☐ **two pieces of furniture**（家具2点）
☐ **have a lot of furniture**（家具をたくさん持っている）

☐ **start a rumor**（うわさを立てる）
☐ **Rumor has it [There is a rumor] that ~.**（~といううわさだ）

☐ **stand in line**（列に並ぶ）
☐ **draw a line**（線を引く）

Check 3　Sentence

☐ **Please put these documents into that drawer on the left.**（これらの書類を左の引き出しにしまってください）

☐ **I was covered with sweat by the end of the basketball game.**（私はバスケットボールの試合の終わりごろには汗びっしょりになっていた）

☐ **My nephew wants to become a lawyer.**（私のおいは弁護士になりたがっている）

☐ **The kids have huge appetites.**（子どもたちは食欲旺盛だ）

☐ **Flu can be spread by a cough.**（インフルエンザはせきで広がることもある）

☐ **They bought some new furniture for the house.**（彼らはその家のためにいくつか新しい家具を買った）

☐ **I heard a rumor that a new student will join our class.**（私は新入生がクラスに来るといううわさを聞いた）

☐ **She waited in line for about two hours to get the concert tickets.**（彼女はコンサートのチケットを買うのに2時間くらい列に並んで待った）

continued ▼

Day 41

Check 1　Listen))) CD-B6

□ 0649
wheat
/hwíːt/

名 **小麦**　❶「大麦」はbarley

□ 0650
back
/bǽk/

名 **背中**、背；背面、後ろ　動 後退する；～を支持する　形 後方にある、裏の　副 後ろへ [に]；戻って

□ 0651
seed
/síːd/

名 **種**、種子　動 (果実) の種子を取り除く；(スポーツで)(通例be seededで) シードされる；～の種をまく

□ 0652
cleaning
/klíːniŋ/

名 **掃除**；洗濯
動 clean (～をきれいにする)
形 cleanly (きれい好きな)
副 cleanly (きれいに、清潔に)

□ 0653
pill
/píl/

名 **錠剤**、丸薬 (≒tablet)

□ 0654
luggage
/lʌ́gidʒ/

名 (旅行者の) **手荷物**；旅行かばん類 (≒baggage)

□ 0655
dentist
/déntist/

名 **歯医者**、歯科医
形 dental (歯の；歯科 [用] の)

□ 0656
throat
/θróut/

名 **のど**、咽喉；のど首

| Day 40))) CD-B5
Quick Review
答えは右ページ下 | □ 報道機関
□ 小銭
□ 飲食物
□ 学科 | □ 会社
□ 混雑
□ 仲間
□ 約束 | □ 中身
□ 責任がある
□ 慣れて
□ 高級な | □ 現在の
□ 適切な
□ 微少の
□ 奇数の |

Check 2 Phrase

- grind wheat into flour（小麦をひいて小麦粉にする）

- a pain in the back（背中［腰］の痛み）
- back a project（企画を支持する）

- scatter [sow] seed(s)（種をまく［大量の種の場合は不可算名詞扱い］）

- general cleaning（大掃除）
- do the cleaning（掃除をする）

- take headache pills（頭痛薬を飲む）

- several pieces of luggage（数個の手荷物）
- luggage locker（[駅・空港などの]手荷物用ロッカー）

- go to the dentist（歯医者に行く）

- clear one's throat（せき払いをする）

Check 3 Sentence

- Wheat is used to make bread.（小麦はパンを作るのに使われる）

- My back itches.（背中がかゆい）

- I planted seeds to grow some vegetables.（私は野菜をいくつか育てるために種を植えた）

- My mother does all the house cleaning.（私の母は家の掃除をすべてする）

- He took a couple of pills for his cold.（彼は風邪用の錠剤をいくつか飲んだ）

- I had my luggage sent from the airport to my house.（私は手荷物を空港から家へ送ってもらった）

- The dentist said I needed to have a tooth pulled.（歯科医は私に歯を抜かねばならないと言った）

- I got a fish bone in my throat.（魚の骨がのどに詰まった）

WEEK 1
WEEK 2
WEEK 3
WEEK 4
WEEK 5
WEEK 6
WEEK 7
WEEK 8
WEEK 9
WEEK 10

Day 40 》CD-B5
Quick Review
答えは左ページ下

- press
- change
- diet
- subject
- firm
- jam
- company
- word
- content
- responsible
- used
- fancy
- present
- sound
- minute
- odd

Day 42

日常語(Vernacular) 6

Check 1　　Listen))) CD-B7

☐ 0657
lace
/léis/
[類音] race (人種 /réis/)

名(締め)**ひも**；靴ひも　動～をひもで締める［結ぶ］

☐ 0658
athlete
/ǽθli:t/
❶アクセント注意

名**運動選手**、スポーツマン
名athletics ([各種の] 運動競技)
形athletic (運動競技の；運動選手らしい、筋骨たくましい)

☐ 0659
sidewalk
/sáidwɔ̀:k/

名**歩道**

☐ 0660
fee
/fí:/

名**料金**；謝礼 (金)

☐ 0661
wheel
/hwí:l/

名(乗り物の) **車輪**；(the～) (自動車の) ハンドル；(歯車の) 輪　動～を回転させる；旋回する；(突然) 向きを変える
名wheelchair (車いす)

☐ 0662
physician
/fizíʃən/

名**医師**、医者 (≒doctor)；内科医
名physics (物理学)
形physical (身体の、肉体の [⇔mental]；物質的な)
副physically (肉体的に；物理的に)

☐ 0663
raw
/rɔ́:/
[類音] row (列 /róu/)

形(食べ物が) **生の**、料理していない (⇔cooked)；加工していない

☐ 0664
thick
/θík/
[類音] sick (病気の /sík/)

形**厚い** (⇔thin)；(数量名詞の後で) ～の厚みのある；(液体が) 濃い　副厚く；太く；濃く
動thicken (～を厚く [太く、濃く] する；厚く [太く、濃く] なる)
形thickness (厚さ；太さ；濃さ)

continued

今日で日常語（全96語）が終了。身の回りにある物の名前は、もう英語で言えるはず?! これからも、どんどん日常語を増やしていこう。

- ☐ 聞くだけモード　Check 1
- ☐ しっかりモード　Check 1 ▶ 2
- ☐ かんぺきモード　Check 1 ▶ 2 ▶ 3

Check 2　Phrase

☐ do up one's laces（[靴などの]ひもを締める）

☐ an athlete's shirt（ランニングシャツ）

☐ walk along the sidewalk（歩道を歩く）

☐ an admission fee（入場料、入会［入学］金）
☐ a medical fee（診療費）

☐ a toothed wheel（歯車）
☐ take the wheel（運転する）

☐ consult [see] a physician（医者に診察してもらう）

☐ raw meat（生肉）
☐ raw data（未処理のデータ）

☐ a thick wall（厚い壁）
☐ a thick soup（濃厚なスープ）

Check 3　Sentence

☐ He bought new laces for his old boots.（彼は古いブーツ用に新しい靴ひもを買った）

☐ My dream is to be an athlete and compete in the Olympics.（私の夢は運動選手になって、オリンピックに出場することだ）

☐ The sidewalk was covered with fallen leaves.（その歩道は落ち葉で覆われていた）

☐ The lawyer's fee was $100 an hour.（その弁護士の謝礼は1時間100ドルだった）

☐ Bicycles have two wheels.（自転車には車輪が2つある）

☐ Dr. Jones is an excellent physician.（ジョーンズ先生は素晴らしい医者だ）

☐ Mayonnaise is made with raw eggs.（マヨネーズは生卵で作られる）

☐ The ice is thick enough to skate on.（その氷はスケートをするのに十分なほど厚い）

WEEK 1
WEEK 2
WEEK 3
WEEK 4
WEEK 5
WEEK 6
WEEK 7
WEEK 8
WEEK 9
WEEK 10

continued ▼

Day 42

Check 1　Listen 》CD-B7

□ 0665
boring
/bɔ́:riŋ/

形 **退屈な**、うんざりするような
動 bore (〜をうんざりさせる、退屈させる)
名 bore (退屈な人 [事, 物])
形 bored (うんざり [退屈] して)

□ 0666
pale
/péil/
[同音] pail (バケツ)

形 (人・顔などが) **青白い**、血の気がない；(色が) 薄い、淡い (⇔deep)　動 見劣りがする；(人・顔などが) 青ざめる

□ 0667
sour
/sáuər/
●発音注意
[類音] sore (痛い /sɔ́:r/)

形 **酸っぱい** (⇔sweet)；(発酵して) 酸っぱくなった；(人・表情などが) 不機嫌な、意地悪な　動 (関係などが) 悪化する、気まずくなる；酸っぱくなる

□ 0668
thin
/θín/

形 **薄い** (⇔thick)；細い；やせた (⇔fat)　動 (群集などが) まばらになる；〜を薄く [細く] する；薄く [細く] なる
副 thinly (薄く、細く、まばらに)

□ 0669
convenient
/kənví:njənt/

形 **便利な**；(時間などが) 都合のよい (⇔inconvenient)；(場所が) 近くて便利がよい
名 convenience (便利、好都合；便利な物)
副 conveniently (便利に、好都合に；好都合なことに)

□ 0670
tender
/téndər/

形 **柔らかい**、(肉などが) 楽にかめる (≒soft ⇔tough)；優しい (≒gentle)；触れると痛い

□ 0671
sore
/sɔ́:r/
[同音] soar (急上昇する)
[類音] sour (酸っぱい /sáuər/)

形 (体が) **痛い** (≒painful)、炎症を起こした；心を痛ませる

□ 0672
popular
/pápjulər/

形 **人気がある**、評判のよい；大衆的な
名 popularity (人気、評判；大衆性)

Day 41 》CD-B6
Quick Review
答えは右ページ下

- □ 引き出し
- □ 汗
- □ おい
- □ 食欲
- □ せき
- □ 家具
- □ うわさ
- □ 列
- □ 小麦
- □ 背中
- □ 種
- □ 掃除
- □ 錠剤
- □ 手荷物
- □ 歯医者
- □ のど

Check 2 Phrase

- a boring book（退屈な本）

- a pale complexion（青白い顔色）
- pale blue（淡青色）

- sour apples（酸っぱいリンゴ）
- a sour remark（意地悪な言葉）

- a thin slice of bread（1切れの薄いパン）
- a thin rope（細いロープ）

- a convenient size（手ごろなサイズ）
- if it is convenient for you（ご都合がよろしければ）

- a tender steak（柔らかいステーキ）
- a tender heart（優しい心）

- have a sore throat（のどが痛い）
- a sore memory（つらい思い出）

- a popular singer（人気歌手）
- popular opinion（世論）

Check 3 Sentence

- I thought the movie was boring.（私はその映画は退屈だと思った）

- She looked pale after her stay in the hospital.（彼女は退院後、顔色が悪かった）

- These grapefruits are really sour.（このグレープフルーツは本当に酸っぱい）

- She is thin because she does yoga.（彼女はヨガをしているので、ほっそりとしている）

- I suppose it's convenient to meet at the station.（駅で待ち合わせするのが便利だと私は思う）

- This meat is so tender that it's really easy to cut.（この肉はとても柔らかいので、とても切りやすい）

- Her legs were sore from the long bike ride.（長い時間自転車に乗っていたせいで、彼女の脚は痛んだ）

- Anne is popular at school.（アンは学校で人気がある）

WEEK 1 / WEEK 2 / WEEK 3 / WEEK 4 / WEEK 5 / **WEEK 6** / WEEK 7 / WEEK 8 / WEEK 9 / WEEK 10

Day 41)) CD-B6
Quick Review
答えは左ページ下

- drawer
- sweat
- nephew
- appetite
- cough
- furniture
- rumor
- line
- wheat
- back
- seed
- cleaning
- pill
- luggage
- dentist
- throat

Week 6 Review

今週学習した語彙の定着度をチェック！ 下の英文と右ページの訳を読みながら、赤字部分の単語がしっかりと身についているかを確認しよう。意味が分からないときは、見出し語番号を参照して学習日の語彙を復習しておこう。

I come from a family of doctors. Both my parents are ordinary(0608) physicians(0662). I go to them for my yearly physical(0579), or health check(0611). There's nothing more horrible(0593) than when Dad checks(0611) your cough(0645). My sister is in sports medicine and she treats some popular(0672) athletes(0658). When I have a stiff(0583) shoulder, a sore(0671) back(0650), or minor(0585) pain in my arms(0614), I call her. She has me on a diet(0627). My nephew(0643) is a typical(0570) dentist(0655). Every time I see him, he teaches me how to brush my teeth. I can always count on him for a free cleaning(0652). I probably see him more than I see my sister because I have sensitive(0572) teeth and never follow my low-sugar diet(0627). I can't help them if something goes wrong with their health or during most of the year. However, I can take care of them every spring when their evil(0607) taxes are due(0588) ; I'm an accountant.

☐ treat：〜を治療する ☐ have 〜 on a diet：〜にダイエットさせる ☐ count on 〜：〜を当てにする、〜に頼る ☐ take care of 〜：〜の世話をする、面倒を見る
☐ accountant：会計士

＊赤字の右上の数字は、その単語の見出し番号を表しています。和文の訳は、見出し語の第1定義ではない場合があります。また、訳中の見出し語訳は、文脈に沿って訳しているため、見出し語の定義と異なることがあります。

私は医者の家庭の出身です。両親は常勤の医者です。私は彼らの所に毎年の身体検査、つまり健康診断に行きます。父さんがせきの検査をするときほど恐ろしいものはありません。私の姉はスポーツ医学をしていて、人気のある運動選手を治療しています。私は肩が凝っていたり、背中が痛かったり、腕に軽い痛みがあるときには彼女に電話をします。彼女は私にダイエットをさせます。私のおいは典型的な歯医者です。私が彼に診てもらうたびに、彼は私に歯の磨き方を教えます。私はいつも、彼に無料の（歯の）清掃を頼ることができます。私の歯は敏感で、糖分少なめのダイエットに決して従わないので、姉よりも彼に会うほうが恐らく多いでしょう。私は、彼らの健康に問題が生じた場合や、1年のほとんどは彼らの役に立つことができません。でも、彼らの不快な税金が支払われるべき毎年の春には、私は彼らの面倒を見ることができます。私は会計士なのです。

WEEK 7

今週からは、4000語レベルの語彙に挑戦です。Week 7とWeek 8では、2週に分けて動詞を学習。Week 7では、動詞にほかにも人物描写や社会関連の重要語もしっかり押さえていきましょう。

Day 43 【Level 4_動詞 1】
▶ 204
Day 44 【Level 4_動詞 2】
▶ 208
Day 45 【Level 4_動詞 3】
▶ 212
Day 46 【人物 1】
▶ 216
Day 47 【人物 2】
▶ 220
Day 48 【社会 1】
▶ 224
Day 49 【社会 2】
▶ 228

Week 7 Review
▶ 232

英語でコレ言える?
Can you say this in English?

カッコに入る語が分かったら、あなたは4000語レベル?!

▼

ギターのない生活なんて耐えられないよ。
I can't stand being without my guitar.

おい、家に帰ったら弾けるだろ!
Hey, you can play it when you are at home!

でも、いつだって考えずにいられないんだ。
But I can't (　　　) thinking of it every minute.

▼
答えはDay 43でチェック!

Day 43

★★★★
Level 4＿動詞(Verb) **1**

Check 1　　Listen ») CD-B8

□ 0673
resist
/rizíst/

動 **〜を我慢する**；〜に抵抗する（≒fight against）；〜に耐える
名 resistance（抵抗、反抗；抵抗力）

□ 0674
associate
/əsóuʃièit/

動 **〜と（…を）結びつけて考える**(with ...)（≒connect）；〜で（…を）連想する（with ...）　名 (/əsóuʃiət/)（仕事などの）提携者；仲間
名 association（団体、協会；交際、提携；連想）

□ 0675
perceive
/pərsíːv/

動 **〜が（…であると）分かる**（to be ...）；〜を理解する（≒understand）；〜に気づく（≒notice）
名 perception（理解、認識；知覚；直観）

□ 0676
consist
/kənsíst/

動 **（〜から）成り立つ**、構成される（of 〜）（≒be composed of）；（〜に）存在する（in 〜）
名 consistency（一貫性；堅実さ；[物質の]硬さ）
形 consistent（[言動などが]首尾一貫した；着実な）

□ 0677
deceive
/disíːv/

動 **〜をだます**、欺く（≒cheat）；〜をだまして…させる（into -ing）
名 deceit（偽り、だますこと）
形 deceitful（うそつきの、不正直な）

□ 0678
starve
/stάːrv/

動 **餓死する**；〜を餓死させる；(be starved of [for] 〜で)〜を切望[渇望]する
名 starvation（飢餓、餓死）
形 starved（飢えた、ひもじい）

□ 0679
whisper
/hwíspər/

動 **ささやく**（≒murmur）；〜をささやく；〜をこっそり言いふらす　名 ささやき声；うわさ（≒rumor）

□ 0680
conclude
/kənklúːd/

動 **〜と結論を下す**；〜を終了[終結]させる（≒end, finish）；終わる、終了する
名 conclusion（結論、決定；[話などの]結び）
形 conclusive（[事実などが]決定的な、確実な）

continued
▼

Week 7からは、いよいよLevel 4（4000語レベル）に突入！ 未知の単語も増えてくるはず。でも安心。繰り返しの学習でマスターしていこう！

☐ 聞くだけモード　Check 1
☐ しっかりモード　Check 1 ▶ 2
☐ かんぺきモード　Check 1 ▶ 2 ▶ 3

Check 2　Phrase

☐ can't resist laughing（笑いを我慢できない）
☐ resist the enemy（敵に抵抗する）

☐ associate blood type with character（血液型と性格を結びつけて考える）

☐ perceive him to be a good man（彼がいい人だと分かる）
☐ perceive the difference（違いに気づく）

☐ consist of two parts（2つの部分から成る）

☐ deceive one's parents（両親をだます）
☐ deceive her into buying a home（彼女をだまして家を買わせる）

☐ starve to death（餓死する）
☐ be starved of affection（愛情に飢える）

☐ whisper to her（彼女に耳打ちする）
☐ It is whispered that ～.（～といううわさだ）

☐ conclude that he is honest（彼は正直だと結論を下す）
☐ conclude one's work（仕事を終える）

Check 3　Sentence

☐ I can't resist calling her.（私は彼女に電話をするのを我慢できない）

☐ I associate the smell of roses with my childhood.（バラのにおいをかぐと、子どものころを思い出す）

☐ He can perceive my true feelings.（彼は私の本当の気持ちを見抜くことができる）

☐ The band consisted of five people.（そのバンドは5人編成だった）

☐ The old woman was deceived by a caller claiming to be a relative.（その老女は、親類だと名乗る電話の主にだまされた）

☐ We cannot stand by and watch while people starve.（私たちは人々が餓死するのを傍観することはできない）

☐ She whispered something to him and he laughed.（彼女が彼に何かを耳打ちすると、彼は笑った）

☐ It is too early to conclude that he will win the election.（彼が選挙に勝つだろうと結論を下すのは早すぎる）

continued ▼

Day 43

Check 1　Listen))) CD-B8

0681 encounter /inkáuntər/
動 (困難・危険など)**に遭う**、直面する；～に偶然出会う（≒ meet、come upon）　名 遭遇；(敵との) 交戦

0682 heal /híːl/ [同音] heel (かかと)
動 (傷・人など)**を治す**（≒cure）；治る；(悲しみ・悩みなど)を癒やす；(傷などが) 癒える

0683 launch /lɔ́ːntʃ/ [類音] lunch (昼食 /lʌ́ntʃ/)
動 (事業・計画など)**を始める**（≒initiate）；～を発射する、打ち上げる；～を水面に降ろす；(新製品) を送り出す、売り出す　名 (新事業の) 開始；発射

0684 proceed /prəsíːd/
動 (～を) **続ける**（with ～）；続けて～する（to do）；(～へ) 進む（to ～）
名 procedure (手順、やり方)、proceeding (進行；手続き)、process (過程、工程)、procession (行進)

0685 expand /ikspǽnd/
動 **～を拡大する**；拡大する；～を発展させる（≒develop）；発展する
名 expanse (広がり；広々とした場所 [空間])、expansion (拡大、増大、拡張、展開)
形 expansive (広々とした、広範囲の；発展的な)

0686 creep /kríːp/ [活用] crept - crept
動 **忍び寄る**、ゆっくり動く；(虫などが) はう

0687 ban /bǽn/
動 ～を (法的に) **禁止する**（≒prohibit、forbid）；～が (…するのを) 禁止する（from -ing）　名 (法による) 禁止 (令)

0688 accuse /əkjúːz/
動 (…の理由で) **～を告発** [告訴、起訴] **する**（of ...）（≒charge）；～を非難する
名 accusation (告発、告訴、起訴)
形 accused (告発 [告訴、起訴] された)

Day 42))) CD-B7
Quick Review
答えは右ページ下

- □ ひも
- □ 運動選手
- □ 歩道
- □ 料金
- □ 車輪
- □ 医師
- □ 生の
- □ 厚い
- □ 退屈な
- □ 青白い
- □ 酸っぱい
- □ 薄い
- □ 便利な
- □ 柔らかい
- □ 痛い
- □ 人気がある

Check 2 Phrase	Check 3 Sentence
☐ encounter difficulties（困難に直面する） ☐ encounter an old friend（旧友にばったり出会う）	☐ Brad encountered his ex-wife by chance.（ブラッドは前妻に偶然出くわした）
☐ heal a wound（傷を治療する） ☐ heal his heart（彼の心を癒やす）	☐ My wound did not heal, so I visited the hospital again.（傷が治らないので、私はまた病院に行った）
☐ launch a business（事業を始める） ☐ launch a rocket（ロケットを打ち上げる）	☐ We are going to launch the new project next week.（私たちは来週、新たなプロジェクトを始める）
☐ proceed with economic reforms（経済改革を続ける） ☐ proceed to Gate 5（5番ゲートへ進む）	☐ Let's proceed with this work and not worry about the small details.（この仕事を続けて、小さなことを気にするのはやめよう）
☐ expand business（事業を拡張する） ☐ expand a company（会社を発展させる）	☐ The universe is still expanding.（宇宙は今も膨張している）
☐ creep ahead（のろのろ進む） ☐ creep into ~（~に忍び込む）	☐ A neighbor saw the man creeping into our backyard.（隣人は男が私たちの家の裏庭に忍び込んでいくのを見た）
☐ ban all nuclear tests（すべての核実験を禁止する） ☐ ban citizens from carrying guns（市民に銃器の携帯を禁止する）	☐ Smoking in public places is banned in Ireland.（アイルランドでは公共の場所での喫煙は禁止されている）
☐ accuse him of theft（窃盗で彼を訴える）	☐ The police accused Tom of damaging a patrol car.（警察はパトカーを損傷したとしてトムを告訴した）

Day 42))) CD-B7
Quick Review
答えは左ページ下

☐ lace ☐ wheel ☐ boring ☐ convenient
☐ athlete ☐ physician ☐ pale ☐ tender
☐ sidewalk ☐ raw ☐ sour ☐ sore
☐ fee ☐ thick ☐ thin ☐ popular

Day 44

Level 4＿動詞(Verb) 2

Check 1　Listen))) CD-B9

0689 abuse /əbjúːz/
- 動 ～を虐待する、酷使する、乱暴に扱う；～を乱用［悪用］する　名 (/əbjúːs/) 悪用、乱用；虐待；悪口
- 形 abusive（口汚い；虐待的な）

0690 pursue /pərsúː/
- 動 ～を追い求める、～を追跡する（≒ chase）
- 名 pursuit（追求；追跡；娯楽、気晴らし）

0691 obtain /əbtéin/
- 動 ～を（努力して）獲得する、手に入れる（≒ get ⇔ lose）；（慣習などが）広く行われている

0692 combine /kəmbáin/
- 動 ～を（…と）結合させる（with ...）；～を化合させる；～を同時に行う　名 (/kámbain/) コンバイン；（政治上・商業上などの）連合体
- 名 combination（結合、配合）
- 形 combined（共同の、合同の）

0693 interfere /ìntərfíər/
❶アクセント注意
- 動 邪魔をする（≒ interrupt）；（～に）干渉する（in ～）；（～を）妨げる（with ～）
- 名 interference（妨害、邪魔；混信）

0694 stare /stéər/
［同音］stair（[～s] 階段）
- 動 (～を) じっと見つめる、じろじろ見る（at [in, into, upon] ～）（≒ gaze）　名 じっと見つめること、凝視

0695 compete /kəmpíːt/
- 動 (～と) 競争する、競う（with [against] ～）；（競技会などに）参加する（in ～）
- 名 competition（競争；競争相手；試合）、competitor（競争者；競争相手）
- 形 competitive（競争力のある；競争の）

0696 decline /dikláin/
- 動 （価値などが）低下する、衰える；～を断る、辞退する（≒ reject, refuse）　名 衰え；下落；減少

continued
▼

Level 4に入って難しい語が増えたのでは？
ここで挫折しては、今までの頑張りが水の泡。
1日5分でもいいので、着実に進めていこう。

- □ 聞くだけモード　Check 1
- □ しっかりモード　Check 1 ▶ 2
- □ かんぺきモード　Check 1 ▶ 2 ▶ 3

WEEK 1
WEEK 2
WEEK 3
WEEK 4
WEEK 5
WEEK 6
WEEK 7
WEEK 8
WEEK 9
WEEK 10

Check 2　Phrase

- □ abuse pets（ペットを虐待する）
- □ abuse drugs（麻薬を乱用する）

- □ pursue fame（名声を追い求める）
- □ pursue the suspect（容疑者を追跡する）

- □ obtain knowledge（知識を得る）
- □ obtain a profit（利益を得る）

- □ combine theory with practice（理論を実践と結びつける）
- □ combine work with pleasure（娯楽と仕事を兼ねる）

- □ interfere in private concerns（私事に干渉する）
- □ interfere with sleep（眠りを妨げる）

- □ stare at the computer screen（コンピューター画面をじっと見つめる）

- □ compete with foreign companies（海外企業と競争する）

- □ a declining price（物価の下落）
- □ decline in strength（体力が衰える）

Check 3　Sentence

- □ He was badly abused as a child.（子どものころ、彼はひどく虐待された）

- □ The police pursued him for 10 years and finally arrested him.（警察は彼を10年間追跡して、ついに彼を逮捕した）

- □ During the war, it was hard to obtain food.（戦争中には食料を手に入れるのが難しかった）

- □ She combines beauty and intelligence.（彼女は美しさと知性を兼ね備えている）

- □ I'm an adult, so stop interfering in my life.（私は大人ですから、私の生活に干渉しないでください）

- □ The two lovers stared deep into each other's eyes.（2人の恋人たちは、お互いの目をじっと見つめ合った）

- □ Several companies are competing for the contract.（いくつかの会社が契約を得ようと競争している）

- □ Computer sales declined 3.5 percent last year.（コンピューターの売り上げは昨年、3.5パーセント低下した）

continued
▼

Day 44

Check 1　Listen)) CD-B9

0697 resemble /rizémbl/
- 動 **〜に似ている** (≒ look like)
- 名 resemblance (類似点、似ている点)

0698 emerge /imə́:rdʒ/
- 動 **現れる**、出てくる (≒ appear);(問題などが) 明らかになる;(苦境などから) 抜け出す (from 〜)
- 名 emergence (出現、発生)、emergency (緊急事態)
- 形 emergent (新興の、新生の;緊急の)

0699 persuade /pərswéid/
- 動 **〜を説得する** (≒ convince);〜を説得して (…を) させる (to do);〜に (…を) 確信させる (of ...)
- 名 persuasion (説得[力];信仰、信条)
- 形 persuasive (説得力のある)

0700 vanish /væniʃ/
- 動 (目に見えていた物が)(突然) **消える**、見えなくなる (≒ disappear);(存在していた物が) 消滅する

0701 estimate /éstəmèit/ ❶アクセント注意
- 動 **〜を見積もる**;〜を評価する、判断する　名 (/éstəmət/) 見積もり、概算;見積書
- 名 estimation (判断、意見;見積もり、概算;尊重、尊敬)

0702 fold /fóuld/ [類音] hold (〜を持っている /hóuld/)
- 動 **〜を折りたたむ** (⇔ unfold);(手・腕など) を組む;(事業などが) つぶれる　名 折り目、ひだ
- 名 folder (フォルダー、紙挟み)

0703 mend /ménd/
- 動 **〜を直す**、繕う (≒ repair);(傷など) を治療する;(態度など) を改める

0704 indicate /índəkèit/
- 動 **〜を指摘する**;〜を指し示す (≒ point out);〜を述べる
- 名 indication (指示;暗示;兆候)、indicator (指し示す物;表示器)
- 形 indicative ([〜を] 表している、暗示している [of 〜])

Day 43)) CD-B8　Quick Review　答えは右ページ下
- □ 〜を我慢する
- □ 〜と結びつけて考える
- □ 〜が分かる
- □ 成り立つ
- □ 〜をだます
- □ 餓死する
- □ ささやく
- □ 〜と結論を下す
- □ 〜に遭う
- □ 〜を治す
- □ 〜を始める
- □ 続ける
- □ 〜を拡大する
- □ 忍び寄る
- □ 〜を禁止する
- □ 〜を告発する

Check 2 Phrase

- ☐ resemble each other (互いに似ている)
- ☐ resemble ~ in appearance (~に外見が似ている)

- ☐ emerge from the dark (暗闇から現れる)
- ☐ It emerges that ~. (~ということが明らかになる)

- ☐ persuade the public (国民を説得する)
- ☐ persuade him to help her (彼を説得して彼女を助けさせる)

- ☐ vanish from sight (見えなくなる)
- ☐ vanish without trace (跡形もなく消える)

- ☐ estimate the loss at $~ (損失を~ドルと見積もる)

- ☐ fold a paper in half (新聞を2つに折る)
- ☐ with one's arms folded (腕組みして)

- ☐ mend a coat (上着を繕う)
- ☐ mend a friendship (友好関係を回復する)

- ☐ indicate the errors (間違いを指摘する)
- ☐ indicate a chair (いすを指さす)

Check 3 Sentence

- ☐ In old age, I am beginning to resemble my mother. (年を取って、私は母親に似てきた)

- ☐ A difficult problem emerged at the meeting. (難しい問題がその会議で浮かび上がった)

- ☐ I tried to persuade Ronald to see her. (私はロナルドを説得して彼女に会わせた)

- ☐ The deer vanished into the woods. (シカは森の中に消えた)

- ☐ I estimate that it will take three days to do this work. (この仕事は3日かかるだろうと私は見積もっている)

- ☐ She folded the paper and handed it to him. (彼女は新聞をたたむと、それを彼に手渡した)

- ☐ He mended his torn pants himself. (彼は破れたズボンを自分で直した)

- ☐ The study indicates a connection between poverty and violence. (その研究は貧困と暴力の関係を指摘している)

Day 43))) CD-B8
Quick Review
答えは左ページ下

- ☐ resist
- ☐ associate
- ☐ perceive
- ☐ consist
- ☐ deceive
- ☐ starve
- ☐ whisper
- ☐ conclude
- ☐ encounter
- ☐ heal
- ☐ launch
- ☐ proceed
- ☐ expand
- ☐ creep
- ☐ ban
- ☐ accuse

Day 45

Level 4 __ 動詞(Verb) 3

Check 1　Listen 》CD-B10

0705 unite /juːnáit/
- 動 **団結する**；～を団結させる；協力して～する（to do）
- 形 united（結合［連合］した；協力［団結］した）

0706 prolong /prəlɔ́ːŋ/
- 動 **～を延長する**、長引かせる

0707 accomplish /əkɑ́mpliʃ/
- 動 （仕事・計画など）**を成し遂げる**、遂行する（≒achieve）
- 名 accomplishment（業績、実績；完成、成就；技能）
- 形 accomplished（熟達した；［事実が］既定の）

0708 cheat /tʃíːt/
- 動 **不正**［カンニング、ごまかし］**をする**；～をだます、欺く（≒deceive）　名 詐欺師

0709 insult /insʌ́lt/
- 動 **～を侮辱する**、辱める　名（/ínsʌlt/）侮辱的言動
- 形 insulting（侮辱的な、無礼な）

0710 restrain /ristréin/
- 動 （感情・行動など）**を抑える**；～に（…するのを）やめさせる（from -ing）（≒prevent）；～を拘束する
- 形 restrained（控えめな、節度がある）

0711 shift /ʃíft/
- 動 （人・物・注意など）**を移す**、移動する（≒move）；（意見などが）変わる　名 移動、転換；交代、（交代制の）勤務時間

0712 assert /əsə́ːrt/
- 動 **～を断言する**；～を主張する（≒declare, maintain, protest）
- 名 assertion（主張、断言）
- 形 assertive（自己主張の強い；我の強い）

continued
▼

なかなか覚えられないときこそ「音読」を！
Check 2のフレーズ、Check 3の文を「声に出して」読めば、定着度も飛躍的にアップ！

- ☐ 聞くだけモード　Check 1
- ☐ しっかりモード　Check 1 ▶ 2
- ☐ かんぺきモード　Check 1 ▶ 2 ▶ 3

Check 2　Phrase

☐ unite against terrorism（テロに対抗して団結する）
☐ unite a country（国を団結させる）

☐ prolong one's stay（滞在を延長する）

☐ accomplish a purpose（目的を果たす）

☐ cheat on an examination（試験でカンニングをする）
☐ cheat consumers（消費者を欺く）

☐ insult each other（ののしり合う）

☐ restrain one's tears（涙をこらえる）
☐ restrain oneself from drinking（自制してお酒を飲まない）

☐ shift one's attention to ～（注意を～に移す）
☐ shift gears（ギアチェンジする）

☐ assert his innocence（彼が無罪だと断言する）
☐ assert one's rights（自分の権利を主張する）

Check 3　Sentence

☐ The opposition parties united to criticize the government.（野党は政府を批判するために団結した）

☐ His remarks prolonged the meeting.（彼の意見が会議を長引かせた）

☐ I couldn't accomplish all the goals I set for last year.（去年は自分で決めた目標をすべて達成することができなかった）

☐ Mr. Johnson caught me cheating on the math test.（数学のテストでカンニングをしていた私をジョンソン先生が捕まえた）

☐ I told him not to insult my friends.（私は彼に私の友人を侮辱しないようにと言った）

☐ I restrained my anger with difficulty.（私はやっとのことで怒りを抑えた）

☐ There was a need to shift more resources toward health care.（より多くの財源を医療に移す必要性があった）

☐ The shop owner asserted that Randy stole some goods from the shelf.（その店のオーナーはランディーが棚から商品を盗んだと言い張った）

continued ▼

Check 1　Listen))) CD-B10

0713 contrast /kəntrǽst/
動 (〜と) **対照を成す** (with 〜); 〜を (…と) 対比する (with ...) 名 (/kάntræst/) 対比、対照

0714 demonstrate /démənstrèit/ ❶アクセント注意
動 **〜を論証 [証明] する** (≒ prove); 〜を (実験などで) 説明する; 示威運動をする
名 demonstration (示威運動、デモ; [商品の] 実物宣伝)

0715 recall /rikɔ́:l/
動 **〜を思い出す** (≒ remember); (不良品など) を回収する; 〜を呼び戻す　名 回想; リコール; (欠陥商品の) 回収; 召還

0716 enclose /inklóuz/
動 **〜を** (…に) **同封する** (with [in] ...); 〜を取り囲む (≒ surround)
名 enclosure (囲われた土地; 包囲; 同封物)

0717 multiply /mʌ́ltəplài/
動 **〜を増やす**; 増える (≒ increase); 〜に (…を) 掛ける (by ...); 繁殖する
名 multiplication (掛け算、乗法; 増加、増大)

0718 extend /iksténd/
動 **〜を引き伸ばす**; 〜を延長する; 広がる、及ぶ (≒ spread)
名 extension (延長; [電話の] 内線; 拡大)、extent (範囲、程度、限度)
形 extensive (広範囲にわたる、詳しい; 大きい)

0719 imitate /ímətèit/ ❶アクセント注意
動 **〜をまねる**、〜の物まねをする (≒ mimic); 〜を見習う、手本にする (≒ copy)
名 imitation (模倣、まね; 模倣品、偽造品)

0720 endure /indjúər/
動 (苦痛・困難など) **に耐える**、耐え抜く (≒ bear、stand); (物・命が) 持ちこたえる
名 endurance (忍耐 [力]; 耐久性、持久力)

Day 44))) CD-B9
Quick Review
答えは右ページ下

- □ 〜を虐待する
- □ 〜を追い求める
- □ 〜を獲得する
- □ 〜を結合させる
- □ 邪魔をする
- □ じっと見つめる
- □ 競争する
- □ 低下する
- □ 〜に似ている
- □ 現れる
- □ 〜を説得する
- □ 消える
- □ 〜を見積もる
- □ 〜を折りたたむ
- □ 〜を直す
- □ 〜を指摘する

Check 2 Phrase

- contrast sharply with ~ (~と著しい対照を成す)

- demonstrate a physics principle (物理の原理を証明する)
- demonstrate against abortion (妊娠中絶に反対してデモをする)

- recall her name (彼女の名前を思い出す)
- recall the products (製品を回収する)

- enclose a check in an envelope (封筒に小切手を入れる)
- enclose a garden (庭に囲いをする)

- multiply wealth (富を増やす)
- multiply 3 by 4 (3に4を掛ける)

- extend a rope from tree to tree (木から木にロープを渡す)
- extend the deadline to ~ (締め切りを~まで延期する)

- imitate her voice (彼女の声色をまねる)
- imitate one's parents (両親を手本にする)

- endure pain (苦痛に耐える)
- endure tortures (拷問に耐える)

Check 3 Sentence

- The writer's happy personality contrasts with her dark novels. (その作家の明るい性格は彼女の暗い小説と対照的だ)

- The research demonstrates the link between poverty and crime. (その調査は貧困と犯罪の関係を証明している)

- I don't recall my first date because nothing happened. (何も起こらなかったので、私は初デートのことを思い出せない)

- I am enclosing some photos with this letter. (私はこの手紙の中に写真を何枚か同封するつもりだ)

- Germs multiply quickly in the heat. (細菌は暑さの中で急速に増殖する)

- The store will extend the sale until Saturday. (その店はセールを土曜日まで延ばすだろう)

- He can imitate any sound he hears. (彼は自分が耳にするどんな音でもまねることができる)

- I will endure any hardships. (私はどんな苦難にも耐え抜くつもりだ)

WEEK 1
WEEK 2
WEEK 3
WEEK 4
WEEK 5
WEEK 6
WEEK 7
WEEK 8
WEEK 9
WEEK 10

Day 44))) CD-B9
Quick Review
答えは左ページ下

- abuse
- pursue
- obtain
- combine
- interfere
- stare
- compete
- decline
- resemble
- emerge
- persuade
- vanish
- estimate
- fold
- mend
- indicate

Day 46

人物(Person) **1**

Check 1　　Listen ») CD-B11

□ 0721
jealous
/dʒéləs/
❶発音注意

形(〜を) **ねたんで**、嫉妬して (of 〜)（≒envious）;（〜を失うまいと）用心する、気を配る (of 〜)
名jealousy（ねたみ、嫉妬）
副jealously（ねたんで、嫉妬して）

□ 0722
ashamed
/əʃéimd/

形(〜を) **恥じて** (of [about] 〜)
名shame（残念なこと；恥ずかしさ）
形shameful（恥ずべき；けしからぬ）、shameless（恥知らずな）

□ 0723
frightened
/fráitnd/

形(〜に) **おびえた**、ぎょっとした (of 〜)（≒afraid）
動frighten（〜をぎょっとさせる）
形frightening（恐ろしい）

□ 0724
rude
/rúːd/

形(〜に) **無礼な**、失礼な (to 〜)（≒impolite）;突然の、激しい;未加工の
副rudely（無礼に；突然に）

□ 0725
tired
/táiərd/

形(〜で) **疲れた**(from 〜);（〜に）うんざりした、飽きた(of 〜)
動tire（〜を疲れさせる；[〜に] 飽きる [of 〜]）
形tireless（疲れない、根気強い）、tiresome（飽き飽きする、退屈な、うんざりする）

□ 0726
curious
/kjúəriəs/

形(〜について) **好奇心が強い** (about 〜);（〜に）せんさく好きな (about 〜);奇妙な、珍しい（≒odd）
名curiosity（好奇心；物好き；物珍しさ）
副curiously（物珍しそうに；奇妙にも）

□ 0727
grateful
/gréitfəl/

形(〜に／…のことで) **感謝して** (to 〜/for …);ありがたく思う（≒thankful）
動gratify（〜を満足させる）
名gratification（満足）
形gratifying（満足を与える、満足のゆく）

□ 0728
modest
/mádist/

形(〜に関して) **控えめな**、謙遜した (about 〜)（≒humble）;適度の
名modesty（控えめ、謙そん；節度）
副modestly（控えめに、謙そんして）

continued
▼

Level 4の学習はひとまず終えて、今週の残り4日間は「人物」と「社会」関連の語をマスターしよう。まずは、Check 1のチャンツからGo！

☐ 聞くだけモード　Check 1
☐ しっかりモード　Check 1 ▶ 2
☐ かんぺきモード　Check 1 ▶ 2 ▶ 3

Check 2　Phrase

☐ be jealous of his talent（彼の才能をねたんでいる）

☐ be ashamed of being fat（太っていることを恥じている）

☐ be frightened of being alone（1人になるのを怖がっている）
☐ a frightened cat（おびえたネコ）

☐ It is rude of ～ to do . . .（…するとは～に失礼だ）
☐ a rude shock（突然の激しいショック）

☐ be tired from work（仕事で疲れている）
☐ be tired of waiting（待ちくたびれている）

☐ be curious about everything（何にでも興味がある）
☐ a curious sight（不思議な光景）

☐ be deeply grateful for ～（～に深く感謝している）

☐ be modest about one's success（自分の成功を鼻にかけない）
☐ a modest price（あまり高くない値段）

Check 3　Sentence

☐ He is jealous of my success.（彼は私の成功をねたんでいる）

☐ I'm ashamed of my lack of knowledge.（私は自分の知識不足が恥ずかしい）

☐ The frightened children started crying.（おびえた子どもたちは泣きだした）

☐ The waiter is so rude I'm going to complain to the manager.（そのウエーターはあまりにも無礼なので、私は支配人に文句を言うつもりだ）

☐ I'm tired from the long mountain climb.（私は長い山登りで疲れている）

☐ He is curious about his daughter's activities.（彼は娘の行動を知りたがっている）

☐ I'm grateful for your help.（私はあなたの助力に感謝している）

☐ He was modest in spite of all the honors he won.（あれほどの称賛を受けているにもかかわらず、彼は謙虚だった）

continued
▼

Day 46

Check 1　Listen 》CD-B11

0729 offended /əféndid/
- 形（～に）**腹を立てて**、立腹して（at [by] ～）
- 動 offend（～の感情を害する；罪を犯す）
- 名 offense（違法行為、犯罪）
- 形 offensive（嫌な、不快な）

0730 nervous /nə́ːrvəs/
- 形（～が）**心配な**（about ～）；緊張して；神経質な
- 名 nerve（勇気；神経；[～s] 神経質）
- 副 nervously（神経質に、いらいらして）

0731 brave /bréiv/
- 形 **勇敢な**、勇ましい（≒ courageous）；立派な、素晴らしい
- 名 bravery（勇敢な精神 [行為、態度]；勇気）
- 副 bravely（勇敢に、勇ましく）

0732 absorbed /əbzɔ́ːrbd/
- 形（～に）**熱中して**、没頭して（in ～）
- 動 absorb（～を吸い込む、吸収する；～を […に] 熱中させる [in ...]）
- 名 absorption（吸収；統合；熱中）
- 形 absorbing（非常に面白い）

0733 serious /síəriəs/
- 形（～に対して）**本気の**（about ～）；（事態・病気などが）危険な、重大な（≒ grave）；まじめな
- 名 seriousness（まじめさ；深刻さ）
- 副 seriously（まじめに、本気で；深刻に；冗談は抜きにして）

0734 generous /dʒénərəs/
- 形（～に）**気前のよい**（with ～）（⇔ stingy [けちな]）；（～に対して）寛大な（to ～）；（物などが）豊富な
- 名 generosity（物惜しみしないこと、気前のよさ、寛大）
- 副 generously（気前よく；寛大にも）

0735 nasty /næsti/
- 形（～に対して）**意地悪な**（to ～）；不快な（≒ unpleasant）；（傷などが）ひどい
- 副 nastily（意地悪く；不快に）

0736 shy /ʃái/
- 形 **恥ずかしがりの**、内気の（≒ timid）；（～に）用心深い（of [about] ～）
- 動（馬が）後ずさりする；（人が）尻込みする（+ away）
- 名 shyness（内気；はにかみ）
- 副 shyly（恥ずかしがって、はにかんで）

Day 45 》CD-B10　Quick Review　答えは右ページ下

- □ 団結する
- □ ～を延長する
- □ ～を成し遂げる
- □ 不正をする
- □ ～を侮辱する
- □ ～を抑える
- □ ～を移す
- □ ～を断言する
- □ 対照を成す
- □ ～を論証する
- □ ～を思い出す
- □ ～を同封する
- □ ～を増やす
- □ ～を引き伸ばす
- □ ～をまねる
- □ ～に耐える

Check 2 Phrase

- I'm sorry if you are offended. (お気に障ったらお許しください)

- be nervous about the consequences (結果を心配している)
- (as) nervous as a cat (そわそわして)

- It is brave of ~ to do ... (…するとは~は勇気がある)
- a brave act (勇敢な行動)

- be absorbed in reading a book (読書に夢中になっている)

- be serious about changing one's job (転職を本気で考えている)
- a serious wound (重傷)

- a generous donor (気前のいい寄贈者)
- be generous to one's friends (友人に対して寛大である)

- a nasty rumor (悪意のあるうわさ)
- a nasty cut on the head (頭部のひどい傷)

- be shy of strangers (人見知りをする)
- a shy smile (はにかんだ笑み)

Check 3 Sentence

- She was offended by his dirty jokes. (彼女は彼のいやらしい冗談に腹を立てていた)

- You shouldn't be nervous when giving a presentation. (発表をするときには緊張しないほうがいい)

- A brave man saved the boy. (ある勇敢な人がその少年を救った)

- He was absorbed in conversation with her. (彼は彼女との会話に夢中になっていた)

- I'm serious about losing weight. (私は減量に本気になっている)

- She is a generous person who is always giving people gifts. (彼女はいつも人に贈り物をあげる気前のよい人物だ)

- Pamela was nasty to Tommy. (パメラはトミーに対して意地悪だ)

- He's so shy that he won't even speak. (彼はとても内気で、話そうとさえしない)

Day 45))) CD-B10
Quick Review
答えは左ページ下

- unite
- prolong
- accomplish
- cheat
- insult
- restrain
- shift
- assert
- contrast
- demonstrate
- recall
- enclose
- multiply
- extend
- imitate
- endure

WEEK 1
WEEK 2
WEEK 3
WEEK 4
WEEK 5
WEEK 6
WEEK 7
WEEK 8
WEEK 9
WEEK 10

Day 47

人物 (Person) 2

Check 1　Listen 》CD-B12

0737 gentle /dʒéntl/
- 形 (〜に対して) **優しい**、親切な (with 〜)；(音・風などが) 穏やかな、静かな
- 名 gentleman (紳士)、gentry (紳士階級 [の人々])
- 副 gently (親切に、優しく；静かに、穏やかに)

0738 sensible /sénsəbl/
- 形 **分別がある**、賢明な；(衣服・靴などが) 適当な、目的にかなった (≒ practical)
- 名 sense (感覚；判断力；意味)
- 形 senseless (無意味な；意識を失った)、sensitive (敏感な)

0739 capable /kéipəbl/
- 形 (〜の) **能力がある** (of 〜)；有能な；(〜を) しかねない (of 〜)
- 名 capability (能力、才能)、capacity (収容能力、定員；[潜在的な] 能力)

0740 scared /skéərd/
- 形 (〜に) **怖がった**、おびえた、びっくりした (of 〜)
- 動 scare (〜を怖がらせる；怖がる)
- 形 scary (恐ろしい、怖い)

0741 lazy /léizi/
- 形 **怠惰な**、仕事嫌いの (≒ idle)；(時が) だるい、眠気を誘う；動きののろい
- 名 laziness (怠惰、無精)
- 副 lazily (怠けて；ゆっくりと；くつろいで)

0742 polite /pəláit/
- 形 (〜に) **丁寧な**、礼儀正しい (to 〜) (⇔ impolite, rude)
- 副 politely (丁寧に、礼儀正しく、上品に)

0743 eager /íːgər/
- 形 (〜に) **熱心な** (in 〜)；(〜を) 熱望 [切望] して (for 〜)；〜したいと思う (to do) (≒ keen)
- 名 eagerness (熱意、熱心さ)
- 副 eagerly (熱望して；熱心に)

0744 anxious /ǽŋkʃəs/
❶発音注意
- 形 (〜を) **心配して** (about [for] 〜) (≒ concerned)；(〜を) 切望して (for 〜) (≒ eager)
- 名 anxiety (不安、心配、懸念)
- 副 anxiously (心配して、心配そうに)

continued
▼

「人物」関連の語彙は、人の様子を表す語が満載。自分や友達に当てはめて覚えよう。意地悪な (nasty) にあの子に、キミは立腹 (offended) とか？

☐ 聞くだけモード　Check 1
☐ しっかりモード　Check 1 ▶ 2
☐ かんぺきモード　Check 1 ▶ 2 ▶ 3

Check 2　Phrase

☐ be gentle with children（子どもに優しい）
☐ a gentle voice（物静かな声）

☐ a sensible idea（分別のある考え）
☐ It is sensible of ~ to do ...（…するとは~は賢明だ）

☐ be capable of learning from experience（経験から学ぶ能力がある）
☐ a capable teacher（有能な教師）

☐ be scared of snakes（ヘビを怖がっている）
☐ Are you scared?（怖いの？）

☐ a lazy student（怠惰な生徒）
☐ a lazy afternoon（気だるい午後）

☐ a polite clerk（礼儀正しい店員）
☐ a polite letter（丁寧な手紙）

☐ be eager to learn（勉強熱心である）
☐ be eager for success（成功したがっている）

☐ be anxious about [for] his health（彼の健康を心配している）

Check 3　Sentence

☐ Her husband is a very gentle person.（彼女の夫はとても優しい人だ）

☐ He is a very sensible person.（彼は非常に分別のある人物だ）

☐ He is a very capable statesman.（彼はとても有能な政治家だ）

☐ I'm scared of heights.（私は高い所が怖い）

☐ He is too lazy to do any homework.（彼はとても怠惰で宿題をしない）

☐ Helen is polite and friendly to everyone.（ヘレンは誰にも礼儀正しくて親切だ）

☐ I'm very eager to meet your friends.（私はあなたの友人たちにとても会いたいと思っている）

☐ She's always anxious when she meets new people.（彼女は新しい人と会うときにいつも不安になる）

continued
▼

WEEK 1
WEEK 2
WEEK 3
WEEK 4
WEEK 5
WEEK 6
WEEK 7
WEEK 8
WEEK 9
WEEK 10

Day 47

Check 1　Listen))) CD-B12

0745 selfish
/sélfiʃ/

形 **利己的な**、自分本位の、わがままな
副 selfishly（自分本位に、利己的に）

0746 humble
/hʌ́mbl/

形 **謙虚な**、謙そんした（≒modest）；地位［身分］が低い、卑しい
名 humility（謙そん、謙虚）
副 humbly（謙虚に；卑しく）

0747 bold
/bóuld/
[類音] bald（はげた /bɔ́ːld/）

形 **大胆な**、勇気のある（≒brave）；（色彩などが）はっきりした、目立つ
名 boldness（大胆さ；厚かましさ）
副 boldly（大胆に；厚かましく；はっきりと）

0748 upset
/ʌpsét/

形 （～に）**取り乱している**、うろたえている（about [over] ～）
動 （人）の気を動転させる；（胃・消化）の調子を狂わせる；（計画など）を狂わせる　名 番狂わせ

0749 enthusiastic
/inθùːziǽstik/

形 **熱狂的な**（≒excited）；（～に）夢中で、熱中して（about ～）
名 enthusiasm（熱中、熱狂）、enthusiast（熱中している人、～狂、～ファン）
副 enthusiastically（熱狂的に、熱心に）

0750 intelligent
/intélədʒənt/

形 **頭のよい**、聡明な；知能の高い；知性［理解力］のある（≒bright、clever、smart）
名 intelligence（知能、知力；情報；情報部）
形 intelligible（理解しやすい、分かりやすい）
副 intelligently（聡明に）

0751 mad
/mǽd/
[類音] mud（沼 /mʌ́d/）

形 （～に／…のことで）**怒って**、頭にきて（at ～ / about …）（≒angry）；無我夢中の
名 madness（狂気；気違いじみた行動）
副 madly（狂ったかのように；猛烈に）

0752 patient
/péiʃənt/
❶発音注意

形 （～に）**辛抱強い**、忍耐強い（with ～）（⇔impatient）
名 （医者にかかっている）患者、病人
名 patience（辛抱強さ、忍耐力）
副 patiently（根気強く、気長に）

Day 46))) CD-B11　Quick Review
答えは右ページ下

- ☐ ねたんで
- ☐ 恥じて
- ☐ おびえた
- ☐ 無礼な
- ☐ 疲れた
- ☐ 好奇心が強い
- ☐ 感謝して
- ☐ 控えめな
- ☐ 腹を立てて
- ☐ 心配な
- ☐ 勇敢な
- ☐ 熱中して
- ☐ 本気の
- ☐ 気前のよい
- ☐ 意地悪な
- ☐ 恥ずかしがりの

Check 2　Phrase

- a selfish person（身勝手な人）
- Don't be selfish!（勝手なことばかり言うな！）

- a humble attitude（謙虚な態度）
- be humble about one's talents（自分の才能に謙虚である）

- It is bold of ~ to do ...（…するとは〜は大胆だ）

- be upset about his remarks（彼の言葉に取り乱している）

- an enthusiastic audience（熱狂的な聴衆）
- be enthusiastic about one's job（仕事に夢中になっている）

- an intelligent person（聡明な人）

- be mad at oneself（自分に腹を立てている）

- be patient with others（他者に対して寛大である）

Check 3　Sentence

- She's so selfish that she never shares anything.（彼女はとても自分本位で、決して物を分け合おうとしない）

- She was so humble that she didn't like talking about herself.（彼女はとても謙虚だったので、自分のことを話すのが好きではなかった）

- He was a bold leader.（彼は勇気のある指導者だった）

- She was so upset that she started crying.（彼女はとても取り乱していて、泣き始めた）

- We were not enthusiastic about the new governor and his policies.（私たちは新知事と彼の政策を熱心に支持していなかった）

- I was surprised by how intelligent the boy was.（私はその少年がいかに頭がいいかに驚いた）

- She's really mad at me.（彼女は私に本当に怒っている）

- Please be patient and wait for your turn.（どうか我慢して自分の番をお待ちください）

WEEK 1
WEEK 2
WEEK 3
WEEK 4
WEEK 5
WEEK 6
WEEK 7
WEEK 8
WEEK 9
WEEK 10

Day 46 》CD-B11
Quick Review
答えは左ページ下

- jealous
- ashamed
- frightened
- rude
- tired
- curious
- grateful
- modest
- offended
- nervous
- brave
- absorbed
- serious
- generous
- nasty
- shy

Day 48

社会(Society) **1**

Check 1　Listen 》CD-B13

0753
broadcast
/brɔ́ːdkæst/
[活用] broadcast/broadcasted - broadcast/broadcasted

動 (番組)**を放送する**；～を言いふらす、広める　名 放送番組
名 broadcaster (アナウンサー、[テレビ・ラジオの] 出演者)、broadcasting (放送[業])

0754
jail
/dʒéil/

名 **拘置所**；留置所；刑務所 (≒ prison)　動 ～を拘置[投獄]する

0755
population
/pɑ̀pjuléiʃən/

名 **人口**、住民数；(一定地域の) 全住民
動 populate (～に住む)
形 populous (人口の多い、人口密度の高い)

0756
sin
/sín/

名 (宗教・道徳上の) **罪**、罪悪；違反、過失　⊕法律上の「罪」はcrime　動 (～に対して)罪を犯す (against ～)
形 sinful (罪深い、邪悪な；恥ずべき)

0757
court
/kɔ́ːrt/
❶発音注意

名 **裁判所**、法廷；裁判官；(テニスなどの) コート；宮廷　動 ～の機嫌をとる；(災難など) を自ら招く
名 courtesy (礼儀正しいこと；丁寧な言葉)
形 courteous (礼儀正しい、丁寧な)

0758
career
/kəríər/
❶アクセント注意

名 (生涯の、または専門的な) **職業**；経歴、履歴　形 専門職の、職業的な

0759
religion
/rilídʒən/

名 **宗教**；宗派
形 religious (宗教に関する、宗教[上]の；信心深い、敬けんな [⇔irreligious])

0760
trial
/tráiəl/

名 **裁判**、審理；(性能などについて) 試すこと、試験
動 try (～を試みる)

continued
▼

今週の最後の2日間は「社会」関連の語彙をチェック。「社会」関連の入試問題では頻出のものばかりなので、しっかりとチェック！

☐ 聞くだけモード Check 1
☐ しっかりモード Check 1 ▶ 2
☐ かんぺきモード Check 1 ▶ 2 ▶ 3

WEEK 1
WEEK 2
WEEK 3
WEEK 4
WEEK 5
WEEK 6
WEEK 7
WEEK 8
WEEK 9
WEEK 10

Check 2　Phrase

☐ **broadcast** ～ **live**（～を生放送する）

☐ **put** ～ **in jail**（～を拘置する）
☐ **be sent to jail**（刑務所に送られる）

☐ **a large [small] population**（多い[少ない]人口）

☐ **commit a sin**（罪を犯す）

☐ **the Supreme Court**（最高裁判所）
☐ **appear in court**（出廷する）

☐ **a career in business**（ビジネスの経歴）

☐ **freedom of religion**（信教の自由）

☐ **bring ～ to trial**（～を裁判にかける）
☐ **conduct a clinical trial**（臨床試験を行う）

Check 3　Sentence

☐ **Channel 3 broadcasts the evening news in English on Mondays.**（3チャンネルは毎週月曜日、夜のニュースを英語で放送している）

☐ **He was sent to jail for 20 years.**（彼は20年間の刑務所送りとなった）

☐ **The population of the world is growing every year.**（世界の人口は毎年増加している）

☐ **Nancy confessed her sins to the priest.**（ナンシーは牧師に罪を告白した）

☐ **The court will decide the matter.**（裁判所はその事件に判決を下すだろう）

☐ **He had a long career in the IT industry.**（彼はIT業界での長いキャリアがあった）

☐ **He didn't believe in religion and never went to church.**（彼は宗教を信じていなかったので、決して教会に行かなかった）

☐ **The suspect is on trial.**（その容疑者は裁判中である）

continued
▼

Day 48

Check 1 Listen))) CD-B13

0761
justice /dʒʌ́stis/
- 名 **司法**、裁判；公正；正義（⇔injustice）
- 動 justify（〜を正しいとする、弁明する）
- 名 justification（正当化；弁明）
- 形 justifiable（正当と認められる）

0762
union /júːnjən/
- 名 **労働組合**、組合；(国家などの) 併合、連合；連邦
- 動 unite（団結する；〜を団結させる）
- 形 united（結合 [連合] した；協力 [団結] した）

0763
funeral /fjúːnərəl/
- 名 **葬式**、葬儀、告別式

0764
community /kəmjúːnəti/
❗アクセント注意
- 名 **地域社会** [共同体]；地域社会 [共同体] の人々；(共通の利害などを持つ人の) 社会（≒society）

0765
slave /sléiv/
- 名 **奴隷**；(欲望・仕事などに) 捕らわれている人（to 〜） 動 (奴隷のように) あくせく働く（+away）
- 名 slavery（奴隷制度；奴隷の境遇 [身分]）

0766
pollution /pəlúːʃən/
- 名 **汚染**、公害（≒contamination）；汚染物質
- 動 pollute（〜を汚染する、汚す；〜を [道徳的に] 堕落させる）
- 名 pollutant（汚染物質）

0767
legislation /lèdʒisléiʃən/
- 名 (制定された) **法律**；立法行為、法律制定
- 名 legislature（立法府）
- 形 legal（合法の）、legislative（立法上の；法律による）

0768
charity /tʃǽrəti/
- 名 **慈善団体** [施設]；義援金、施し物；慈悲心、思いやり
- 形 charitable（慈善のための；寛大な、慈悲深い）

Day 47))) CD-B12
Quick Review
答えは右ページ下

- □ 優しい
- □ 分別がある
- □ 能力がある
- □ 怖がった
- □ 怠惰な
- □ 丁寧な
- □ 熱心な
- □ 心配して
- □ 利己的な
- □ 謙虚な
- □ 大胆な
- □ 取り乱している
- □ 熱狂的な
- □ 頭のよい
- □ 怒って
- □ 辛抱強い

Check 2　Phrase

- ☐ a court of justice (法廷)
- ☐ treat ～ with justice (～を公平に扱う)

- ☐ join a union (労働組合に加入する)
- ☐ the union of two states (2国の連合)

- ☐ hold a funeral (葬儀を行う)
- ☐ a state funeral (国葬)

- ☐ sense of community (共同体意識)
- ☐ the political [academic] community (政界 [学会])

- ☐ a slave rebellion (奴隷の反乱)

- ☐ air pollution (大気汚染)

- ☐ civil rights legislation (公民権法)
- ☐ the power of legislation (立法権)

- ☐ give to charity (慈善を行う)
- ☐ show charity (思いやりを示す)

Check 3　Sentence

- ☐ The government has been trying to reform the justice system. (政府は司法制度を改革しようと続けている)

- ☐ The number of union members has fallen dramatically. (労働組合員数は急激に減ってきている)

- ☐ Over 1,000 people attended the actor's funeral. (1000人以上の人々がその俳優の葬儀に参列した)

- ☐ I live in a very safe community. (私は非常に安全な地域に住んでいる)

- ☐ The problem of child slave labor is intolerable. (子ども奴隷労働の問題には我慢できない)

- ☐ Water pollution has reduced the number of fish in the river. (水質汚染がその川の魚の数を減らしている)

- ☐ Legislation against smoking is increasing in many states. (喫煙に反対する法律が、多くの州で増えている)

- ☐ He donated $10,000 to that charity. (彼は1万ドルをその慈善団体に寄付した)

WEEK 1
WEEK 2
WEEK 3
WEEK 4
WEEK 5
WEEK 6
WEEK 7
WEEK 8
WEEK 9
WEEK 10

Day 47))) CD-B12
Quick Review
答えは左ページ下

- ☐ gentle
- ☐ sensible
- ☐ capable
- ☐ scared
- ☐ lazy
- ☐ polite
- ☐ eager
- ☐ anxious
- ☐ selfish
- ☐ humble
- ☐ bold
- ☐ upset
- ☐ enthusiastic
- ☐ intelligent
- ☐ mad
- ☐ patient

Day 49

社会(Society) 2

Check 1　　Listen)) CD-B14

0769 region /ríːdʒən/
- 名 **地域**、地方；(体の) 部位、部分 (≒ part)
- 形 regional (地域 [地方] の)

0770 border /bɔ́ːrdər/
- 名 **国境**(線)、境界(線) (≒ boundary)；へり、縁　動 ~に接する、隣り合う；~と境界線を成す；(~と) 接する (on ~)
- 名 borderline (境界 [部分]；国境 [地方])
- 形 borderline (不明確な、際どい)

0771 traffic /trǽfik/
- 名 **交通**(量)、往来；輸送(量)；商売、取引　動 (~の) 密売買をする (in ~)

0772 household /háushòuld/
- 名 **世帯**、家庭；家族　形 家族 [家庭] の、家庭用の

0773 resident /rézədənt/
- 名 **居住者**、在住者　形 居住 [駐在] している；専任の
- 動 reside ([~に] 住む [in ⟨at⟩ ~]；[~に] ある [in ⟨with⟩ ~])
- 名 residence (住宅、邸宅)
- 形 residential (住宅の；居住の)

0774 victim /víktim/
- 名 **犠牲者**、被害者、被災者
- 動 victimize (~を不当に処罰 [迫害] する；~を犠牲にする)

0775 crime /kráim/ [類音] climb (~に登る /kláim/)
- 名 **犯罪**、罪；(一般に) 罪悪、悪事　⊕ 宗教・道徳上の「罪」は sin
- 名 criminal (犯罪者、犯人、罪人)
- 形 criminal (犯罪の；刑事上の；けしからぬ)

0776 tribe /tráib/
- 名 **部族**、種族；(分類上の) 族、類　⊕「人種、民族」は race
- 形 tribal (部族の、種族の)

continued
▼

今日はWeek 7の最終日。まずはCheck 1のチャンツ、時間に余裕がある人はCheck 2と3にも取り組んで、社会関連語彙を完ぺきにしよう！

- ☐ 聞くだけモード　Check 1
- ☐ しっかりモード　Check 1 ▶ 2
- ☐ かんぺきモード　Check 1 ▶ 2 ▶ 3

Check 2　Phrase

☐ a tropical region（熱帯地方）
☐ the abdominal region（腹部）

☐ over the border（国境を越えて）
☐ a border army（国境警備軍）

☐ a traffic accident（交通事故）
☐ railroad traffic（鉄道運送）

☐ a large household（大所帯）
☐ household goods（家財）

☐ foreign residents（在留外国人）
☐ a resident student（[通学生に対して] 寄宿生）

☐ victims of war（戦争犠牲者）
☐ earthquake victims（地震の被災者）

☐ the crime rate（犯罪発生率）
☐ the scene of the crime（犯行現場）

☐ a nomadic tribe（遊牧民）

Check 3　Sentence

☐ That region is much warmer than here.（あの地方はここよりもずいぶん暖かい）

☐ The border between Canada and the U.S. is very long.（カナダとアメリカ間の国境線は非常に長い）

☐ There was a lot of traffic this morning.（今朝は交通量がとても多かった）

☐ There are many single-parent households in the U.S.（アメリカには多くのひとり親家庭がある）

☐ My grandmother is a resident of that apartment building.（私の祖母はあのアパートの居住者だ）

☐ The victim of the kidnapping was a 20-year-old woman.（その誘拐事件の犠牲者は20歳の女性だった）

☐ Crime has been increasing over the last five years.（犯罪はこの5年間、増加している）

☐ Many Native American tribes were wiped out by the white man.（多くのアメリカインディアンの部族は白人によって一掃された）

continued
▼

Day 49

Check 1 Listen)) CD-B14

0777
prison
/prízn/
- 名 **刑務所**、監獄（≒jail）；投獄、監禁
- 名 prisoner（囚人；捕虜）

0778
judge
/dʒʌ́dʒ/
- 名 **裁判官**、判事；審査員、審判員（≒umpire） 動 ～を判断［批評、評価］する；～を判定する；～に判決を下す
- 名 judgment（判断、判定；判断力、分別；判決）

0779
environment
/inváiərənmənt/
❶アクセント注意
- 名 (the ～) **自然環境**；環境、周囲の状況（≒surroundings）
- 名 environmentalist（環境保護論者）
- 形 environmental（環境［上］の、周囲の）

0780
revolution
/rèvəlúːʃən/
- 名 (思想・技術などの) **革命**、大変革；(政治的) 革命；回転
- 動 revolutionize（～に革命をもたらす）、revolve（回転する；～を回転させる）
- 形 revolutionary（革命的な；革命の）

0781
guilty
/gílti/
- 形 (～で) **有罪の**（of ～）、罪を犯した（⇔innocent）；(～のことで) 罪の意識がある（about ～）；(～の) 責任がある（of ～）
- 名 guilt（罪悪感、自責；有罪；罪、犯罪［⇔innocence］）
- 形 guiltless（潔白な、罪のない［≒innocent］）

0782
legal
/líːgəl/
- 形 **合法の**、法律で認められた（⇔illegal）；法律の、法律に関する
- 名 legislation（法律；立法行為）、legislature（立法府）
- 形 legislative（立法上の；法律による）

0783
global
/glóubəl/
- 形 **世界的な**、全世界の（≒worldwide）；地球上の；包括的な、全体的な
- 名 globe（[通例the ～] 地球；地球儀；球体）

0784
innocent
/ínəsənt/
❶アクセント注意
- 形 **無罪の**、潔白な（⇔guilty）；罪のない；悪気のない；無邪気な
- 名 無邪気な人
- 名 innocence（無罪、潔白［⇔guilt］；無邪気；無知）

Day 48)) CD-B13
Quick Review
答えは右ページ下
- □ ～を放送する
- □ 拘置所
- □ 人口
- □ 罪
- □ 裁判所
- □ 職業
- □ 宗教
- □ 裁判
- □ 司法
- □ 労働組合
- □ 葬式
- □ 地域社会
- □ 奴隷
- □ 汚染
- □ 法律
- □ 慈善団体

Check 2 Phrase

- be in prison (刑務所に入っている)
- send ~ to prison (~を投獄する)

- (as) sober as a judge (とても厳粛な)
- the presiding judge (裁判長)

- preserve the environment (環境を保護する)
- changes in the environment (環境の変化)

- the Industrial Revolution (産業革命)
- a bloodless revolution (無血革命)

- be guilty of fraud (詐欺罪を犯している)
- a guilty verdict (有罪評決)

- a legal speed limit (法定速度)
- legal knowledge (法律に関する知識)

- global issues (地球規模の問題)
- a global problem (世界的な問題)

- innocent victims (罪のない犠牲者)
- be innocent of ~ (~の罪を犯していない)

Check 3 Sentence

- She spent 10 years in prison. (彼女は10年間、刑務所で過ごした)

- The judge decided she did it. (裁判官は彼女がそれをやったと判断した)

- Protecting the environment is key to protecting our future. (自然環境を保護することは、私たちの未来を守ることのかぎである)

- The Russian Revolution happened in 1917. (ロシア革命は1917年に起こった)

- The judge found him guilty on all charges. (裁判官はすべての告訴において彼を有罪とした)

- The president said that this war was legal. (大統領はこの戦争は合法なものだと言った)

- We will introduce this product to the global market. (私たちはこの製品を世界市場に紹介するつもりだ)

- The jury found her innocent of child abuse. (陪審員団は彼女を幼児虐待の罪を犯していないと評決した)

Day 48))) CD-B13
Quick Review
答えは左ページ下

- broadcast
- jail
- population
- sin
- court
- career
- religion
- trial
- justice
- union
- funeral
- community
- slave
- pollution
- legislation
- charity

WEEK 1
WEEK 2
WEEK 3
WEEK 4
WEEK 5
WEEK 6
WEEK 7
WEEK 8
WEEK 9
WEEK 10

Week 7 Review

今週学習した語彙の定着度をチェック！ 下の英文と右ページの訳を読みながら、赤字部分の単語がしっかりと身についているかを確認しよう。意味が分からないときは、見出し語番号を参照して学習日の語彙を復習しておこう。

There are many bad types of behavior, such as being rude (0724), jealous (0721), selfish (0745), lazy (0741), and nasty (0735). Every person is capable (0739) of these ways of behaving. Throughout history, humankind has tried to resist (0673) sins (0756) and prevent crimes (0775) through religion (0759) and justice (0761). This could be called "the scared (0740) path of society." In fact, the United Nations concluded (0680) that the high jail (0754) populations (0755) indicate (0704) a serious (0733) decline (0696) in the justice (0761) systems of G8 countries.

Further examples of rich countries' fear is their inability to agree to legislation (0767) that will stop pollution (0766), the global (0783) slave (0765) trade, and famine in certain regions (0769). If only it were possible for people to endure (0720) short-term difficulty and combine (0692) their many good ways of behaving, such as being sensible (0738), brave (0731), generous (0734), humble (0746), polite (0742), and patient (0752). It would be unrealistic to say that a society can be free of victims (0774) or abuse (0689). Yet if our society should pursue (0690) these good qualities, communities (0764) could live with greater charity (0768) and in unity.

☐ G8：先進8カ国（米国、英国、ドイツ、フランス、日本、カナダ、イタリア、ロシア）
☐ inability：〜できないこと（to do）、無能、無力　☐ famine：飢餓　☐ short-term：比較的短期間の　☐ unrealistic：非現実的な　☐ unity：調和

＊赤字の右上の数字は、その単語の見出し番号を表しています。和文の訳は、見出し語の第1定義ではない場合があります。また、訳中の見出し語訳は、文脈に沿って訳しているため、見出し語の定義と異なることがあります。

無礼、ねたみ、自分本位、怠惰、そして意地悪といった多くの悪い行動のタイプがあります。すべての人は、こうした行動をしかねません。歴史を通じて、人類は宗教や司法によって、(道徳上の)罪に抵抗したり、犯罪を防いだりしようとしてきました。これは、「社会のおびえた道のり」と呼ばれるかもしれません。実際、刑務所の収容人数の多さはG8各国の司法制度の重大な衰えを示すものであると国連は結論づけました。

豊かな国が抱える恐怖のさらに深刻な例は、汚染、世界的な奴隷の取引、そしていくつかの地域における飢餓を食い止めようとする法律に同意できないでいることです。もし人々が短期間の困難に耐え、分別、勇敢、寛大、謙虚、丁寧、そして辛抱といったよき態度を結合させることができたならば(どんなにいいことでしょう)。社会は犠牲者や虐待のないものになり得ると言うことは非現実的かもしれません。しかし、もし私たちの社会がこうしたよい特質を追い求めるならば、地域社会は大いなる慈悲心を持ち、調和の中で生きていくことができるでしょう。

WEEK 8

Week 7に続き、Week 8でも4000語レベルの動詞をまずはマスター。週の後半には、科学、政治など、入試に頻出の分野別語彙も登場します。あと3週、焦らず慌てずにゴールを目指しましょう。

Day 50 【Level 4_動詞 4】
▶ 236
Day 51 【Level 4_動詞 5】
▶ 240
Day 52 【Level 4_動詞 6】
▶ 244
Day 53 【Level 4_動詞 7】
▶ 248
Day 54 【科学 1】
▶ 252
Day 55 【科学 2】
▶ 256
Day 56 【政治 1】
▶ 260

Week 8 Review
▶ 264

英語でコレ言える?
Can you say this in English?

カッコに入る語が分かったら、あなたは4000語レベル?!

▼

もう! 彼のこと殴り倒してやりたいわ!!
Oh! I really want to beat him up!!

おい、落ち着けよ。2人の間で何が起きたんだい?
Hey, calm down. What happened between you?

彼ったら、私の親友とデートして私を裏切ったのよ!
He (　　　) me by dating my best friend!

▼

答えはDay 51でチェック!

| WEEK 1 | WEEK 2 | WEEK 3 | WEEK 4 | WEEK 5 | WEEK 6 | WEEK 7 | **WEEK 8** | WEEK 9 | WEEK 10 |

Day 50

★★★★
Level 4＿動詞(Verb) **4**

Check 1　　Listen ») CD-B15

☐ 0785
preserve
/prizə́ːrv/

> 動 **〜を保護**[保存]**する**（≒ protect）；（食料など）を保存加工する　名（生物・森林などの）保護区；砂糖煮、ジャム
> 名 preservation（保護、保存）、preservative（防腐剤）

☐ 0786
adapt
/ədǽpt/
[類音] adopt（〜を採用する /ədɑ́pt/）

> 動 **〜を**（…に合うように）**改造する**（for ...）；〜を（…するように）変更する（to do）；（〜に）順応する（to 〜）
> 名 adaptation（改作；脚色；適応）
> 形 adaptable（順応できる；適応できる）

☐ 0787
collapse
/kəlǽps/

> 動（建物などが）**崩壊する**（≒ fall down）；卒倒する；（事業などが）つぶれる（≒ fail）　名 崩壊；（計画などの）失敗

☐ 0788
inherit
/inhérit/

> 動（財産など）**を**（…から）**相続する**（from ...）；（性質など）を受け継ぐ
> 名 inheritance（相続、相続財産）
> 形 inherent（[性質などが]本来備わっている、生まれつきの）

☐ 0789
debate
/dibéit/

> 動 **〜を議論する**、討論する（≒ discuss）；（〜について）議論する（on [about] 〜）；〜を熟慮する、思案する　名 議論、討論
> 形 debatable（議論の余地のある）

☐ 0790
enable
/inéibl/
[類音] unable（〜できない /ʌnéibl/）

> 動 **〜に…できるようにする**（to do）；〜を可能にする

☐ 0791
fade
/féid/

> 動（力・健康などが）**衰える**、失われる；（色・音などが）薄れる

☐ 0792
organize
/ɔ́ːrgənàiz/

> 動（旅行・催しなど）**を計画**[準備]**する**；〜を組織する；〜を系統立てる
> 名 organization（組織体；団体、協会；計画；組織化）
> 形 organized（うまく計画された；有能な；組織化された）

continued
▼

『キクタンBasic』も残すところあと3週間。Week 8初日の今日は、先週に続きLevel 4 (4000語レベル) の動詞からスタート！

- ☐ 聞くだけモード　Check 1
- ☐ しっかりモード　Check 1 ▶ 2
- ☐ かんぺきモード　Check 1 ▶ 2 ▶ 3

Check 2　Phrase

☐ preserve a country's heritage (国の文化遺産を守る)
☐ preserve food (食料を保存する)

☐ adapt the novel for the screen (小説を映画化する)
☐ adapt to a new environment (新しい環境に慣れる)

☐ collapse due to the [an] earthquake (地震で崩壊する)
☐ collapse from a heart attack (心臓発作で倒れる)

☐ inherit a property (財産を相続する)

☐ debate a question (問題を議論する)
☐ debate whether to go or stay (行くかとどまるか熟考する)

☐ enable students to choose subjects (生徒に科目を選べるようにする)

☐ fade with age (年齢とともに衰える)
☐ fading eyesight (衰えていく視力)

☐ organize a picnic (ピクニックを計画する)
☐ organize a club (クラブを結成する)

Check 3　Sentence

☐ She preserved the flowers by pressing them between pages of a book. (彼女は花々を本のページの間に押しはさんで保存した)

☐ The building has been adapted for wheelchair users. (その建物は車いすの使用者に合うように改造されている)

☐ Her house collapsed due to the hurricane. (彼女の家はハリケーンで崩壊した)

☐ Jones inherited $3 million from his father. (ジョーンズは彼の父親から300万ドルを相続した)

☐ The students debated for hours about politics. (生徒たちは何時間も政治について議論した)

☐ The Internet has enabled more people to work from home. (インターネットによって、より多くの人々が在宅勤務できるようになった)

☐ The colors began to fade after too many washings. (洗いすぎて色があせ始めた)

☐ I helped organize the dance party. (私はダンスパーティーの準備を手伝った)

continued ▼

Day 50

Check 1 Listen)) CD-B15

0793 resolve /rizálv/
- 動 **〜を解決する**；〜しようと決心する (to do) (≒decide)；〜を決議[票決]する 名 決意、決心
- 名 resolution (決意、決心；解決；強固な意志)
- 形 resolute (意志の固い)

0794 scatter /skǽtər/
- 動 **〜をまき散らす**、ばらまく；散る；四散する
- 形 scattered (点在[散在]している；時折の)

0795 exhibit /igzíbit/ ❶発音注意
- 動 **〜を展示する** (≒show, display)；〜を(人前で)見せる、(感情に)表す 名 展覧会；展示物；証拠物件
- 名 exhibition (展覧[展示]会；展示、提示)、exhibitor (出品者、出展者)

0796 invade /invéid/
- 動 **〜を侵略する**、〜に侵入する；(場所)に押し寄せる；(権利など)を侵害する (≒interfere with)
- 名 invader (侵略者、侵入者)、invasion (侵略、侵入；殺到；[権利などの]侵害)

0797 retain /ritéin/
- 動 **〜を保有する**、持ち続ける(≒keep)；〜を記憶しておく
- 名 retainer ([弁護士などへの]依頼[顧問]料、予約金)

0798 grasp /grǽsp/
- 動 **〜を(しっかり)握る**、つかむ；〜を理解する、把握する (≒understand) 名 理解(力)；把握；握ること；統率

0799 descend /disénd/
- 動 **降りる**、下る (≒go down ⇔ascend)；(be descended from 〜で)〜の子孫である
- 名 descendant (子孫；[古い物からの]派生物)、descent (降下；家系、血統；下落、堕落)

0800 command /kəmǽnd/
- 動 **〜を命じる**；〜に(…せよと)命じる (to do) (≒order)；(軍隊など)を指揮する；(関心など)を集める 名 指揮；命令
- 名 commander (司令官、指揮官)

Day 49)) CD-B14 Quick Review
答えは右ページ下

- ☐ 地域
- ☐ 国境
- ☐ 交通
- ☐ 世帯
- ☐ 居住者
- ☐ 犠牲者
- ☐ 犯罪
- ☐ 部族
- ☐ 刑務所
- ☐ 裁判官
- ☐ 自然環境
- ☐ 革命
- ☐ 有罪の
- ☐ 合法の
- ☐ 世界的な
- ☐ 無罪の

Check 2 Phrase

- resolve the conflict（対立を解決する）
- resolve to study harder（もっと一生懸命勉強しようと決心する）

- scatter seeds（種をまく）
- scatter in all directions（ばらばらに散る）

- exhibit new products（新製品を展示する）
- exhibit interest（興味を示す）

- invade a country（国を侵略する）
- invade her privacy（彼女のプライバシーを侵害する）

- retain one's right（権利を保有する）
- retain a clear memory of ~（~をはっきり覚えている）

- grasp a rope（ロープを握る）
- grasp the details（詳細を理解する）

- descend from the mountain（山から下りる）

- command silence（静粛を命じる、黙れと言う）
- command the soldiers（兵士たちを指揮する）

Check 3 Sentence

- They finally resolved the problem in a long meeting.（長時間の会議で彼らはその問題をついに解決した）

- The gang of boys scattered when they saw a policeman coming.（警官が来るのを見た少年の一団はちりぢりに逃げた）

- They will exhibit their latest photographs.（彼らは最新の写真を展示する予定だ）

- The soldiers invaded the village.（兵士たちはその村を侵略した）

- He will retain sole ownership of the company.（彼はその会社の独占所有権を持ち続けるだろう）

- She grasped her child's hand before crossing the busy street.（往来の激しい通りを渡る前に、彼女は子どもの手を握った）

- The plane will start to descend soon.（飛行機は間もなく降下を始めるだろう）

- The sergeant commanded his men to start shooting.（その軍曹は部下たちに撃つように命じた）

Day 49 》CD-B14
Quick Review
答えは左ページ下

- region
- border
- traffic
- household
- resident
- victim
- crime
- tribe
- prison
- judge
- environment
- revolution
- guilty
- legal
- global
- innocent

Day 51

Level 4＿動詞(Verb) 5

Check 1　Listen ») CD-B16

0801
betray
/bitréi/
- 動 ～を裏切る；(国・味方など) を (…に) 売り渡す (to ...)
- 名 betrayal (裏切り；密告；暴露)

0802
investigate
/invéstəgèit/
❶アクセント注意
- 動 ～を調査する (≒look into、inquire)；(容疑者など) を取り調べる；(事件など) を捜査する
- 名 investigation (捜査；調査；研究)、investigator ([特に犯罪の] 調査官；調査員)

0803
reveal
/rivíːl/
- 動 ～を明らかにする、暴露する (≒disclose ⇔conceal)；～を現す、見せる
- 名 revelation (暴露、すっぱ抜き；意外な新事実、新発見)

0804
capture
/kǽptʃər/
- 動 ～を捕らえる (≒catch)、捕虜にする；～を攻略[占領]する；(票など) を獲得する　名 逮捕、捕獲
- 動 captivate (～を魅惑する、～の心を奪う)
- 名 captive (捕虜)
- 形 captive (捕虜になった)

0805
assure
/əʃúər/
- 動 ～に (…を) 保証する (of ...) (≒guarantee)；(be assured of ～で) ～を確信している；～を確実にする
- 名 assurance (自信；保証；確信)
- 形 assured (保証された、確かな；自信のある)

0806
postpone
/poustpóun/
- 動 ～を (…まで) 延期する (until ...) (≒put off)；～を後に延ばす

0807
concentrate
/kánsəntrèit/
❶アクセント注意
- 動 (～に) 注意を集中する、専念する (on ～)；集まる (≒gather)；～を凝縮する
- 名 concentration (集中、専念)
- 形 concentrated (濃縮した；[注意などが] 集中した)

0808
quit
/kwít/
[活用] quit - quit
- 動 (仕事など) を辞める (≒resign)；～を中止する

continued
▼

なかなか身につきにくい動詞は、Check 2のフレーズで、その後に続く目的語や前置詞などとの「固まり」で覚えよう。

☐ 聞くだけモード　Check 1
☐ しっかりモード　Check 1 ▶ 2
☐ かんぺきモード　Check 1 ▶ 2 ▶ 3

Check 2　Phrase

☐ betray a confidence（信頼を裏切る）
☐ betray one's country to the enemy（祖国を敵に売る）

☐ investigate the cause of ~（~の原因を調査する）
☐ investigate the murder（殺人事件を捜査する）

☐ reveal a secret（秘密を漏らす）
☐ reveal itself（現れる）

☐ capture a criminal（犯罪者を捕らえる）
☐ capture ~ percent of the vote（投票数の~パーセントを獲得する）

☐ assure customers of quality（顧客に品質を保証する）
☐ be assured of his innocence（彼が無罪だと確信している）

☐ postpone the meeting until tomorrow（会議を明日まで延期する）

☐ concentrate on one's studies（勉強に専念する）

☐ quit one's job（仕事を辞める）

Check 3　Sentence

☐ My boyfriend betrayed me by dating my best friend.（私のボーイフレンドは私の親友とデートして私を裏切った）

☐ The police are still investigating the robbery.（警察はいまだにその強盗事件を調査している）

☐ He revealed his real self in the magazine interview.（雑誌のインタビューで彼は本当の自分をさらけ出した）

☐ The soldiers captured the lion and took it to the zoo.（兵士たちはライオンを捕獲して動物園に運んだ）

☐ My boyfriend assured me that he wouldn't date anyone else.（私のボーイフレンドは、ほかの人とはつき合わないと保証した）

☐ They postponed their wedding until he returned from abroad.（彼らは彼が海外から帰国するまで結婚式を延期した）

☐ Try to concentrate on your work.（仕事に専念しなさい）

☐ Josie quit the company after 37 years of service.（ジョージーは37年の勤務を経て、その会社を辞めた）

continued ▼

Day 51

Check 1　Listen 》CD-B16

☐ 0809
adjust
/ədʒʌ́st/

- 動 **～を調整する**；～を（…に）適合させる（to ...）；（～に）順応する（to ～）
- 名 adjustment（調節、調整；適応）
- 形 adjustable（調節［調整］できる）

☐ 0810
submit
/səbmít/

- 動 （計画・書類など）**を提出する**；（～に）従う（to ～）
- 名 submission（服従、降伏；提出；提案）
- 形 submissive（従順な、服従的な）

☐ 0811
obey
/əbéi/

- 動 （人・命令など）**に従う**、（規則など）を守る；従順である
- 名 obedience（服従；従順、忠実）
- 形 obedient（従順な、忠実な）

☐ 0812
criticize
/krítisàiz/

- 動 **～を**（…のことで）**非難する**（for ...）；～のあら探しをする；～を批評する
- 名 critic（批評家、評論家）、criticism（批評；非難）
- 形 critical（批判的な；重大な、危機の）

☐ 0813
vary
/véəri/
[類音] very（非常に /véri/）

- 動 （～において）**異なる**、違う（in ～）（≒differ）；変わる（≒change）
- 名 variance（相違、不一致、差異）、variation（変化；差異）
- 形 variable（変わりやすい；可変の）、various（さまざまな）

☐ 0814
apologize
/əpɑ́lədʒàiz/

- 動 （～に／…のことで）**謝る**、わびる（to ～／for ...）
- 名 apology（おわび、陳謝）
- 形 apologetic（謝罪の；[～について] 申し訳なさそうな [about ～]）

☐ 0815
calculate
/kǽlkjulèit/

- 動 **～を計算する**、算出する（≒compute）；～を（推理などによって）判断する
- 名 calculation（計算；慎重な計画）、calculator（計算器、電卓）
- 形 calculated（計画的な、故意の）、calculating（計算高い）

☐ 0816
remark
/rimɑ́ːrk/

- 動 **～と述べる**（≒say）；（～について）感想を述べる（on ～）
- 名 所見、意見、感想
- 形 remarkable（注目に値する；珍しい）
- 副 remarkably（際立って、著しく；意外なことに）

Day 50 》CD-B15
Quick Review
答えは右ページ下

☐ ～を保護する
☐ ～を改造する
☐ 崩壊する
☐ ～を相続する

☐ ～を議論する
☐ ～に…できるようにする
☐ 衰える
☐ ～を計画する

☐ ～を解決する
☐ ～をまき散らす
☐ ～を展示する
☐ ～を侵略する

☐ ～を保有する
☐ ～を掘る
☐ 降りる
☐ ～を命じる

Check 2 Phrase	Check 3 Sentence	
☐ adjust a clock（時計を調整する） ☐ adjust oneself to ～（～に慣れる）	☐ Billy adjusted the chair to his height.（ビリーは自分の背丈にそのいすを合わせた）	WEEK 1
☐ submit a plan to ～（～に計画を提出する） ☐ submit to the decision（決定に従う）	☐ Did you submit your ideas to the manager yet?（もう部長に自分の案を提出しましたか?）	WEEK 2 / WEEK 3
☐ obey one's father（父親に従う） ☐ obey the law（法律を守る）	☐ He expects his students to obey him.（彼は生徒たちが自分に従うことを求めている）	WEEK 4
☐ criticize the government（政府を非難する）	☐ Some people criticized his new romance novel.（彼の新しい恋愛小説をけなす人がいた）	WEEK 5
☐ vary in opinion（意見が違う） ☐ vary according to ～（～によって変わる）	☐ Temperatures vary from day to day.（気温は日によって変わる）	WEEK 6
☐ apologize to her for the delay（遅れたことを彼女に謝る）	☐ I apologize for my behavior last night.（昨晩の私の行動のことでおわびいたします）	WEEK 7
☐ calculate the cost（経費を計算する）	☐ We tried to calculate the amount of time the job would take.（私たちはその仕事にかかる時間を計算してみた）	**WEEK 8**
☐ as remarked above（上述の通り） ☐ remark on her hairstyle（彼女の髪型について感想を述べる）	☐ Tommy remarked that he was getting fired.（トミーは会社を首になるだろうと語った）	WEEK 9 / WEEK 10

Day 50 》CD-B15
Quick Review
答えは左ページ下

☐ preserve ☐ debate ☐ resolve ☐ retain
☐ adapt ☐ enable ☐ scatter ☐ grasp
☐ collapse ☐ fade ☐ exhibit ☐ descend
☐ inherit ☐ organize ☐ invade ☐ command

Day 52

★★★★
Level 4＿動詞(Verb) 6

Check 1　　Listen 》CD-B17

□ 0817
distinguish
/distíŋgwiʃ/

動(～を) **見分ける** (between ～)；～を（…と）区別する (from . . .)；～を感知する
名distinction (区別)
形distinct (全く異なった)、distinctive (独特の)、distinguished (優れた)

□ 0818
emphasize
/émfəsàiz/

動**～を強調する**、力説する；(語句) を強めて言う
名emphasis (強調、力説；強勢)
形emphatic (強調された；強い調子の)
副emphatically (強調して)

□ 0819
seize
/síːz/
❶発音注意
[類音] siege (包囲攻撃 /síːdʒ/)

動**～を**（強く）**つかむ**（≒ grab, grasp）；～を逮捕する（≒ arrest）；(権力) を奪い取る；～を押収する
名seizure (強奪；押収；発作、急病)

□ 0820
injure
/índʒər/

動**～を傷つける**、痛める（≒ hurt）；(感情など) を害する
名injury (傷害、けが)
形injured (傷ついた、[名誉などが] 傷つけられた)

□ 0821
restore
/ristɔ́ːr/

動**～を回復する**；(信頼・秩序など) を取り戻す；～を修復する
名restoration (復旧、回復；[制度のなどの] 復活；返還、返却)

□ 0822
alter
/ɔ́ːltər/
[同音] altar (祭壇)

動**～を変える**、改める（≒ change）；(衣服など) を (体に合うように) 直す
動alternate (交互に起こる [現れる])
名alteration (変更、手直し)
形alternative (代わりの)

□ 0823
decay
/dikéi/

動**腐る**、腐敗する、朽ちる；(健康・組織などが) 衰える、衰退する　名腐敗；衰退

□ 0824
expose
/ikspóuz/

動**～を**（…に）**さらす** (to . . .)；～を見せる、さらけ出す；～を暴露する（≒ reveal）
名exposure ([危険などに] 身をさらすこと；公開；暴露；露光)

continued
▼

週の中盤は気持ちが緩みがち。でも、ここで1日空けてしまうと、後の日に影響が……。ここは辛抱、頑張って勉強しよう！

- ☐ 聞くだけモード　Check 1
- ☐ しっかりモード　Check 1 ▶ 2
- ☐ かんぺきモード　Check 1 ▶ 2 ▶ 3

Check 2　Phrase

☐ distinguish between right and wrong（善悪を見分ける）
☐ distinguish colors（色を識別する）

☐ emphasize the necessity for ～（～の必要性を強調する）

☐ seize him by the arm（彼の腕をつかむ）
☐ seize a thief（泥棒を逮捕する）

☐ injure one's arm（腕をけがする）
☐ injure his feelings（彼の感情を害する）

☐ restore law and order（法と秩序を回復する）
☐ restore confidence（信頼を回復する）

☐ alter a plan（計画を変更する）
☐ alter a dress（ドレスを体に合うように直す）

☐ decaying meat（腐りかけている肉）
☐ a decaying industry（斜陽産業）

☐ expose one's skin to sunlight（肌を日光にさらす）

Check 3　Sentence

☐ The brothers are so alike it's difficult to distinguish one from the other.（その兄弟はとても似ているので、1人をもう1人と見分けるのが難しい）

☐ Our boss emphasized the importance of company loyalty.（私たちの上司は会社への忠誠心の重要性を強調した）

☐ The police seized a group of thieves.（警察は泥棒の一味を捕まえた）

☐ The worker was injured in a fall from a ladder.（その労働者ははしごから転落して、けがをした）

☐ He tried to restore that painting to its original condition.（彼はその絵画を元の状態に戻そうとした）

☐ The plan will alter traffic patterns in the city.（その計画は市の交通パターンを変えるだろう）

☐ The stone wall decayed quickly and had to be replaced.（その石壁はすぐにボロボロになり、取り替えなければならなかった）

☐ The worker was exposed to high levels of radiation.（その労働者は高レベルの放射能にさらされた）

continued ▼

Day 52

Check 1　Listen))) CD-B17

0825 overcome
/òuvərkʌ́m/
[活用] overcame - overcome
- 動 (困難など)**を克服する** (≒ defeat)；～に打ち勝つ；(be overcomeで) 打ちのめされる、まいる

0826 hesitate
/hézətèit/
- 動 **ためらう**、ちゅうちょする；～するのをためらう (to do)
- 名 hesitation (ためらい、ちゅうちょ；優柔不断)
- 形 hesitant (ちゅうしょした、ためらいがちな)

0827 assume
/əsúːm/
- 動 **～を本当だと思う**、想定する；(責任・任務など) を負う、引き受ける
- 名 assumption (仮定、前提)

0828 wander
/wάndər/
❶発音注意
[類音] wonder (～かなと思う /wʌ́ndər/)
- 動 **歩き回る**；さまよう；迷う (＋off)

0829 bother
/bάðər/
- 動 **～を悩ます**、困らせる (≒ annoy, worry)；～を困惑させる
- 名 悩みの種；面倒
- 形 bothersome (厄介な、煩わしい)

0830 ache
/éik/
- 動 (人・体の一部が) **痛む**、うずく；～したくてたまらない (to do)；～を切望する (for ～)　名 痛み；熱望

0831 decorate
/dékərèit/
❶アクセント注意
- 動 **～を**(…で)**飾る** (with ...)；～に勲章を授ける
- 名 decoration (装飾；装飾物；勲章、メダル)
- 形 decorative (装飾的な、装飾用の)

0832 distribute
/distríbjuːt/
❶アクセント注意
- 動 **～を**(…に)**分配する**、配給する (to [among] ...)；～を散布する、ばらまく
- 名 distribution (配分、配布、配給；分布)、distributor ([商品の] 販売者、配給業者)

Day 51))) CD-B16
Quick Review
答えは右ページ下

- □ ～を裏切る
- □ ～を調査する
- □ ～を明らかにする
- □ ～を捕らえる
- □ ～に保証する
- □ ～を延期する
- □ 注意を集中する
- □ ～を辞める
- □ ～を調整する
- □ ～を提出する
- □ ～に従う
- □ ～を非難する
- □ 異なる
- □ 謝る
- □ ～を計算する
- □ ～と述べる

Check 2　Phrase

- ☐ overcome a crisis（危機を克服する）
- ☐ be overcome with emotion（感極まる）

- ☐ hesitate what to do（どうしようか迷う）
- ☐ I hesitate to say, but 〜.（言いにくいことですが〜）

- ☐ assume that she is honest（彼女は正直だと思う）
- ☐ assume a responsibility（責任を負う）

- ☐ wander around the city（街をぶらつく）
- ☐ wander off the path（道から外れる）

- ☐ bother oneself [one's head]（くよくよする［頭を悩ます］）
- ☐ I'm sorry to bother you, but 〜.（申し訳ありませんが〜）

- ☐ ache all over（体中が痛む）
- ☐ ache for her（彼女に会いたくてたまらない）

- ☐ decorate a Christmas tree with ornaments（クリスマスツリーを装飾品で飾る）

- ☐ distribute food among children（子どもたちに食事を配る）

Check 3　Sentence

- ☐ Todd needs to overcome his fear of speaking in public.（トッドは人前で話をする恐怖を克服する必要がある）

- ☐ Don't hesitate to ask any questions.（どんな質問でもためらわず聞いてください）

- ☐ I assume that she will come to see me.（彼女は私に会いに来ると思う）

- ☐ He wandered through the forest, having nothing but water.（彼は水以外は口にすることなく森の中をさまよい歩いた）

- ☐ My son's bad manners bother me.（息子の無作法に私は困っている）

- ☐ My back aches.（背中が痛い）

- ☐ The main street of the city was decorated with flags.（街のメインストリートは旗で飾られていた）

- ☐ They will distribute the blankets to the homeless.（彼らはホームレスの人たちに毛布を配給する予定だ）

Day 51))) CD-B16
Quick Review
答えは左ページ下

- ☐ betray
- ☐ investigate
- ☐ reveal
- ☐ capture
- ☐ assure
- ☐ postpone
- ☐ concentrate
- ☐ quit
- ☐ adjust
- ☐ submit
- ☐ obey
- ☐ criticize
- ☐ vary
- ☐ apologize
- ☐ calculate
- ☐ remark

WEEK 1　WEEK 2　WEEK 3　WEEK 4　WEEK 5　WEEK 6　WEEK 7　**WEEK 8**　WEEK 9　WEEK 10

Day 53

Level 4＿動詞(Verb) 7

Check 1　Listen 》CD-B18

□ 0833
declare
/dikléər/
▶ 動 **～を宣言**［公表］**する**；～を明言する；（課税品など）を申告する
　名 declaration（宣言、発表；申告書）

□ 0834
impose
/impóuz/
▶ 動 （義務・罰金など）**を**（…に）**課す**、負わす（on ...）；（意見・信念など）を（…に）押しつける（on ...）
　名 imposition（［税・義務などを］課すこと、課税；負担）
　形 imposing（堂々とした、印象的な）

□ 0835
promote
/prəmóut/
▶ 動 **～を促進する**；～を（…に）昇進させる（to ...）；～の販売を促進する
　名 promotion（昇進；販売促進；促進；奨励）

□ 0836
drift
/dríft/
▶ 動 **漂う**、漂流する；当てもなくさまよう；いつの間にか（～に）なる（into ～）　名 （雪・砂の）吹きだまり；大勢、傾向；漂流

□ 0837
engage
/ingéidʒ/
▶ 動 （人・注意など）**を引きつける**；～を（…するように）雇う（to do）；（～に）従事する（in ～）
　名 engagement（婚約；約束、契約）
　形 engaged（婚約中の；忙しい）、engaging（人を引きつける、魅力のある）

□ 0838
revenge
/rivéndʒ/
▶ 動 （revenge oneselfまたはbe revengedで）（～に）**復讐する**（on ～）（≒ avenge）　名 復讐、報復

□ 0839
inspire
/inspáiər/
▶ 動 **～を奮い立たせる**；～を促して（…を）させる（to do）；（感情など）を生じさせる
　名 inspiration（霊感、インスピレーション；刺激、鼓舞；素晴らしい思いつき）

□ 0840
yawn
/jɔ́ːn/
▶ 動 **あくびをする**　名 あくび；退屈な人［物］

continued
▼

Level 4の動詞は今日が最後。かなり難しくなってきたのでは? 身についているかどうか不安な語がある場合は、CDを繰り返し聞いて復習しよう。

□ 聞くだけモード　Check 1
□ しっかりモード　Check 1 ▶ 2
□ かんぺきモード　Check 1 ▶ 2 ▶ 3

Check 2　　Phrase

□ declare a state of emergency（非常事態を宣言する）
□ declare independence（独立を宣言する）

□ impose economic sanctions on ~（〜に経済制裁を課す）
□ impose one's opinion on ~（自分の考えを〜に押しつける）

□ promote peace（平和を促進する）
□ be promoted to manager（部長に昇進する）

□ drift in the sea（海を漂流する）
□ drift through life（一生をふらふらと暮らす）

□ engage the children's attention（子どもの注意を引きつける）
□ engage a new employee（新しい従業員を雇う）

□ revenge oneself on one's enemy（敵に復讐する）

□ inspire people（人々を奮い立たせる）
□ inspire confidence（自信を抱かせる）

□ yawn openly（大きなあくびをする）

Check 3　　Sentence

□ America declared itself free from England over 200 years ago.（アメリカは200年以上前にイギリスからの離脱を宣言した）

□ The government imposed a new tax yesterday.（政府は昨日から新しい税金を課した）

□ The city council should do more to promote recycling.（市議会はリサイクルを促進するためにもっと多くのことをすべきだ）

□ The refugees were drifting in a boat.（難民たちはボートで漂流していた）

□ My attention was engaged by the article.（私はその新聞記事に注意を引かれた）

□ He revenged himself on the man who had killed his father.（彼は彼の父親を殺した男に復讐した）

□ The coach inspired the players to victory.（コーチは選手たちを勝利へと奮い立たせた）

□ She couldn't stop yawning because she had stayed up all last night.（彼女は昨晩ずっと起きていたので、あくびを止めることができなかった）

continued
▼

Check 1   Listen)) CD-B18

0841 acquire /əkwáiər/
- 動 (財産・権利など)**を獲得する**（≒get）;（知識など）を身につける
- 名 acquisition（取得、獲得；獲得物、取得物；習得）

0842 explode /iksplóud/
- 動 **爆発する**、破裂する（≒burst）;爆発的に増加する;（感情などが）爆発する
- 名 explosion（爆発；急増）
- 形 explosive（爆発性の；激しやすい;[増加などが] 爆発的な）

0843 conquer /káŋkər/
- 動 (国・敵など)**を征服する**（≒defeat）;（感情）を抑える;（困難など）を克服する;（自由など）を獲得する
- 名 conqueror（征服者）、conquest（征服、勝利；占領地）

0844 flee /fliː/
[活用] fled - fled
[同音] flea (ノミ)
- 動 **～から逃げる**;（～から）逃げる（from ～）

0845 convince /kənvíns/
- 動 **～に(…を) 納得させる**（of …）（≒persuade）;～に(…だと)納得させる(that節);～に(…するよう) 説得する（to do）
- 名 conviction（確信、信念；有罪判決）
- 形 convinced（確信して）、convincing（説得力のある）

0846 pronounce /prənáuns/
- 動 **～を発音する**;～が(…であると) 宣告する（to be）（≒declare）
- 名 pronunciation（発音）
- 形 pronounced（はっきりした、目立つ）

0847 differ /dífər/
❶アクセント注意
- 動 (～と) **異なる**（from ～）（≒vary）;（～と）意見を異にする（with [from] ～）
- 名 difference（違い、差異）
- 形 different（違った、異なる;さまざまの）

0848 leap /líːp/
- 動 **跳ぶ**、跳びはねる（≒jump）;さっと動く;（物価などが）急上昇する
- 名 跳躍；飛躍；急激な上昇

Day 52)) CD-B17
Quick Review
答えは右ページ下

- □ 見分ける
- □ ～を強調する
- □ ～をつかむ
- □ ～を傷つける
- □ ～を回復する
- □ ～を変える
- □ 腐る
- □ ～をさらす
- □ ～を克服する
- □ ためらう
- □ ～を本当だと思う
- □ 歩き回る
- □ ～を悩ます
- □ 痛む
- □ ～を飾る
- □ ～を分配する

Check 2 Phrase

- □ acquire wealth (富を得る)
- □ acquire a foreign language (外国語を身につける)

- □ explode in flames (爆発炎上する)
- □ an exploding population (急増する人口)

- □ conquer a nation (国を征服する)
- □ conquer difficulties (困難に打ち勝つ)

- □ flee the country (その国から逃げる)

- □ convince her of his sincerity (彼女に彼の誠実さを確信させる)
- □ convince him to study hard (熱心に勉強するよう彼を説得する)

- □ pronounce a word clearly (単語をはっきりと発音する)

- □ differ widely [greatly] from ~ (~と大きく異なる)
- □ differ with him (彼と意見が合わない)

- □ leap over the fence (フェンスを跳び越える)
- □ leap forward (さっと前に出る)

Check 3 Sentence

- □ I'd like to acquire a big piece of land. (私は広い土地を購入したいと思っている)

- □ The gas pipes exploded and caused a lot of damage. (ガス管が爆発し、大きな損害を与えた)

- □ Alexander the Great conquered many regions of the world. (アレキサンダー大王は世界の多くの地域を征服した)

- □ Thousands of people fled the area. (何千人もの人々がその地域から逃げた)

- □ I tried to convince him of her innocence. (私は彼に彼女が無罪であることを納得させようとした)

- □ How do you pronounce your last name? (あなたの名字はどう発音しますか?)

- □ The two sisters differed in personality and outlook entirely. (その2人の姉妹は性格も考え方も全く違っていた)

- □ Leap over the puddle. (水たまりを跳び越えなさい)

Day 52 》CD-B17
Quick Review
答えは左ページ下

- □ distinguish
- □ emphasize
- □ seize
- □ injure
- □ restore
- □ alter
- □ decay
- □ expose
- □ overcome
- □ hesitate
- □ assume
- □ wander
- □ bother
- □ ache
- □ decorate
- □ distribute

WEEK 1
WEEK 2
WEEK 3
WEEK 4
WEEK 5
WEEK 6
WEEK 7
WEEK 8
WEEK 9
WEEK 10

Day 54

科学(Science) **1**

Check 1　Listen 》CD-B19

0849 digest /didʒést/
- 動 (食物)**を消化する**;(知識など)を消化して自分のものにする　名 要約、摘要(≒summary)
- 名 digestion (消化;理解)
- 形 digestive (消化の)

0850 planet /plǽnit/
- 名 **惑星**;(the [our] 〜) 地球　⊕「恒星」はstar
- 形 planetary (惑星の;地球の)

0851 notion /nóuʃən/
- 名 **概念**、考え;意見;〜したい気持ち(to do)

0852 cancer /kǽnsər/
- 名 **がん**;(社会などの)病癖、害悪;(C〜)かに座　⊕「腫瘍」はtumor

0853 geography /dʒiágrəfi/
❶アクセント注意
- 名 **地理学**;地理、地形
- 形 geographical (地理学の、地理的な、地形上の)

0854 square /skwɛ́ər/
- 名 **正方形**、四角;(市街地の)四角い広場;平方　⊕「五角形」はpentagon、「六角形」はhexagon　動 〜を2乗する　形 正方形の;直角の
- 副 squarely (まともに、真っ正面に;正直に、公平に;四角に、直角に)

0855 theory /θíːəri/
- 名 **理論**、原理(⇔practice);仮説(≒hypothesis)
- 動 theorize ([〜に関して] 理論を立てる [about〈on〉〜])
- 形 theoretical (理論[上]の;仮定的な)
- 副 theoretically (理論上は)

0856 depth /dépθ/
- 名 **深さ**;奥行き;(感情・事態の)深刻さ、強さ;(知性などの)深み
- 動 deepen ([問題などが] 深刻になる;深まる;深くなる)
- 形 deep (深い)
- 副 deeply (深く、非常に)

continued
▼

Week 8の残りの3日間は、「科学」と「政治」分野の関連語を押さえよう。「大気」や「気候」など、世界的な問題となっている重要語が満載！

☐ 聞くだけモード　Check 1
☐ しっかりモード　Check 1 ▶ 2
☐ かんぺきモード　Check 1 ▶ 2 ▶ 3

Check 2　Phrase

☐ food (that is) easy to digest （消化しやすい食べ物）
☐ digest a newspaper article （新聞記事から情報を得る）

☐ major planets （大惑星 [太陽系の9惑星]）
☐ minor planets （小惑星）

☐ the notion of law （法の概念）
☐ have a (good) notion of ~ （~を [よく] 知っている）

☐ develop cancer （がんにかかる）
☐ breast [lung] cancer （乳 [肺] がん）

☐ historical [political] geography （歴史 [政治] 地理学）
☐ the geography of Japan （日本の地理）

☐ a square of paper （正方形の紙）
☐ the village square （村の広場）

☐ music [economic] theory （音楽 [経済] 理論）
☐ the theory of evolution （進化論）

☐ What is the depth of ~? （~の深さ [奥行き] はどれくらいですか?）
☐ the depth of a [the] problem （問題の深刻さ）

Check 3　Sentence

☐ Some people can't digest milk. （牛乳を消化できない人もいる）

☐ The earth is the third planet from the sun. （地球は太陽から3番目の惑星だ）

☐ At midnight, he had a sudden notion to go to the beach. （真夜中に突然、彼は海に行きたくなった）

☐ Early treatment of cancer can improve the chances of survival. （がんの早期治療は生存の可能性を上げることができる）

☐ I decided to study geography at university. （私は大学で地理学を学ぶことに決めた）

☐ A square has four sides. （正方形には4つの辺がある）

☐ Einstein's theory of relativity is very complex. （アインシュタインの相対性理論は非常に複雑だ）

☐ The average depth of the lake is eight meters. （その湖の平均の深さは8メートルだ）

continued
▼

Day 54

Check 1　Listen 》CD-B19

0857 liquid /líkwid/
名 **液体** 形 液体の、液状の；(資産などが) 現金化しやすい、流動性の ➕「固体」はsolid、「気体」はgas

0858 organ /ɔ́ːrɡən/
名 **器官**、臓器；(パイプ) オルガン；(政治的な) 機関、組織
動 organize（〜を計画［準備］する；〜を組織する）
名 organization（組織体；団体；計画）
形 organic（有機体の；有機的な）

0859 analysis /ənǽləsis/
名 **分析**（⇔synthesis［総合、統合］）；分析結果；精神分析
動 analyze（〜を検討する；〜を分析する；〜を精神分析する）
名 analyst（分析者、アナリスト；精神分析医）
形 analytic（分析の）

0860 substance /sʌ́bstəns/
名 **物質**、物体（≒material）；(the 〜) 主旨、要旨；本質；重要性
形 substantial（［量・大きさなどが］十分な、かなりの；丈夫な；資力のある）
副 substantially（かなり、大いに）

0861 ray /réi/
名 **光線**（≒beam）；(〜s) 熱線、放射線

0862 height /háit/ ❶発音注意
名 **高さ**、高度、海抜（≒altitude）；身長；高地；(権力の) 絶頂
動 heighten（〜を増す、強める［≒intensify］；〜を高くする、高める［⇔lower］）
形 high（高い）

0863 climate /kláimit/ ❶発音注意
名 **気候**；(ある時代・社会の) 風潮、傾向 ➕ weatherは「(特定の日の) 天気」
形 climatic（気候［上］の）

0864 atmosphere /ǽtməsfìər/ ❶アクセント注意
名 (the 〜) **大気**；(特定の場所の) 空気；雰囲気
形 atmospheric（大気の；雰囲気を感じさせる、趣のある）

Day 53 》CD-B18 Quick Review
答えは右ページ下

- □ 〜を宣言する
- □ 〜を課す
- □ 〜を促進する
- □ 漂う
- □ 〜を引きつける
- □ 復讐する
- □ 〜を奮い立たせる
- □ あくびをする
- □ 〜を獲得する
- □ 爆発する
- □ 〜を征服する
- □ 〜から逃げる
- □ 〜に納得させる
- □ 〜を発音する
- □ 異なる
- □ 跳ぶ

Check 2 Phrase

- ☐ liquid diet [food] (流動食)
- ☐ liquid assets (流動資産)

- ☐ organ transplant (臓器移植)
- ☐ the digestive organs (消化器官)

- ☐ give [make] an analysis of ~ (~を分析する)

- ☐ a solid substance (固体)
- ☐ the substance of the lecture (講義の要旨)

- ☐ a ray of sunshine (一筋の日差し)

- ☐ gain [lose] height (高度を増す[下げる])
- ☐ What is the height of ~? (~の高さはどのくらいですか?)

- ☐ a mild climate (温暖な気候)
- ☐ the climate of public opinion (世論の風潮)

- ☐ pollute the earth's atmosphere (大気を汚染する)
- ☐ a tense atmosphere (緊張した雰囲気)

Check 3 Sentence

- ☐ Solids, liquids, and gases are the three forms of matter. (固体、液体、気体が物質の3形態だ)

- ☐ The brain is a very complicated organ. (脳は非常に複雑な器官だ)

- ☐ His analysis was right in almost all particulars. (彼の分析はほとんどすべての細部においても正しかった)

- ☐ Diamond is the hardest substance on earth. (ダイヤモンドは地球で最も硬い物質だ)

- ☐ The sun's rays are very strong here. (ここは太陽光線が非常に強い)

- ☐ The height of the table is 90 centimeters. (そのテーブルの高さは90センチメートルだ)

- ☐ This plant doesn't grow in cold climates. (この植物は寒い気候では育たない)

- ☐ There are some harmful substances in the atmosphere. (大気中には何らかの有害物質が含まれている)

WEEK 1 | WEEK 2 | WEEK 3 | WEEK 4 | WEEK 5 | WEEK 6 | WEEK 7 | **WEEK 8** | WEEK 9 | WEEK 10

Day 53))) CD-B18
Quick Review
答えは左ページ下

- ☐ declare
- ☐ impose
- ☐ promote
- ☐ drift
- ☐ engage
- ☐ revenge
- ☐ inspire
- ☐ yawn
- ☐ acquire
- ☐ explode
- ☐ conquer
- ☐ flee
- ☐ convince
- ☐ pronounce
- ☐ differ
- ☐ leap

Day 55

科学(Science) 2

Check 1　　Listen 》CD-B20

0865 length /léŋkθ/ ❶発音注意
- 名 **長さ**、縦;(時間の)長さ、期間;(書物などの)長さ ❶「幅」は breadth
- 動 lengthen (〜を長くする、伸ばす [⇔shorten]、長くなる)
- 形 long (長い)

0866 solid /sálid/
- 名 **固体**;固形食(〜s)　形 固体の、固形の;硬い;中空でない ❶「液体」は liquid、「気体」は gas
- 名 solidarity (団結、結束)

0867 temperature /témpərətʃər/
- 名 **温度**、気温;体温　❶「セ氏」は centigrade、「カ氏」は Fahrenheit
- 形 temperate ([気候などが] 温和な;節度のある)

0868 atom /ǽtəm/
- 名 **原子**;微粒子　❶「分子」は molecule
- 形 atomic (原子力による;原子の)

0869 cosmos /kázməs/ ❶発音注意
- 名 (the 〜) (秩序ある体系としての) **宇宙** (≒universe);調和、秩序 (⇔chaos)
- 形 cosmic (宇宙の;無限の、広大無辺の)

0870 width /wídθ/ ❶発音注意
- 名 **広さ**、幅 (≒breadth) ❶「長さ」は length
- 動 widen (〜を広くする)
- 形 wide ([幅が] 広い)

0871 agriculture /ǽgrəkʌ̀ltʃər/ ❶アクセント注意
- 名 **農業** (≒farming);農学
- 形 agricultural (農業の;農学の)

0872 lung /lʌ́ŋ/
- 名 **肺**、肺臓　❶「心臓」は heart、「肝臓」は liver、「腎臓」は kidney

continued
▼

今日は「科学」関連語の2日目。「科学は苦手」と避けているうちは、語彙は身につかない。まずは、Check 1のチャンツからスタート！

- ☐ 聞くだけモード　Check 1
- ☐ しっかりモード　Check 1 ▶ 2
- ☐ かんぺきモード　Check 1 ▶ 2 ▶ 3

WEEK 1
WEEK 2
WEEK 3
WEEK 4
WEEK 5
WEEK 6
WEEK 7
WEEK 8
WEEK 9
WEEK 10

Check 2　Phrase

☐ What is the length of ~?（~の長さはどのくらいですか？）
☐ for any length of time（短時間でも、少しの間でも）

☐ solid fuel（固形燃料）
☐ solid rock（硬い岩）

☐ a rapid change in temperature（温度の急激な変化）
☐ take one's temperature（体温を計る）

☐ the power of the atom（原子力）

☐ the origin of the cosmos（宇宙の起源）
☐ evolution of the cosmos（宇宙の進化）

☐ the width of the [a] river（川幅）
☐ What is the width of ~?（~の広さ［幅］はどのくらいですか？）

☐ a type of agriculture（農業の形態）
☐ the Department of Agriculture（［米国の］農務省）

☐ lung capacity [power]（肺活量）
☐ have good [strong] lungs（声が大きい）

Check 3　Sentence

☐ The length of this ruler is 30 centimeters.（その定規の長さは30センチメートルだ）

☐ Water changes from a solid to a liquid at 0 degrees and turns to a gas at 100 degrees.（水は0度で固体から液体になり、100度で気体になる）

☐ The high temperature will reach 35 degrees tomorrow.（明日、最高気温は35度に達するだろう）

☐ The atom is one of the smallest things in the world.（原子はこの世で最も小さい物質の1つだ）

☐ The cosmos is changing every minute.（宇宙は刻々と変化している）

☐ The width of the desk is about 120 centimeters.（その机の幅は約120センチメートルだ）

☐ Agriculture is the most important industry in that country.（その国では農業が最も重要な産業だ）

☐ There is a link between smoking and lung cancer.（喫煙と肺がんの間には関連がある）

continued
▼

Day 55

Check 1 　Listen))) CD-B20

□ 0873
principle
/prínsəpl/
[類音] principal (主要な /prínsəpəl/)

名 (自然現象・機械などの) **原理**；法則；主義、信念

□ 0874
strength
/stréŋkθ/

名 **力**、強さ；体力；精神力
動 strengthen (強くなる；〜を強化する)
形 strong (強い)

□ 0875
cell
/sél/
[同音] sell (〜を売る)

名 **細胞**；(刑務所の) 独房；電池 ⊕ cellが集まったものが battery
名 cellar ([食料・燃料などの] 地下貯蔵庫；ワイン貯蔵室)、cellphone (携帯電話)
形 cellular (細胞の；携帯電話の)

□ 0876
species
/spíːʃiːz/
❶ 発音注意

名 (分類上の) **種** (しゅ)；(the [our] 〜) 人類 (≒mankind)

□ 0877
experiment
/ikspérəmənt/

名 (研究・科学上の) **実験**；(実地の)試み 動 (/ekspérəmènt/) (〜の) 実験をする (on 〜)
形 experimental (実験の；実験 [試験] 的な)

□ 0878
oxygen
/ɑ́ksidʒən/
❶ 発音注意

名 **酸素** ⊕「水素」は hydrogen
動 oxidize (〜を酸化させる；酸化する、さびる)
名 oxide (酸化物)

□ 0879
acid
/ǽsid/

形 **酸性の** (⇔alkaline [アルカリ性の])；酸味のある (≒sour)；(言論などが) 厳しい、辛らつな 名 酸；酸っぱい物

□ 0880
nuclear
/njúːkliər/

形 **原子力の**；原子核の；核兵器の
名 nucleus (原子核；核；[集団の] 中心部分)

Day 54))) CD-B19
Quick Review
答えは右ページ下

- □ 〜を消化する
- □ 惑星
- □ 概念
- □ がん
- □ 地理学
- □ 正方形
- □ 理論
- □ 深さ
- □ 液体
- □ 器官
- □ 分析
- □ 物質
- □ 光線
- □ 高さ
- □ 気候
- □ 大気

Check 2 — Phrase

- ☐ the principles of economics (経済学の原理)
- ☐ act against one's principles (主義に反した行動を取る)

- ☐ the strength of will (意志力)
- ☐ a man of great strength (力[精神力] の強い人)

- ☐ blood cells (血液細胞)
- ☐ a solar cell (太陽電池)

- ☐ "The Origin of Species" (『種の起源』)
- ☐ extinct [endangered] species (絶滅種[絶滅危惧種])

- ☐ make [carry out] an experiment on ~ (〜の実験をする)

- ☐ an oxygen mask (酸素マスク)

- ☐ a acid reaction (酸性反応)
- ☐ an acid comment (辛らつな批評)

- ☐ a nuclear power station (原子力発電所)
- ☐ nuclear fission [fusion] (核分裂[融合])

Check 3 — Sentence

- ☐ The principles of physics are expressed in mathematical form. (物理の法則は数式で表される)

- ☐ It took all my strength to lift the box. (その箱を持ち上げるのには私の全力が必要だった)

- ☐ DNA is in cells. (DNAは細胞内にある)

- ☐ This species of butterfly no longer exists. (この種のチョウはもう存在していない)

- ☐ The accident happened during the experiment. (その事故は実験中に起こった)

- ☐ Water is composed of hydrogen and oxygen. (水は水素と酸素から成り立っている)

- ☐ Global warming and acid rain have recently become an international concern. (地球温暖化と酸性雨は最近、国際的な関心事になっている)

- ☐ Nuclear weapons are the worst things man has ever invented. (核兵器は人類がかつて発明した中で最悪の物だ)

WEEK 1
WEEK 2
WEEK 3
WEEK 4
WEEK 5
WEEK 6
WEEK 7
WEEK 8
WEEK 9
WEEK 10

Day 54))) CD-B19
Quick Review
答えは左ページ下

- ☐ digest
- ☐ planet
- ☐ notion
- ☐ cancer
- ☐ geography
- ☐ square
- ☐ theory
- ☐ depth
- ☐ liquid
- ☐ organ
- ☐ analysis
- ☐ substance
- ☐ ray
- ☐ height
- ☐ climate
- ☐ atmosphere

Day 56

政治(Politics) 1

Check 1 Listen)) CD-B21

0881 congress /káŋgris/
- 名 (C~)(米国の) **国会**、議会；(代表者・委員などによる) 会議、大会 ●日本の「国会」はDiet
- 名 congressman ([しばしばC~] 下院議員) ●「上院議員」はsenator
- 形 congressional (会議の；[米国] 議会の)

0882 province /právins/
- 名 (行政区画としての) **州**；(中国などの) 省；(首都に対して) 地方 ●米国の「州」はstate、日本の「県」はprefecture
- 形 provincial (州 [省、県] の、地方の [≒local]；田舎くさい、偏狭な)

0883 district /dístrikt/
- 名 (行政区・選挙区などの) **地区**、区域；(一般に) 地方 (≒region)

0884 boundary /báundəri/
- 名 (ある地域の) **境界線** (≒border)；境界 [限度、限界] を示すもの；(通例~ies) 境界、限界
- 形 boundless (限界のない；無限の；広大な)

0885 policy /pɑ́ləsi/
- 名 (政府などの) **政策**；保険証書 [証券]；方針

0886 treaty /tríːti/
- 名 **条約**、協定

0887 frontier /frʌntíər/
❶アクセント注意
- 名 **辺境**、フロンティア；(学問・研究の) 未開拓の分野；国境 (地方) (≒border)

0888 surrender /səréndər/
- 名 **降伏**、降参；引き渡し、明け渡し 動 (~に) 降伏 [降参] する (to ~)；(軍隊など) を (…に) 引き渡す (to ...)

continued
▼

今週と次週の最終日の2回に分けて、「政治」関連の語彙をチェック。ここに登場する語彙を押さえれば、英字新聞の政治欄もラクラク読める?!

- ☐ 聞くだけモード　Check 1
- ☐ しっかりモード　Check 1 ▶ 2
- ☐ かんぺきモード　Check 1 ▶ 2 ▶ 3

Check 2　Phrase

☐ a member of Congress（国会議員）
☐ attend a congress（会議に出席する）

☐ the province of Quebec（ケベック州）
☐ in the provinces（地方で、田舎で）

☐ an election [electoral] district（選挙区）
☐ a shopping district（商業地区、商店街）

☐ the boundaries of a country（国境）
☐ the boundary of science（科学の限界）

☐ a foreign policy（外交政策）
☐ a business policy（営業方針）

☐ conclude a peace treaty（平和条約を締結する）

☐ the frontier spirit（開拓者精神）
☐ on the frontier（辺境［国境］で）

☐ unconditional surrender（無条件降伏）
☐ surrender to the enemy（敵に降伏する）

Check 3　Sentence

☐ He decided to run for Congress.（彼は国会に立候補することを決心した）

☐ For the holidays, they are going to Alberta province in Canada.（休暇中に、彼らはカナダのアルバータ州へ行く予定だ）

☐ The business district is empty at night.（商業地区は夜は人通りが少ない）

☐ The river forms a boundary between the two countries.（その川が両国間の境界線になっている）

☐ He is a critic of U.S. economic policy.（彼はアメリカの経済政策の批評家だ）

☐ The two countries signed a treaty to reduce strategic weapons.（両国は戦略兵器を削減するための条約に調印した）

☐ Space is the new frontier for the human race.（宇宙は人類にとっての新たなフロンティアだ）

☐ The country lost the war and accepted the terms of surrender.（その国は戦争に負けて、降伏条件を受け入れた）

WEEK 1
WEEK 2
WEEK 3
WEEK 4
WEEK 5
WEEK 6
WEEK 7
WEEK 8
WEEK 9
WEEK 10

continued ▼

Day 56

Check 1　Listen 》CD-B21

0889
weapon
/wépən/
❶発音注意

名 **武器**、兵器（≒arms）；対抗手段

0890
constitution
/kànstətjúːʃən/

名 **憲法**；体質；規約；構造（≒structure、construction）
動 constitute（〜を構成する；〜を設立する；[法律] を制定する）
形 constitutional（憲法 [上] の；合憲の；健康によい）

0891
party
/páːrti/

名 **政党**、党；パーティー；(行動を共にする) 一行、仲間

0892
empire
/émpaiər/
❶アクセント注意

名 **帝国**；(1個人・1グループの支配する) 企業帝国
名 imperialism（帝国主義）
形 imperial（帝国の；[しばしば I〜] 大英帝国の）

0893
minority
/mainɔ́ːrəti/

名 （多数に対して）**少数**；少数派（⇔majority）；(〜ies) 少数民族　形 少数民族の；少数派の
名 minor（未成年者；副専攻科目）
形 minor（[比較的] 重要でない；小さい方の、少ない方の [⇔ major]）

0894
government
/ɡʌ́vərnmənt/

名 **政府**；政治体制；統治、支配
動 govern（[国など] を治める、統治する [≒rule]；〜を管理 [運営] する）
名 governor（[米国の] 州知事；支配 [統治] 者）

0895
vote
/vóut/

名 （〜に賛成の／反対の）**投票**（for/against 〜）；票決；投票（総）数（≒ballot）　動 （〜に賛成の／反対の）投票をする（for/against 〜）
名 voter（投票者；有権者）

0896
minister
/mínəstər/

名 （しばしば M〜）**大臣**；公使（大使 [ambassador] の下位）；聖職者　❶米国の各省の「長官」は Secretary
名 ministry（[the 〜] 聖職；[通例 M〜] 省）

Day 55 》CD-B20
Quick Review
答えは右ページ下

- □ 長さ
- □ 固体
- □ 温度
- □ 原子
- □ 宇宙
- □ 広さ
- □ 農業
- □ 肺
- □ 原理
- □ 力
- □ 細胞
- □ 種
- □ 実験
- □ 酸素
- □ 酸性の
- □ 原子力の

Check 2 Phrase

- ☐ weapons of mass destruction（大量破壊兵器）
- ☐ a lethal weapon（凶器）

- ☐ establish a constitution（憲法を制定する）
- ☐ amend the constitution（憲法を改正する）

- ☐ the ruling [opposition] party（与[野]党）
- ☐ a fishing party（釣り仲間）

- ☐ the Roman Empire（ローマ帝国）
- ☐ a media empire（メディア企業帝国）

- ☐ be in the minority（少数派である）
- ☐ a minority party（少数党）

- ☐ local government（地方自治体）
- ☐ form a government（組閣する）

- ☐ be chosen by a vote（投票で選ばれる）
- ☐ cast a vote（1票を投じる）

- ☐ the prime minister（総理大臣）
- ☐ the finance minister（財務大臣）

Check 3 Sentence

- ☐ They threw down their weapons and surrendered.（彼らは武器を投げ捨てて、降伏した）

- ☐ The constitution guarantees freedom of religion.（憲法は信教の自由を保証している）

- ☐ Party leaders met to discuss their foreign policy.（党の指導者たちは外交政策について話し合うために集まった）

- ☐ India was once part of the British Empire.（インドはかつて大英帝国の一部だった）

- ☐ Gaelic is still spoken by a tiny minority.（ゲール語はごくわずかの少数の人々によっていまだに話されている）

- ☐ The government wants to increase taxes.（政府は増税したがっている）

- ☐ All the votes will be counted from 8 p.m.（すべての票は午後8時から集計される予定だ）

- ☐ The foreign ministers of six countries attended the conference.（6カ国の外務大臣がその会議に出席した）

WEEK 1 | WEEK 2 | WEEK 3 | WEEK 4 | WEEK 5 | WEEK 6 | WEEK 7 | **WEEK 8** | WEEK 9 | WEEK 10

Day 55 》CD-B20
Quick Review
答えは左ページ下

- ☐ length
- ☐ solid
- ☐ temperature
- ☐ atom
- ☐ cosmos
- ☐ width
- ☐ agriculture
- ☐ lung
- ☐ principle
- ☐ strength
- ☐ cell
- ☐ species
- ☐ experiment
- ☐ oxygen
- ☐ acid
- ☐ nuclear

Week 8 Review

今週学習した語彙の定着度をチェック！ 下の英文と右ページの訳を読みながら、赤字部分の単語がしっかりと身についているかを確認しよう。意味が分からないときは、見出し語番号を参照して学習日の語彙を復習しておこう。

After the Gulf War in 1991, the United Nations imposed (0834) strict sanctions on the Iraqi government, and weapons inspectors investigated (0802) whether Saddam Hussein possessed weapons (0889) of mass destruction. In 2002, President Bush declared (0833) that Iraq was a threat to America's national security, and tried to convince (0845) the world that the Iraqi government must be overthrown. The president was criticized (0812) for wanting to leap (0848) into war, and there was wide debate (0789) in the Congress (0881) about the wisdom of such a plan. The political atmosphere (0864) around the planet (0850) was opposed to the notion (0851) of war because thousands of people would be killed or injured (0820).

Yet President Bush had already resolved (0793) to invade (0796) Iraq, and pronounced (0846) that America's (and the UN's) previous policies (0885) had been ineffective. He emphasized (0818) that Iraq not only retained (0797) its chemical weapons (0889), but that it was also attempting to acquire (0841) nuclear weapons (0889). The president overcame (0825) many people's objections by assuring (0805) Americans that conquering (0843) Hussein's government (0894) would be quick and easy. On March 20, 2003, he commanded (0800) the military to invade (0796) Iraq and capture (0804) its leaders.

☐ Gulf War：湾岸戦争（1991年のイラクのクウェート侵略後、米国主導の国連軍とイラク軍の間で行われた戦争） ☐ sanction：制裁（措置） ☐ threat：脅威 ☐ overthrow：（政府など）を覆す、崩壊させる ☐ wisdom：賢明さ、妥当性 ☐ ineffective：無効な、効力のない

＊赤字の右上の数字は、その単語の見出し番号を表しています。和文の訳は、見出し語の第1定義ではない場合があります。また、訳中の見出し語訳は、文脈に沿って訳しているため、見出し語の定義と異なることがあります。

1991年の湾岸戦争後、国連はイラク政府に厳しい制裁措置を課し、武器査察官はサダム・フセインが大量破壊兵器を保有しているかどうか調査しました。2002年にブッシュ大統領は、イラクはアメリカの国家安全保障の脅威になっていると宣言し、イラク政府は崩壊させられなければならないと世界に納得させようとしました。大統領は戦争へと動き始めたがっていると非難され、そのような計画の妥当性について議会では広範な議論がされました。何千人もの人々が殺され、傷つけられることになるので、世界の政治的な雰囲気は戦争の考えには反対というものでした。

しかし、ブッシュ大統領はイラクに侵攻することをすでに決意しており、アメリカ（そして国連）の以前の政策は無力であったと宣言しました。彼は、イラクは化学兵器を保有しているだけでなく、核兵器を獲得しようともしていると強調したのです。大統領は、フセイン政府を征服するのは迅速かつ容易だろうとアメリカ人に保証することで、多くの人々の反対に打ち勝ちました。2003年の3月20日、彼はイラクを侵略し、その指導者たちを捕らえるよう軍に命じたのです。

WEEK 9

Week 9では、4000語レベルの名詞に挑戦！ ゴールまであと2週間、そろそろ疲れもかなりたまってきているでしょうが、「4000語レベル到達」を目指して頑張りましょう！

Day 57 【Level 4_名詞 **1**】
▶ 268
Day 58 【Level 4_名詞 **2**】
▶ 272
Day 59 【Level 4_名詞 **3**】
▶ 276
Day 60 【Level 4_名詞 **4**】
▶ 280
Day 61 【Level 4_名詞 **5**】
▶ 284
Day 62 【Level 4_名詞 **6**】
▶ 288
Day 63 【政治 **2**】
▶ 292

Week 9 Review
▶ 296

英語でコレ言える？
Can you say this in English?

カッコに入る語が分かったら、あなたは4000語レベル?!

▼

私、渡辺クンにコクろうと思うんだけど。
I will tell Watanabe-kun that I love him.

つき合える可能性は低いかもね。
It's unlikely he'll go out with you.

どうして？ 彼はみんなの注目の的だから？
Why? Because he is the (　　　) of every girl's attention?

▼

答えはDay 61でチェック！

WEEK 1
WEEK 2
WEEK 3
WEEK 4
WEEK 5
WEEK 6
WEEK 7
WEEK 8
WEEK 9
WEEK 10

Day 57

★★★★
Level 4＿名詞(Noun) **1**

Check 1　　Listen))) CD-B22

0897
luxury
/lʌ́gʒəri/
- 名 **ぜいたく**、豪華さ；ぜいたく品（⇔essential［必需品］）
- 形 luxurious（ぜいたくな、豪華な；快適な）

0898
aspect
/ǽspekt/
- 名（問題・事態などの1つの）**局面**、見地；（家などの）向き（≒direction）；様子、光景（≒outlook）

0899
contribution
/kàntrəbjúːʃən/
- 名（〜への）**寄付**（≒donation）、貢献（to 〜）；寄付金；（社会保険などの）分担金
- 動 contribute（〜を寄付する；［援助など］を提供する；〜を寄稿［投稿］する）
- 名 contributor（寄付者；投稿者）

0900
priority
/praiɔ́ːrəti/
- 名 **優先事項**；優先、優先権；重要であること
- 形 prior（［時間・順序が］前の、先の）

0901
sensation
/senséiʃən/
- 名 **感覚**、知覚；感じ、気持ち（≒feeling）；興奮、感動
- 形 sensational（大評判の；扇情的な；素晴らしい）

0902
era
/érə/
［類音］error（誤り /érər/）
- 名（歴史上重要な）**時代**、時期　❶eraの幕開け・始まりがepoch

0903
trace
/tréis/
- 名 **微量**、(a trace of 〜で) 微量の〜、ほんのわずかの〜；（事件などの）形跡　動（〜にまで）さかのぼる（＋back）(to 〜)

0904
canal
/kənǽl/
❶アクセント注意
- 名 **運河**、用水路

continued
▼

Week 9では、Level 4（4000語レベル）の名詞と、政治関連語をチェック。さっそく、名詞の1日目から挑戦しよう。

☐ 聞くだけモード　Check 1
☐ しっかりモード　Check 1 ▶ 2
☐ かんぺきモード　Check 1 ▶ 2 ▶ 3

Check 2　Phrase

☐ live in luxury（ぜいたくに暮らす）

☐ financial aspects（財政［金融］的側面）
☐ a room with a southern aspect（南向きの部屋）

☐ make a contribution to ~（~に寄付［貢献］する）
☐ collect contributions（寄付金を集める）

☐ establish priorities（優先事項を定める）
☐ give priority to ~（~を優先させる）

☐ lose all sensation（すべての感覚を失う）
☐ a sensation of fear（恐怖感）

☐ the Meiji era（明治時代）

☐ a trace of poison（微量の毒）
☐ traces of an ancient civilization（古代文明の跡）

☐ the Suez [Panama] Canal（スエズ［パナマ］運河）

Check 3　Sentence

☐ He led a life of luxury in a huge house.（彼は大きな家でぜいたくな人生を送った）

☐ He was very active in many aspects of campus life.（彼は大学生活の多くの面においてとても積極的だった）

☐ Contributions to charities are tax-deductible.（慈善団体への寄付は課税控除である）

☐ Their first priority is to maintain the quality of the product.（彼らの最優先事項は製品の品質を保つことだ）

☐ Fred had no sensation in his feet after the operation.（手術後、フレッドは両脚に感覚がなかった）

☐ 1989 was the end of the Showa era.（1989年は昭和時代の最後だった）

☐ He can speak English with no trace of an accent.（彼はほんのわずかのなまりもなく英語を話すことができる）

☐ The canals of Venice are popular with tourists.（ベニスの運河は観光客に人気がある）

continued
▼

Day 57

Check 1   Listen)) CD-B22

0905 rage /réidʒ/
- 名 **激怒**、憤怒（≒anger）；流行の物、人気者；（〜に対する）熱狂（for 〜） 動（戦争などが）激しく続く；（〜のことで）激怒する（at [about, against] 〜）

0906 monument /mánjumənt/
- 名 **記念碑**［塔、像、建造物］（≒memorial）；（歴史上の）記念物、遺跡
- 形 monumental（途方もない、ひどい；[業績などが] 記念碑的な、重要な；記念碑の）

0907 conference /kάnfərəns/
- 名 **会議**、協議会、相談会 ➕特に年1回開催のものを指す

0908 despair /dispéər/
- 名 **絶望**、失望（⇔hope） 動 絶望する；（〜を）あきらめる（of 〜）
- 形 desperate（自暴自棄の；[〜を] 欲しくてたまらない [for 〜]；絶望的な）
- 副 desperately（必死になって；ひどく）

0909 instance /ínstəns/
- 名 **例**、実例（≒example）；場合（≒case）、事実
- 名 instant（瞬間）
- 形 instant（すぐの；即席の）、instantaneous（瞬間的な；即座の）
- 副 instantly（すぐに）

0910 portion /pɔ́ːrʃən/
- 名 **（〜の）部分**、一部（of 〜）（≒part）；（食べ物の）1人前（≒helping）；分け前（≒share） 動 〜を分配する（＋out）

0911 source /sɔ́ːrs/
- 名 **（物・事の）源**、源泉；（〜の）原因（of 〜）；情報源 動 〜の情報源［出典］を明らかにする

0912 caution /kɔ́ːʃən/
- 名 **注意**、用心、警戒；警告（≒warning） 動 〜に（…を）警告する、用心させる（about [against] ...）
- 形 cautious（[〜に] 注意深い [about 〜]）
- 副 cautiously（用心して、慎重に）

Day 56)) CD-B21
Quick Review
答えは右ページ下

- □ 国会
- □ 州
- □ 地区
- □ 境界線
- □ 政策
- □ 条約
- □ 辺境
- □ 降伏
- □ 武器
- □ 憲法
- □ 政党
- □ 帝国
- □ 少数
- □ 政府
- □ 投票
- □ 大臣

Check 2　Phrase

- fly into a rage（かっとなる）
- shake with rage（怒りに震える）

- an enormous monument（巨大な記念建造物）
- ancient [natural] monuments（史的［天然］記念物）

- an international conference（国際会議）
- hold [have] a conference（会議を開催する）

- in despair（絶望して、やけになって）
- drive ~ to despair（~を絶望に追い込む）

- for instance（例えば）
- in this instance（この場合は）

- a portion of land（少しばかりの土地）
- eat two portions of ~（~を2人前食べる）

- a source of calcium（カルシウム源）
- a news source（ニュースの出所）

- exercise [use] caution（注意[用心]する）
- a word [note] of caution（注意書き）

Check 3　Sentence

- Nancy was in a rage after someone damaged her car.（何者かに車を傷つけられてナンシーは激怒していた）

- The people built a monument for their great leader.（人々は偉大なる指導者のために記念碑を建てた）

- A conference on children's rights began last week.（子どもたちの権利に関する会議が先週始まった）

- Munch's paintings express a feeling of despair.（ムンクの絵は絶望感を表現している）

- They cited several instances of human-rights violations.（彼らは人権侵害の例をいくつか挙げた）

- A large portion of the magazine is made up of photographs.（その雑誌の大半は写真で占められている）

- I don't know the source of your information, but it's wrong.（君の情報の出所は知らないが、それは間違っている）

- He drove with caution because it was raining.（雨が降っていたので、彼は注意して運転した）

WEEK 1
WEEK 2
WEEK 3
WEEK 4
WEEK 5
WEEK 6
WEEK 7
WEEK 8
WEEK 9
WEEK 10

Day 56 》CD-B21
Quick Review
答えは左ページ下

- congress
- province
- district
- boundary
- policy
- treaty
- frontier
- surrender
- weapon
- constitution
- party
- empire
- minority
- government
- vote
- minister

Day 58

★★★★

Level 4＿名詞(Noun) 2

Check 1　　Listen))) CD-B23

☐ 0913
acquaintance
/əkwéintəns/

- 名 **知人**、知り合い；面識；知識　⊕通例、友人と呼べるほど親密な関係でない場合に用いる
- 動 acquaint（[acquaint oneself with 〜で] 〜に精通する；〜に[…を]知らせる[with ...]）

☐ 0914
mercy
/mə́ːrsi/

- 名 **慈悲**、寛容；親切、哀れみ（≒compassion）
- 形 merciful（慈悲深い）、merciless（無慈悲な）
- 副 mercifully（幸いにも；慈悲深く）

☐ 0915
rear
/ríər/
[類音] rare（まれな /réər/）

- 名 (the 〜) **後部**、背後、後ろ（⇔front）；尻　動 (子ども) を育てる　形 後部の、背部の

☐ 0916
burden
/bə́ːrdn/

- 名 (精神的な) **負担**、重荷；荷物（≒load）　動 〜に（重荷・負担を）負わせる[with ...]
- 形 burdensome（厄介な、[心身の] 負担となる）

☐ 0917
cooperation
/kouɑ̀pəréiʃən/

- 名 **協力**、協同、協調
- 動 cooperate（[〜と] 協力する[with 〜]）
- 形 cooperative（協力的な；協同の）

☐ 0918
spectacle
/spéktəkl/

- 名 **見せ物**、ショー；壮観、見もの（≒sight）
- 名 spectator（観客）
- 形 spectacular（目を見張る；見事な、壮大な）

☐ 0919
voyage
/vɔ́iidʒ/
❗発音注意

- 名 **船旅**、航海；空の旅、宇宙旅行　⊕陸上の長い「旅」はjourney　動 海[空]の旅をする

☐ 0920
editor
/édətər/

- 名 **編集者**；編集責任者
- 動 edit（〜を編集する）
- 名 edition（[刊行物の] 版；全発行部数）、editorial（社説、論説）
- 形 editorial（編集の）

continued
▼

難しい語ばかりで挫折しそうなキミ。『キクタンBasic』はあと10日余り。ここでやめてどうする？ あきらめずに最後までやり抜こう！

- ☐ 聞くだけモード　Check 1
- ☐ しっかりモード　Check 1 ▶ 2
- ☐ かんぺきモード　Check 1 ▶ 2 ▶ 3

Check 2　Phrase

☐ make the acquaintance of ~（~と知り合いになる）
☐ a mutual acquaintance（共通の知り合い）

☐ without mercy（無慈悲に）
☐ have mercy on ~（~を哀れむ）

☐ in the rear of ~（~の後部に）

☐ shoulder a burden of ~（~の重荷［責任］を担う）
☐ a beast of burden（荷物運搬用動物）

☐ in cooperation with ~（~と協力して）

☐ a great spectacle（大した見物）
☐ make a spectacle of oneself（恥をさらす）

☐ a voyage around the world（世界一周の船旅）

☐ an editor in chief（編集長、編集主任）

Check 3　Sentence

☐ He has a large circle of acquaintances.（彼には多くの知人がいる）

☐ They showed no mercy to the hostages.（彼らは人質に対して慈悲をかけることはなかった）

☐ The rear of the bus is emptier.（バスの後ろのほうが空いている）

☐ The government needs to reduce the tax burden of lower-income class.（政府は低所得者層の税負担を低くする必要がある）

☐ Your cooperation made this project a success.（あなたの協力でこのプロジェクトは成功した）

☐ From the lake, we could see the grand spectacle of Mt. Fuji.（私たちは湖から富士山の壮大な姿を見ることができた）

☐ My parents went on a wonderful voyage to the Caribbean.（両親はカリブ海への素晴らしい船旅に出かけた）

☐ Andrea was the editor of her high school paper.（アンドレアは高校の校内新聞の編集者だった）

continued
▼

Day 58

Check 1 Listen)) CD-B23

0921 glory /glɔ́ːri/
- 名 **栄光**、称賛、名誉；名誉となるもの；美観 動 ～を誇りとする
- 動 glorify (～を美化する；～を賛美する；[神] の栄光をたたえる)
- 形 glorious (栄誉ある；輝かしい；素晴らしい)

0922 task /tǽsk/
- 名 (一定期間内にやるべき) **仕事**；任務；職務 (≒ duty、job)

0923 instinct /ínstiŋkt/
❶ アクセント注意
- 名 **本能**；生得の才能；直観
- 形 instinctive (本能の、本能的な)
- 副 instinctively (本能的に)

0924 scheme /skíːm/
❶ 発音注意
- 名 **陰謀**、たくらみ；構成、組織 動 ～をたくらむ

0925 fame /féim/
- 名 **名声**、有名 (なこと) (≒ reputation)
- 形 famous (有名な、名高い)

0926 haste /héist/
- 名 **迅速**、急ぐこと (≒ hurry、rush)；性急、軽率
- 動 hasten (～を急がせる；急いで～する [to do]；急いで行く)
- 形 hasty (性急な、軽率な)
- 副 hastily (急いで；軽率に)

0927 poverty /pávərti/
- 名 **貧乏**、貧困；(～の) 欠乏、不足 (of ～)
- 形 poor (貧しい；乏しい)

0928 definition /dèfəníʃən/
- 名 **定義**；(ラジオ・テレビ・写真などの) 鮮明度
- 動 define ([本質・立場など] を明らかにする；～を定義する)
- 形 definite (明確な；確実な)
- 副 definitely (明確に；もちろん)

Day 57)) CD-B22
Quick Review
答えは右ページ下

- ☐ ぜいたく
- ☐ 局面
- ☐ 寄付
- ☐ 優先事項
- ☐ 感覚
- ☐ 時代
- ☐ 微量
- ☐ 運河
- ☐ 激怒
- ☐ 記念碑
- ☐ 会議
- ☐ 絶望
- ☐ 例
- ☐ 部分
- ☐ 源
- ☐ 注意

Check 2 Phrase

- gain [win] glory（名誉を得る）

- perform routine tasks（日常的業務をこなす）

- act on instinct（本能のままに行動する）
- by [from] instinct（本能的に）

- shady schemes（秘密のたくらみ）
- a business scheme（事業計画）

- win [gain] fame（有名になる）
- fame and fortune（名声と富）

- be in haste（急いでいる）
- Haste makes waste.（せいては事をし損じる［ことわざ］）

- live in poverty（貧しい生活をする）
- poverty of blood（貧血）

- give a definition of the word（その語を定義する）
- by definition（定義上；当然のこととして）

Check 3 Sentence

- At 15 her moment of glory came as she became an Olympic champion.（15歳でオリンピックチャンピオンになった時に、彼女の栄光の瞬間が来た）

- I have to complete this task before I go to lunch.（昼食に行く前に、私はこの仕事を終わらせなければならない）

- My instincts tell me he is not the right man for you.（私の直観によれば、彼はあなたにぴったりの男性ではない）

- His scheme to get rich quickly failed when the police found out.（楽に金もうけをしようという彼のたくらみは、警察に見つかって失敗した）

- His fame has changed our relationship.（彼の名声が私たちの関係を変えてしまった）

- If we don't make haste, we'll be late for the train.（急がなければ、私たちは電車に遅れてしまうだろう）

- There is still a lot of poverty in India.（インドではいまだに多くの貧困が存在している）

- Look up the word in the dictionary and find its definition.（その単語を辞書で調べて、定義を見つけなさい）

WEEK 1
WEEK 2
WEEK 3
WEEK 4
WEEK 5
WEEK 6
WEEK 7
WEEK 8
WEEK 9
WEEK 10

Day 57))) CD-B22
Quick Review
答えは左ページ下

- luxury
- aspect
- contribution
- priority
- sensation
- era
- trace
- canal
- rage
- monument
- conference
- despair
- instance
- portion
- source
- caution

Day 59

★★★★
Level 4＿名詞(Noun) 3

Check 1　　Listen ») CD-B24

□ 0929
deed
/díːd/

> 名 **行為**、行動（≒act）

□ 0930
mess
/més/
[類音] miss（〜がいないのを寂しく思う /mís/）

> 名 **乱雑**、混乱、めちゃくちゃな様子（≒chaos）；困難、窮地
> 動 〜を散らかす、汚くする（＋up）
> 形 messy（乱雑な、汚い）

□ 0931
shortage
/ʃɔ́ːrtidʒ/

> 名 **(〜の) 不足**、欠乏（of 〜）
> 形 short（短い；低い；不足した、乏しい）

□ 0932
capacity
/kəpǽsəti/

> 名 **収容能力**、定員；(潜在的な) 能力；生産能力
> 名 capability（能力、才能）
> 形 capable（[be capable of 〜で] 〜の能力がある；有能な）

□ 0933
forecast
/fɔ́ːrkæst/

> 名 **予測**、予想（≒prediction）；(天候の) 予報　動 〜を予想する、予測する（≒predict）；(天気など) を予報する

□ 0934
philosophy
/filάsəfi/
❶アクセント注意

> 名 **哲学**；人生哲学、人生観
> 名 philosopher（哲学者）
> 形 philosophical（哲学の；[〜について] 冷静な、達観した [about 〜]）

□ 0935
triumph
/tráiəmf/

> 名 **勝利**、征服（≒victory）；勝利感、勝利の喜び；大成功　動 (敵などに) 打ち勝つ（over 〜）；成功する
> 形 triumphant（勝利を収めた、成功した；勝ち誇った）
> 副 triumphantly（勝ち誇って、意気揚々と）

□ 0936
advertisement
/ædvərtáizmənt/
❶発音注意

> 名 **(商品・求人の) 広告**　❶略語はad、adv
> 動 advertise（〜を宣伝する、広告する）
> 名 advertising（広告を出すこと、宣伝すること）

continued
▼

マラソンで例えると、『キクタンBasic』は今、一番苦しい35キロ地点。でも、ゴールはもうすぐそこに見えている。頑張れ！

☐ 聞くだけモード　Check 1
☐ しっかりモード　Check 1 ▶ 2
☐ かんぺきモード　Check 1 ▶ 2 ▶ 3

Check 2　Phrase

☐ do a good [bad] deed（よい［悪い］行いをする）

☐ clear up the mess（散らかしを片づける）
☐ get into a mess（混乱する；困ったことになる）

☐ a shortage of food [rain]（食料［水］不足）

☐ a capacity crowd（満員の観客）
☐ at full capacity（フル操業で、全能力を上げて）

☐ annual sales forecast（年間販売予想）
☐ the weather forecast（天気予報）

☐ moral philosophy（道徳哲学、倫理学）

☐ achieve a great triumph（大勝利を収める）
☐ a cry of triumph（勝利の雄たけび）

☐ a newspaper advertisement（新聞広告）
☐ put an advertisement in ~（~に広告を出す）

Check 3　Sentence

☐ He was admired for his brave deeds.（彼は勇敢な行為によって称賛された）

☐ Your room is a mess, so clean it up.（部屋が散らかっているので片づけなさい）

☐ There is a shortage of doctors in the village.（その村には医者が不足している）

☐ This car's seating capacity is six people.（この車の定員は6人だ）

☐ According to the TV, the forecast for tomorrow is sunny skies.（テレビによると明日の天気予報は晴れだ）

☐ Laurel's philosophy of life is to enjoy it as much as possible.（ローレルの人生哲学は最大限に人生を楽しむことだ）

☐ The dam was once thought of as man's triumph over nature.（そのダムは自然に対する人間の勝利とかつて考えられていた）

☐ The advertisement in the paper was for a big sale on the weekend.（新聞の広告は週末の大セールのためのものだった）

WEEK 1
WEEK 2
WEEK 3
WEEK 4
WEEK 5
WEEK 6
WEEK 7
WEEK 8
WEEK 9
WEEK 10

continued
▼

Day 59

Check 1　Listen 》CD-B24

0937 envy /énvi/
- 名 **ねたみ**、嫉妬（≒jealousy）；うらやましさ　動 ～をうらやむ、ねたむ
- 形 envious（[～を] うらやんで、ねたんで [of ～]）
- 副 enviously（うらやましそうに）

0938 prospect /práspekt/
- 名 (成功などの) **見込み**、可能性（≒outlook, expectation）；有望な候補者；眺望（≒view）
- 形 prospective（予想される、将来の；見込みのある）

0939 harvest /há:rvist/
- 名 **収穫**；収穫期；収穫量　動 ～を収穫する

0940 landscape /lǽndskèip/
- 名 **風景**；風景画；状況、展望

0941 conflict /kánflikt/
- 名 **争い**、紛争、闘争（≒clash, war）；（利害などの）対立、葛藤
- 動 (/kənflíkt/)（意見・利害などが）対立する；（行事などが）かち合う

0942 glow /glóu/
[類音] grow（成長する /gróu/）
- 名 **輝き**、白熱、（ほおの）紅潮；熱情；（感情の）高まり；（体の）ほてり；（色の）明るさ　動 白熱して輝く；光を放つ；（顔などが）紅潮する

0943 reputation /rèpjutéiʃən/
- 名 (～という) **評判**、うわさ（for ～）；好評、名声（≒fame）
- 形 reputable（評判のよい、尊敬すべき）

0944 stem /stém/
- 名 (植物の) **茎**（≒stalk）；（ワイングラスなどの）脚；（パイプなどの）柄　動 ～を阻止する；（～から）生じる、由来する（from ～）

Day 58 》CD-B23
Quick Review
答えは右ページ下

- □ 知人
- □ 慈悲
- □ 後部
- □ 負担
- □ 協力
- □ 見せ物
- □ 船旅
- □ 編集者
- □ 栄光
- □ 仕事
- □ 本能
- □ 陰謀
- □ 名声
- □ 迅速
- □ 貧乏
- □ 定義

Check 2　Phrase

- in envy of ～（～をうらやんで）
- be the envy of ～（～のせん望の的になっている）

- the prospects for the future（将来の見通し）
- a good prospect for the next election（次の選挙の有望な候補者）

- a good [bad] harvest（豊[凶]作）
- the wheat harvest（小麦の収穫）

- a rural landscape（田舎の風景）
- the political landscape（政治状況）

- an armed conflict（武力衝突）
- a conflict of opinions（意見の対立）

- the glow of sunrise（朝焼け）
- a glow of happiness（幸せの満足感）

- have a good reputation（評判がよい）
- gain a reputation（名声を得る）

- a stem of a flower（花の茎）

Check 3　Sentence

- He stared with envy at my new car.（彼はうらやましそうに私の新車をじっと見つめた）

- Both countries are hopeful about the prospects for peace.（両国は和平の可能性に望みを抱いている）

- We should have a good harvest this year because of the excellent weather.（素晴らしい天候だったので、今年は良好な収穫になるはずだ）

- She liked to paint landscapes of mountains and valleys.（彼女は山や渓谷の風景画を描くのが好きだった）

- Two countries peacefully resolved the conflict.（両国は紛争を平和的に解決した）

- The glow of candlelight gave the room a romantic atmosphere.（ろうそくの光の輝きが部屋をロマンチックな雰囲気にした）

- He has a reputation for being a tough negotiator.（彼は手ごわい交渉人であるとの評判だ）

- The stem of this plant was broken by a strong wind.（この植物の茎は強風で折れてしまった）

Day 58)) CD-B23
Quick Review
答えは左ページ下

- acquaintance
- mercy
- rear
- burden
- cooperation
- spectacle
- voyage
- editor
- glory
- task
- instinct
- scheme
- fame
- haste
- poverty
- definition

WEEK 1 / WEEK 2 / WEEK 3 / WEEK 4 / WEEK 5 / WEEK 6 / WEEK 7 / WEEK 8 / **WEEK 9** / WEEK 10

Day 60

★★★★
Level 4＿名詞(Noun) 4

Check 1　　Listen 》CD-B25

□ 0945
context
/kάntekst/
- 名 (文章・事柄の) **前後関係**、文脈；(事柄の) 背景、状況 (≒ circumstance)

□ 0946
virtue
/vˈəːrtʃuː/
- 名 **美徳** (≒ goodness　⇔ vice)；道徳的美点；長所 (≒ good point)
- 形 virtuous (徳の高い、高潔な)

□ 0947
status
/stéitəs/
- 名 **地位**、身分 (≒ position)；高い社会的地位 (≒ prestige)；状態、状況 (≒ circumstance)

□ 0948
ancestor
/ǽnsestər/
❶アクセント注意
- 名 **先祖**、祖先 (⇔ descendant [子孫])；(〜の) 原型 (of 〜)
- 名 ancestry (先祖、祖先；家系、家柄)
- 形 ancestral (先祖 [祖先] の)

□ 0949
disaster
/dizǽstər/
- 名 **災害**、天災、大惨事 (≒ calamity、catastrophe)；完全な失敗
- 形 disastrous (災害 [災難] を引き起こす；悲惨な)

□ 0950
genius
/dʒíːnjəs/
- 名 **天才**；非凡な才能、天分

□ 0951
wildlife
/wáildlàif/
- 名 **野生生物**

□ 0952
privilege
/prívəlidʒ/
- 名 **特権**、特典；恩恵、名誉 (≒ honor)
- 形 privileged (特権 [特典] のある；特権階級に属する)

continued
▼

つらくてやめたくなったら、Check 1の「聞くだけモード」でもOK。Check 2と3は後日に取っておいて、必ず1日1回はCDを聞くようにしよう。

- □ 聞くだけモード　Check 1
- □ しっかりモード　Check 1 ▶ 2
- □ かんぺきモード　Check 1 ▶ 2 ▶ 3

Check 2　Phrase

□ **in this context**（この文脈［状況］では）
□ **out of context**（文脈［状況］を無視して）

□ **the virtues of silence**（沈黙の美徳）

□ **social status**（社会的地位）
□ **the status of the negotiations**（交渉の状況）

□ **ancestor worship**（祖先崇拝）

□ **a man-made disaster**（人災）
□ **a total disaster**（どうしようもない大失敗）

□ **a genius in mathematics**（数学の天才）
□ **have a genius for ~**（~の才能がある）

□ **wildlife protection**（野生生物の保護）

□ **have the privilege of ~**（~の特権を有する）

Check 3　Sentence

□ **In what context should I use this word?**（この単語はどのような文脈で使えばいいのですか？）

□ **In literature, the swan has been a symbol of virtue.**（文学の中で、ハクチョウは美徳のシンボルであり続けてきた）

□ **You must show proof of student status to enter the university library.**（大学の図書館に入るには学生の地位にあることを証明しなければならない）

□ **My ancestors come from Poland.**（私の祖先はポーランド出身だ）

□ **We don't know when natural disasters will happen.**（いつ天災が起こるか分からない）

□ **My son is no genius, but he got into Harvard.**（私の息子は決して天才ではないが、ハーバード大学に入学した）

□ **The wildlife in this state is protected by many laws.**（この州の野生生物は多くの法律によって保護されている）

□ **It was a privilege to meet the famous scientist.**（著名な科学者に会えるとは名誉なことだった）

WEEK 1
WEEK 2
WEEK 3
WEEK 4
WEEK 5
WEEK 6
WEEK 7
WEEK 8
WEEK 9
WEEK 10

continued
▼

Day 60

Check 1 Listen)) CD-B25

0953 infant /ínfənt/
- 名 (特に歩き始める前の) **赤ん坊** (≒baby)、幼児 (≒child)
- 形 赤ん坊の、幼児の；(事業などが) 初期 (段階) の
- 名 infancy (幼時、幼年期；[発達の] 初期)

0954 factor /fæktər/
- 名 **要素**、要因　動 ～を計算に入れる (+in)

0955 sacrifice /sǽkrəfàis/
- 名 **犠牲**：いけにえ、ささげ物；犠牲的行為　動 ～を犠牲にする；～をいけにえにする

0956 outcome /áutkÀm/
- 名 **結果**、成果 (≒result)

0957 coward /káuərd/
- 名 **臆病者**、意気地なし
- 名 cowardice (臆病)
- 形 cowardly (臆病な、意気地のない)

0958 guarantee /gærəntíː/ ❶発音注意
- 名 **保証** (≒assurance)；債務保証；担保 (物件)　動 ～を保証する

0959 shelter /ʃéltər/
- 名 (悪天候・危険などを避ける) **避難所** (≒cover)、小屋；(風雨などをしのぐ) 家　動 ～をかくまう；～を保護する；避難する

0960 tension /ténʃən/
- 名 (政治的・社会的な) **緊張関係**；(精神的な) 緊張；ぴんと張ること
- 形 tense (緊張した、[筋肉などが] ぴんと張った)

| Day 59)) CD-B24
Quick Review
答えは右ページ下 | □ 行為
□ 乱雑
□ 不足
□ 収容能力 | □ 予測
□ 哲学
□ 勝利
□ 広告 | □ ねたみ
□ 見込み
□ 収穫
□ 風景 | □ 争い
□ 輝き
□ 評判
□ 茎 |

Check 2　Phrase

- [ ] feed an infant（幼児に授乳する）

- [ ] social and economic factors（社会的・政治的要因）

- [ ] at the sacrifice of ~（~を犠牲にして）
- [ ] make a sacrifice of ~（~を犠牲にする）

- [ ] the outcome of the war（戦争の結果）
- [ ] a positive outcome（好結果）

- [ ] call him a coward（彼を臆病者と呼ぶ）

- [ ] be under guarantee（保証期間中である）
- [ ] a money-back guarantee（返金保証）

- [ ] a temporary shelter（一時避難所）
- [ ] a bus shelter（バス待合所）

- [ ] international tension（国際間の緊張）
- [ ] feel tension（緊張する）

Check 3　Sentence

- [ ] These clothes are for infants aged six months to one year.（これらの服は生後6カ月から1歳の幼児向けだ）

- [ ] There were several factors that lost us the game.（私たちが試合に負けた要因はいくつかあった）

- [ ] Parenthood sometimes calls for sacrifice.（親であることは時に犠牲を必要とする）

- [ ] I didn't think there would be this kind of outcome.（このような結果になるとは私は考えていなかった）

- [ ] He is a coward and is afraid to speak up to his boss.（彼は臆病で、上司に対して率直に意見を言うのを怖がっている）

- [ ] Hard work is a guarantee of success.（勤勉は成功の保証となる）

- [ ] The campers built a small shelter.（そのキャンパーたちは小さな避難所を作った）

- [ ] Peace talks eased the tension between the two nations.（和平会談によって両国間の緊張関係が和らいだ）

Day 59))) CD-B24
Quick Review
答えは左ページ下

- [ ] deed
- [ ] mess
- [ ] shortage
- [ ] capacity
- [ ] forecast
- [ ] philosophy
- [ ] triumph
- [ ] advertisement
- [ ] envy
- [ ] prospect
- [ ] harvest
- [ ] landscape
- [ ] conflict
- [ ] glow
- [ ] reputation
- [ ] stem

WEEK 1
WEEK 2
WEEK 3
WEEK 4
WEEK 5
WEEK 6
WEEK 7
WEEK 8
WEEK 9
WEEK 10

Day 61

★★★★
Level 4 — 名詞(Noun) 5

Check 1　　Listen))) CD-B26

0961 misery /mízəri/
- 名 悲惨、惨めさ、不幸；窮乏
- 形 miserable（惨めな、ひどく不幸な；嫌な、不愉快な；ひどい）

0962 circumstance /sə́ːrkəmstæns/
- 名（通例〜s）周囲の事情、(付帯)状況（≒ situation）、環境　⊕ environment は「自然環境」
- 形 circumstantial（状況の；付随［二義］的な）

0963 quantity /kwɑ́ntəti/
- 名 量；分量、数量　⊕「質」は quality
- 形 quantitative（量的な、量に関する）

0964 site /sáit/
[同音] cite（〜を引用する）、sight（視力）
- 名 場所、位置；遺跡；(事件などの)現場　動（通例 be sited で）(建物などが)位置する（≒ be located）

0965 discipline /dísəplin/
❶アクセント注意
- 名 鍛錬、訓練；規律、秩序；自制　動 〜を罰する；〜に規律を守らせる
- 形 disciplined（きちんとしつけられた、規律正しい）

0966 layer /léiər/
- 名 層；積む物；(社会・組織などの)階層　動 〜を層にする；(髪)を段カットする
- 動 lay（〜を横たえる；〜を並べる、積む）

0967 machinery /məʃíːnəri/
❶発音注意
- 名 機械装置、機械設備、機械；(社会・政治などの)仕組み、組織　⊕ machinery は通例「大きな機械」を指す
- 名 machine（機械）

0968 decade /dékeid/
- 名 10年間

continued
▼

よーし、とうとう残り10日！ 今日と明日で、Level 4の名詞の学習も終わり。まずは、チャンツの音楽に乗って、楽しく学習を始めよう！

- 聞くだけモード　Check 1
- しっかりモード　Check 1 ▶ 2
- かんぺきモード　Check 1 ▶ 2 ▶ 3

Check 2　Phrase

- □ live in misery（みじめな生活をする）

- □ under any circumstances（どのような状況でも）
- □ political circumstances（政治的状況）

- □ a large [small] quantity of wine（多量［少量］のワイン）

- □ a building site（建設用地）
- □ historic sites（史跡）

- □ military discipline（軍隊の訓練）
- □ school discipline（学校の規律）

- □ the ozone layer（オゾン層）

- □ farm machinery（農業機械）
- □ the machinery of government（政治機構）

- □ for the last three decades（ここ30年間）

Check 3　Sentence

- □ The earthquake has caused misery to thousands of homeowners.（その地震は何千もの住宅所有者に不幸をもたらした）

- □ The police did not know the circumstances behind the murder.（警察はその殺人事件の背後にある事情を知らなかった）

- □ Quality is much more important than quantity.（品質は量よりもずっと大切である）

- □ The site for next year's general meeting is the Hotel Vancouver.（来年の総会の会場はホテルバンクーバーだ）

- □ Military schools are famous for teaching discipline.（陸軍士官学校は規律を教えることで有名だ）

- □ The road is covered with a thin layer of ice.（道路は薄い氷の層で覆われている）

- □ This machinery can fill a thousand cans an hour.（この機械は1時間に缶詰を1000個生産することができる）

- □ He spent a decade working on that book.（彼はその本の執筆に10年間費やした）

WEEK 1
WEEK 2
WEEK 3
WEEK 4
WEEK 5
WEEK 6
WEEK 7
WEEK 8
WEEK 9
WEEK 10

continued ▼

Day 61

Check 1 Listen)) CD-B26

0969 focus /fóukəs/
名(興味・活動などの) **焦点**、中心 動(注意・関心など)を集中させる；(レンズなど)の焦点を合わせる

0970 scholar /skálər/
名 **学者**；奨学生 ➕ 通例、人文系の「学者」を指す。理科系の「学者」はscientist
名scholarship (奨学金；学問、学識)
形scholarly (学術的な、専門的な；学者の)

0971 vice /váis/
名 **悪徳**、不道徳 (⇔virtue)；悪習；悪癖
形vicious (凶暴な、残忍な；不道徳な；意地の悪い；[苦痛などが] ひどい)

0972 charm /tʃáːrm/
名 **魅力**；(首飾りなどにつける) 飾り；まじない、呪文 動 ~を魅了する；~を喜ばせる；(不思議な力で) ~を操る
形charming (魅力的な；すてきな)

0973 plot /plát/
名(小説・劇などの) **筋**、構想；陰謀、たくらみ 動~をひそかに計画する、~しようとたくらむ (to do)

0974 suburb /sábəːrb/
❶アクセント注意
名 (the ~s) **郊外**；郊外の一地区
形suburban (郊外の；退屈な；偏狭な)

0975 limb /lím/
❶発音注意
名 **大枝**；(人・動物の) 手足、肢

0976 component /kəmpóunənt/
名 **構成要素**；成分；部品、パーツ 形(機械・機構などを) 構成している

Day 60)) CD-B25
Quick Review
答えは右ページ下

- 前後関係
- 美徳
- 地位
- 先祖

- 災害
- 天才
- 野生生物
- 特権

- 赤ん坊
- 要素
- 犠牲
- 結果

- 憶病者
- 保証
- 避難所
- 緊張関係

Check 2 Phrase

- shift one's focus to ~（～に焦点を移す、目を向ける）
- in [out of] focus（焦点が合って[外れて]）

- an English scholar（英語学者）

- virtue and vice（美徳と悪徳）
- an unhealthy vice（不健全な悪習）

- have both charm and talent（魅力と才能を兼ね備えている）
- be under the charm of ~（～の魔力をかけられている）

- plot development（筋の展開）
- a plot against the government（政府に対する策略）

- move to the suburbs（郊外に引っ越す）

- the upper [lower] limb（上[下]肢）

- chemical components（化学成分）

Check 3 Sentence

- He was the focus of everyone's attention.（彼はみんなの注目の的だった）

- He's a legal scholar who teaches at Harvard University.（彼はハーバード大学で教えている法学者だ）

- Her vice is that she uses too many bad words.（彼女の悪習は汚い言葉を使いすぎることだ）

- Tracy is a woman of great humor and charm.（トレーシーはとてもユーモアと魅力のある女性だ）

- The plot of this story is too complicated to understand.（この物語の筋は複雑すぎて理解できない）

- He lives in the suburbs and takes the train to work every day.（彼は郊外に住んでいて、毎日電車で通勤している）

- The boy tried to climb on a tree limb.（その少年は木の大枝に登ろうとした）

- A major component of that drug was found in Burma.（その薬の主成分はビルマで見つかった）

Day 60)) CD-B25
Quick Review
答えは左ページ下

- context
- virtue
- status
- ancestor
- disaster
- genius
- wildlife
- privilege
- infant
- factor
- sacrifice
- outcome
- coward
- guarantee
- shelter
- tension

WEEK 1
WEEK 2
WEEK 3
WEEK 4
WEEK 5
WEEK 6
WEEK 7
WEEK 8
WEEK 9
WEEK 10

Day 62

★★★★
Level 4＿名詞(Noun) 6

Check 1　　Listen 》CD-B27

□ 0977
sorrow
/sárou/
- 名 **悲しみ**、悲哀（≒ grief）；悲しいこと、不幸　動 悲しむ、嘆く
- 形 sorrowful（悲しんでいる；悲しげな；悲惨な）
- 副 sorrowfully（悲しそうに）

□ 0978
humanity
/hju:mǽnəti/
❶アクセント注意
- 名 **人道**、博愛；人間、人類（≒ mankind）；(the -ies) 人文科学；人間性
- 形 humane（思いやりのある、人道的な）、humanitarian（人道主義的な）

□ 0979
destination
/dèstənéiʃən/
- 名 **目的地**、行き先；(荷物などの) 送付先、到着地
- 名 destiny（運命、宿命）
- 形 destined（[~を] 受ける運命にある [for ~]；[~] 行きの [for ~]）

□ 0980
logic
/ládʒik/
- 名 **論理**、論法、理論；論理学
- 形 logical（論理的な、筋が通った；論理の）

□ 0981
survey
/sə́:rvei/
- 名 **調査**；調査書 [表]；測量　動（/sərvéi/）（世論など）を調査する；~を精査する；(土地など) を測量する

□ 0982
flame
/fléim/
[類音] frame（枠 /fréim/）
- 名 **炎**、火炎（≒ blaze）；情熱　動（顔が）ぱっと赤らむ；炎を上げて燃える（+ up）
- 形 flaming（[色が] 燃えるように赤い；燃えている）

□ 0983
wisdom
/wízdəm/
- 名 **知恵**、賢明；知識、博識
- 形 wise（賢い、知恵がある）

□ 0984
consequence
/kánsəkwèns/
❶アクセント注意
- 名 **結果**、成り行き、影響（≒ result）
- 形 consequent（結果として起こる）
- 副 consequently（その結果、従って [≒ therefore]）

continued
▼

今日でLevel 4の名詞も最終日。手ごわい語の連続だったけれど、しっかりとマスターできた？ チャンツCDを「聞き流すだけ」の復習ももちろんOK！

☐ 聞くだけモード　Check 1
☐ しっかりモード　Check 1 ▶ 2
☐ かんぺきモード　Check 1 ▶ 2 ▶ 3

Check 2　Phrase

☐ feel sorrow for ~（～を悲しむ）
☐ the joys and sorrows of life（人生の苦楽）

☐ a man of deep humanity（人情味あふれる人）
☐ for the benefit of humanity（人類の利益のために）

☐ a tourist destination（観光目的地）

☐ bad logic（誤った論法）
☐ the logic of evolution（進化理論）

☐ the results of the survey（調査結果）

☐ burst into flames（ぱっと燃え上がる）
☐ the flame of love（炎のような愛）

☐ an old man's wisdom（老人の知恵）
☐ question the wisdom of ~（～はどうかと思う、～を疑問視する）

☐ cause grave consequences（重大な結果を招く）
☐ by the natural consequences（自然の成り行きで）

Check 3　Sentence

☐ Her life was filled with sorrow.（彼女の人生は悲しみに満ちていた）

☐ All war is a crime against humanity.（すべての戦争は人類に対する犯罪行為だ）

☐ She is in Florida now, but her final destination is New York.（彼女は今フロリダにいるが、最終目的地はニューヨークだ）

☐ The logic of his plan is perfect.（彼の計画の理論は完ぺきだ）

☐ We conducted a survey on smoking habits of teenagers.（私たちは10代の子どもたちの喫煙習慣に関する調査を行った）

☐ She watched the flames in the fireplace.（彼女は暖炉の中の炎を見つめた）

☐ Wisdom is knowledge plus experience.（知恵とは知識と経験を兼ね備えていることだ）

☐ They need to face up to the consequences of their actions.（彼らは自分たちの行動の結果を直視する必要がある）

continued ▼

Day 62

Check 1　Listen 》CD-B27

0985 award /əwɔ́:rd/
名 **賞**；賞金、賞品（≒prize、reward）；賠償金　動（賞など）を授与する

0986 potential /pəténʃəl/
名 **可能性**、潜在性（≒possibility）；潜在能力　形 可能性がある、潜在的な（⇔actual）
名 potentiality（可能性、潜在性）

0987 grain /gréin/
名 **穀物**（の種）；粒子；木目、石目

0988 rebel /rébəl/
名 **反逆者**；反抗者　動（/ribél/）（政府などに）反逆する、反乱を起こす、反抗する（against ～）
名 rebellion（反逆、反乱；反抗）
形 rebellious（反抗的な、反体制の）

0989 departure /dipá:rtʃər/
名 **出発**、発車（⇔arrival）；辞任、退任；（常道から）それること、逸脱
動 depart（出発する；[常道・習慣などから] 外れる、それる [from ～]）

0990 origin /ɔ́:rədʒin/
❶アクセント注意
名 **源**、起源、始まり；生まれ、素性、家柄
動 originate（[～から] 生じる [from ～]；[～に] 源を発する [in ～]）
名 original（原作、原文）
形 original（最初の；独創的な）

0991 emergency /imə́:rdʒənsi/
名 **緊急**[非常]**事態**、突発事件
動 emerge（現れる）
名 emergence（出現、発生）
形 emergent（新興の、新生の；緊急の）

0992 incident /ínsədənt/
名 **出来事**、事件；偶発 [付随] 事件
名 incidental（[～s] 雑費）
形 incidental（付随的な；[～に] 付き物の [to ～]）
副 incidentally（ついでながら；付随的に）

Day 61 》CD-B26
Quick Review
答えは右ページ下

- ☐ 悲惨
- ☐ 周囲の事情
- ☐ 量
- ☐ 場所
- ☐ 鍛錬
- ☐ 層
- ☐ 機械装置
- ☐ 10年間
- ☐ 焦点
- ☐ 学者
- ☐ 悪徳
- ☐ 魅力
- ☐ 筋
- ☐ 郊外
- ☐ 大枝
- ☐ 構成要素

Check 2   Phrase

- ☐ Academy Award (アカデミー賞)
- ☐ receive an award of $~ (~ドルの賠償金を受ける)

- ☐ the potential for the future (将来への可能性)
- ☐ human potential (人間の潜在能力)

- ☐ a field of grain (穀物畑)

- ☐ rebel forces (反乱軍)

- ☐ a point of departure (出発点)
- ☐ a departure platform (出発ホーム)

- ☐ the origin of infection (感染源)
- ☐ an American of Irish origin (アイルランド系のアメリカ人)

- ☐ an emergency exit (非常口)
- ☐ emergency numbers (緊急電話番号)

- ☐ without incident (無事に)
- ☐ an unexpected incident (予期せぬ出来事)

Check 3   Sentence

- ☐ Judy won an award for her outstanding novel. (ジュディは素晴らしい小説を書いて賞を受けた)

- ☐ Frank did not have the potential to succeed, so we fired him. (フランクには成功の見込みがなかったので、私たちは彼を解雇した)

- ☐ Don't waste even a single grain of rice. (一粒のお米も無駄にしてはいけません)

- ☐ Antigovernment rebels have seized the TV station. (反政府の反逆者たちはテレビ局を奪い取った)

- ☐ The departure time of that flight is 9:30 a.m. (その飛行機の出発時刻は午前9時30分だ)

- ☐ The origins of many English words can be traced to Latin. (多くの英単語の語源はラテン語にさかのぼることができる)

- ☐ The emergency room was filled with sick and injured people. (救急処置室は病人とけが人でいっぱいだった)

- ☐ That incident led to the war between those two countries. (その事件が2国間の戦争へとつながった)

WEEK 1
WEEK 2
WEEK 3
WEEK 4
WEEK 5
WEEK 6
WEEK 7
WEEK 8
WEEK 9
WEEK 10

Day 61))CD-B26
Quick Review
答えは左ページ下

- ☐ misery
- ☐ circumstance
- ☐ quantity
- ☐ site
- ☐ discipline
- ☐ layer
- ☐ machinery
- ☐ decade
- ☐ focus
- ☐ scholar
- ☐ vice
- ☐ charm
- ☐ plot
- ☐ suburb
- ☐ limb
- ☐ component

Day 63

政治(Politics) 2

Check 1　Listen 》CD-B28

0993 colony /kάləni/
- 名 **植民地**；居留地、居留民；(同一種の生物の) 群集、コロニー
- 動 colonize (～を植民地化する)
- 名 colonist (入植者)
- 形 colonial (植民地の)

0994 nationality /næ̀ʃənǽləti/
- 名 **国籍**；(一国家内の) 民族
- 名 nation (国、国家；国民)、nationalism (国家主義)
- 形 national (国家の；国民の)

0995 parliament /pάːrləmənt/
❶発音注意
- 名 (P～) (英国の) **国会**、議会；(オーストラリアなど英国以外の) 国会　●日本の「国会」はDiet、米国の「国会」はCongress
- 形 parliamentary (議会の；議会で制定された)

0996 territory /térətɔ̀ːri/
- 名 **領土**、領地；(広い) 地域、地方 (≒ region)；(活動などの) 領域 (≒ field)
- 形 territorial (領土の；土地の)

0997 cabinet /kǽbənit/
- 名 (しばしばC～) **内閣**；閣僚；(米国大統領の) 顧問団；キャビネット　●米国の「内閣」はadministration

0998 election /ilékʃən/
- 名 **選挙**、投票；当選
- 動 elect (～を [投票で] 選ぶ、選挙する；～することに決める [to do])
- 形 electoral (選挙の；選挙人の)

0999 republic /ripʌ́blik/
- 名 **共和国**、共和制国家　●「君主国」はmonarchy
- 名 republican ([R～] 共和党員；共和主義者)
- 形 republican ([R～] 共和党の；共和国の；共和主義の)

1000 welfare /wélfèər/
- 名 **福祉援助**、生活保護；幸福、福祉、福利 (≒ well-being)

continued
▼

今日で学習語彙が1000語を突破！ Week 9の最終日は、「政治」関連語の残りを見ていこう。まずは、チャンツからスタート！

- ☐ 聞くだけモード　Check 1
- ☐ しっかりモード　Check 1 ▶ 2
- ☐ かんぺきモード　Check 1 ▶ 2 ▶ 3

Check 2　Phrase

- ☐ a former French colony（フランスの旧植民地）
- ☐ a penal colony（流刑地、犯罪者植民地）

- ☐ What nationality are you [What is your nationality]?（国籍はどこですか?）
- ☐ dual nationality（二重国籍）

- ☐ be elected to Parliament（議員に選出される）
- ☐ dissolve [convene] a parliament（議会を解散 [召集] する）

- ☐ enemy territory（敵の領土）
- ☐ unexplored territory（未開地）

- ☐ cabinet approval rating（内閣支持率）
- ☐ a cabinet reshuffle（内閣改造）

- ☐ an election campaign（選挙運動）
- ☐ a presidential election（大統領選挙）

- ☐ the Republic of Ireland（アイルランド共和国）
- ☐ a socialist republic（社会主義共和国）

- ☐ receive welfare（生活保護を受ける）
- ☐ social welfare（社会福祉）

Check 3　Sentence

- ☐ Australia is a former British colony.（オーストラリアはイギリスの旧植民地だ）

- ☐ She acquired Japanese nationality last year.（彼女は昨年、日本国籍を取得した）

- ☐ The English Parliament building is beside the Thames River.（イギリスの国会議事堂はテームズ川に面している）

- ☐ The territory was invaded by the enemy.（その領土は敵によって侵略された）

- ☐ The party thought that a stable society needs a single-party cabinet.（安定した社会には1党から成る内閣が必要だとその党は考えていた）

- ☐ The mayor won the election easily.（市長は選挙に難なく勝利した）

- ☐ After the long revolution, the country became a republic.（長い革命を経て、その国は共和国になった）

- ☐ He is in charge of administering welfare programs.（彼は福祉援助計画の運営の責任者だ）

continued
▼

Day 63

Check 1　Listen))) CD-B28

□ 1001 crisis
/kráisis/

- 名 **危機**、重大局面；(人生などの)重大な分かれ目；(病気の) 峠
- 形 critical ([〜を] あら探しする [of 〜]；重大な；危機の)
- 副 critically (決定的に；批評的に)

□ 1002 majority
/mədʒɔ́ːrəti/

- 名 **大多数**、大部分 (⇔minority)；過半数、絶対多数
- 動 major ([〜を] 専攻する [in 〜])
- 名 major (専攻科目)
- 形 major (大きいほうの；過半数の [⇔minor]；主要な)

□ 1003 administration
/ədmìnəstréiʃən/

- 名 (the 〜) **行政機関**；(しばしば A〜)(主に米国の) 政府、内閣；経営陣；経営、管理
- 動 administer (〜を治める、管理する；〜を施行する、実施する)
- 形 administrative (行政の；管理の)

□ 1004 military
/mílitèri/

- 形 **軍(隊)の** (⇔civil) 名 (the 〜) 軍隊
- 名 militarism (軍国主義)、militia ([通例the 〜] 市民軍)
- 形 militant (攻撃 [好戦] 的な)

□ 1005 democratic
/dèməkrǽtik/
❶アクセント注意

- 形 **民主主義の**、民主制の；(D〜)(米国の) 民主党の
- 名 democracy (民主主義)、democrat (民主主義者)

□ 1006 political
/pəlítikəl/

- 形 **政治の**、政治に関する；政治的な
- 名 politician (政治家、政治屋)、politics (政治；政治活動；政略；政治学)

□ 1007 domestic
/dəméstik/

- 形 **自国の**、国内の (⇔foreign)；家庭の；家庭的な；(動物などが) 人になれた、人に飼育されている (≒tame ⇔wild)
- 動 domesticate ([動物] を飼いならす、家畜化する)

□ 1008 official
/əfíʃəl/
❶アクセント注意

- 形 **公の**、公式の；職務上の 名 役人、公務員；職員、委員；審判員
- 名 office (事務所；会社；職場)、officer ([高い地位にある] 役人、公務員；警官；役員、幹部)
- 副 officially (公式に；公式には)

Day 62))) CD-B27
Quick Review
答えは右ページ下

- □ 悲しみ
- □ 人道
- □ 目的地
- □ 論理
- □ 調査
- □ 炎
- □ 知恵
- □ 結果
- □ 賞
- □ 可能性
- □ 穀物
- □ 反逆者
- □ 出発
- □ 源
- □ 緊急事態
- □ 出来事

Check 2 Phrase

- ☐ a financial [health] crisis（金融［健康］危機）
- ☐ bring ~ to a crisis（~を危機に追い込む）

- ☐ by a large majority（大差をつけて）
- ☐ be in the majority（過半数［多数］を占めている）

- ☐ the Bush Administration（ブッシュ政権）
- ☐ business administration（企業経営）

- ☐ military government（軍政）
- ☐ reforms in the military（軍隊内の改革）

- ☐ democratic government（民主政治）
- ☐ democratic policies（民主的な政策）

- ☐ a political view（政見）
- ☐ a political action（政治的行為）

- ☐ domestic products（国産品）
- ☐ domestic appliances（家庭用電化製品）

- ☐ an official statement（公式声明）
- ☐ official powers（職権）

Check 3 Sentence

- ☐ The country got over its economic crisis.（その国は経済危機を乗り越えた）

- ☐ A majority of the members decided to elect him chairman.（会員の大多数が彼を会長に選出することに決めた）

- ☐ He was a staffer in Bill Clinton's administration.（彼はビル・クリントン政府の職員だった）

- ☐ All young men in the country have to do two years of military service.（その国のすべての若者は2年間の兵役に就かなくてはならない）

- ☐ The people were hoping for fair, democratic elections.（人々は公正で民主的な選挙を望んでいた）

- ☐ The country is facing a political crisis.（その国は、政治危機に直面している）

- ☐ The airline serves both domestic and foreign routes.（その航空会社は国内・海外の両ルートに就航している）

- ☐ One of the official languages of Singapore is English.（シンガポールの公用語の1つは英語だ）

WEEK 1
WEEK 2
WEEK 3
WEEK 4
WEEK 5
WEEK 6
WEEK 7
WEEK 8
WEEK 9
WEEK 10

Day 62))) CD-B27
Quick Review
答えは左ページ下

- ☐ sorrow
- ☐ humanity
- ☐ destination
- ☐ logic
- ☐ survey
- ☐ flame
- ☐ wisdom
- ☐ consequence
- ☐ award
- ☐ potential
- ☐ grain
- ☐ rebel
- ☐ departure
- ☐ origin
- ☐ emergency
- ☐ incident

Week 9 Review

今週学習した語彙の定着度をチェック！ 下の英文と右ページの訳を読みながら、赤字部分の単語がしっかりと身についているかを確認しよう。意味が分からないときは、見出し語番号を参照して学習日の語彙を復習しておこう。

We depend on our government whenever there is a crisis (1001). Regardless of the circumstances (0962), if a natural disaster (0949) strikes we expect our government to quickly respond to the emergency (0991) in many different capacities (0932). For example, when a forest fire threatens our homes or the surrounding wildlife (0951), we want firefighters to put out the flames (0982). If a hurricane is headed in our direction, we want the national weather service to provide accurate forecasts (0933) so that we can take precautions. If a drought destroys our farmers' harvests (0939), we want the government to buy grain (0987) from other countries to make up for the shortages (0931). When an earthquake strikes, we depend on the government to provide food and shelter (0959). Even if the source (0911) of our troubles is man-made, as when the economy is in despair (0908), we want the government to provide welfare (1000) to keep us out of poverty (0927) and relieve our misery (0961). Whatever the origin (0990) of the crisis (1001), instances (0909) such as these call for the government to assist us in times of sorrow (0977).

□ regardless of ~：~にもかかわらず、~に関係なく　□ put out ~：(火など) を消す
□ head：進む、向かう　□ precaution：予防措置　□ drought：干ばつ、日照り　□ make up for ~：~の埋め合わせ［償い］をする　□ man-made：人造の、人工の　□ relieve：~を和らげる　□ call for ~：~を求める

＊赤字の右上の数字は、その単語の見出し番号を表しています。和文の訳は、見出し語の第1定義ではない場合があります。また、訳中の見出し語訳は、文脈に沿って訳しているため、見出し語の定義と異なることがあります。

危機が発生した場合はいつでも、私たちは政府に頼ります。いかなる事情があろうと、自然災害が起きた場合、私たちは多くの異なる能力において緊急事態に迅速に対応することを政府に期待します。例えば、森林火災が私たちの家や周辺の野生生物を脅かしている場合、私たちは消防士たちに火災を止めることを求めます。ハリケーンが私たちの方向へと向かっているときは、予防措置が取れるように、私たちは国の気象サービスに正確な予報の提供を求めます。干ばつが農業経営者たちの収穫に被害を与えている場合、不足の埋め合わせをするために、私たちは他国から穀物を買うことを政府に求めます。地震が発生すると、私たちは食料や避難所の提供を政府に頼ります。混乱の原因が人によるものだとしても、経済が絶望的な状況にあるといったような場合、私たちは貧困から逃れ、悲惨さを和らげるために、政府に福祉援助の提供を求めます。危機の源が何であれ、以上のような例は不幸な状態にあるときに私たちを助けるよう政府に求めているのです。

WEEK 10

『キクタンBasic 4000』もいよいよ最終週に入りました。Week 10では、まず4000語レベルの形容詞をチェック。残りの3日で経済分野の頻出語をマスターすれば、見事ゴールインです。頑張れ！

Day 64【Level 4_形容詞 ■】
▶ 300
Day 65【Level 4_形容詞 ■】
▶ 304
Day 66【Level 4_形容詞 ■】
▶ 308
Day 67【Level 4_形容詞 ■】
▶ 312
Day 68【経済 ■】
▶ 316
Day 69【経済 ■】
▶ 320
Day 70【経済 ■】
▶ 324

Week 10 Review
▶ 328

英語でコレ言える？
Can you say this in English?

カッコに入る語が分かったら、
あなたは3000語レベル?!

▼

担任の先生に怒られちゃったの。
I was scolded by my teacher.

校則違反でもしたの？
Did you break school rules or something?

私の短いスカートはこの学校にふさわしくないって言うの。
He said my short skirt is not ( ) for this school.

▼
答えはDay 67でチェック！

Day 64

Level 4＿形容詞(Adjective) 1

Check 1　　Listen ») CD-B29

1009
remote
/rimóut/
- 形 (距離的・時間的に) **遠い** (≒far away)；都会から離れた；(可能性などが) わずかな
- 副 remotely ([しばしば否定文で] ほんのわずか [も]；遠く離れて)

1010
ancient
/éinʃənt/
- 形 **古代の** (⇔modern)；古くからの、古来の　名 (the ～s) 古代人

1011
contrary
/kάntreri/
- 形 **正反対の**；(～に) 反する (to ～)；(人・言動が) 意固地な；(天候などが) 都合の悪い　名 (the ～) 逆；反対のもの

1012
tropical
/trάpikəl/
- 形 **熱帯 (地方) の**、熱帯性の；酷暑の

1013
harsh
/hά:rʃ/
- 形 (気候・条件が) **過酷な**、厳しい (⇔mild)；残酷な、無情な；耳 [目] 障りな

1014
extreme
/ikstrí:m/
- 形 **極端な**、極度の；(人・思想などが) 過激な、急進的な (⇔moderate [穏健な])　名 極端、極度；極端な状態
- 名 extremism (過激主義)、extremist (過激主義者)
- 副 extremely (極端 [極度] に；非常に)

1015
shallow
/ʃǽlou/
- 形 **浅い** (⇔deep)；(人・事などが) 浅はかな、深みのない；(呼吸が) 浅い

1016
vain
/véin/
[同音] vein (静脈)
- 形 **うぬぼれ [虚栄心] の強い**；(結果的には) 無駄な、無益な (≒useless)
- 名 vanity (うぬぼれ；虚栄心；むなしさ；無価値)

continued
▼

いよいよ最終週に突入！ ここまでやり終えたキミはエライ！ でも、ここで気は抜けない。Level 4（4000語レベル）の形容詞に進もう。

- □ 聞くだけモード　Check 1
- □ しっかりモード　Check 1 ▶ 2
- □ かんぺきモード　Check 1 ▶ 2 ▶ 3

Check 2　Phrase

- □ a remote village（辺ぴな村）
- □ in the remote past（はるか昔に）

- □ ancient civilization（古代文明）
- □ ancient Greek（古代ギリシャ語）

- □ a contrary opinion（反対意見）
- □ contrary weather（悪天候）

- □ tropical fish（熱帯魚）
- □ a tropical rainforest（熱帯雨林）

- □ the harsh Russian winters（ロシアの厳しい冬）
- □ take harsh measures（厳しい措置をとる）

- □ an extreme example（極端な例）
- □ the extreme cold（極度の寒さ）

- □ a shallow stream（浅い小川）
- □ a shallow thought（浅はかな考え）

- □ a vain man（うぬぼれ屋）
- □ a vain attempt（無駄な試み）

Check 3　Sentence

- □ Explorers travel to remote corners of the earth.（探検家は地球の遠く離れたへき地を旅する）

- □ She is an expert on ancient Roman art.（彼女は古代ローマ美術の専門家だ）

- □ Contrary to what he said, this book is wonderful.（彼の言ったこととは反対に、この本は素晴らしい）

- □ They went to a tropical island for their vacation.（彼らは休暇で熱帯の島に行った）

- □ The movie has received harsh criticism from the reviewers.（その映画は批評家たちから酷評された）

- □ He collapsed from extreme fatigue.（彼は極度の疲労で倒れた）

- □ The water is shallow here so it's safe for children.（ここは浅瀬なので、子どもたちにとって安全だ）

- □ I think she is vain.（彼女はうぬぼれが強いと思う）

continued ▼

Day 64

Check 1　Listen 》CD-B29

☐ 1017
liberal
/líbərəl/
- 形 **偏見のない**（⇔narrow-minded）；自由主義の；気前のよい（≒generous）；厳格でない　名 自由主義者
- 動 liberate（〜を自由にする、解放する）
- 名 liberty（自由、解放、権利）

☐ 1018
parallel
/pǽrəlèl/
- 形 **（〜と）平行の**（to [with] 〜）；同様な、類似した（≒similar）
- 名 類似点；緯度線；平行線　動 〜に似ている；〜と平行する

☐ 1019
primary
/práimeri/
- 形 **最も重要な**（≒most important）；主要な；（学校などが）初級の；初期の
- 副 primarily（主として [≒mainly]、第一に；本来）

☐ 1020
maximum
/mǽksəməm/
- 形 **最高の**、最大の（⇔minimum）　名 最大（限）、最高
- 動 maximize（〜を最大にする）

☐ 1021
delicate
/délikət/
❶発音注意
- 形 **壊れやすい**、傷つきやすい（≒fragile）；細心の注意を要する；か細い；精巧な
- 名 delicacy（ごちそう、珍味；繊細さ、敏感さ；傷つきやすさ）

☐ 1022
artificial
/ὰːrtəfíʃəl/
❶アクセント注意
- 形 **人工の**（⇔natural）；模造の；不自然な、わざとらしい；人為的な

☐ 1023
steep
/stíːp/
- 形 （坂などが）**険しい**、急な；（金額が）不当に高い、法外な（≒unreasonable）；（増加などが）急激な
- 名 steeple（[教会などの] 尖塔）

☐ 1024
inevitable
/inévətəbl/
- 形 **避けられない**、不可避の（≒inescapable、unavoidable）；必然の、必ず起こる
- 副 inevitably（必然的に、必ず）

Day 63 》CD-B28
Quick Review
答えは右ページ下

☐ 植民地　☐ 内閣　☐ 危機　☐ 民主主義の
☐ 国籍　☐ 選挙　☐ 大多数　☐ 政治の
☐ 国会　☐ 共和国　☐ 行政機関　☐ 自国の
☐ 領土　☐ 福祉援助　☐ 軍の　☐ 公の

Check 2 Phrase

- a liberal thinker（偏見のない考え方をする人）
- a liberal policy（自由主義政策）

- two parallel runways（2本の平行した滑走路）
- a parallel case（類例）

- be of primary importance（最も重要である）
- the primary reason（主要な理由）

- for maximum effect（最大の効果が得られるように）

- a delicate flower（しおれやすい花）
- a delicate operation（難しい手術）

- artificial snow（人工雪）
- artificial sweeteners（人工甘味料）

- a steep slope（険しい坂）
- a steep increase（急増）

- an inevitable accident（不可避の事故）
- an inevitable result（必然的結果）

Check 3 Sentence

- I have a liberal view on homosexuality.（私は同性愛に関して偏見のない考えを持っている）

- I love this road because it's parallel to the sea.（海と平行しているので、私はこの道が好きだ）

- My primary concern about school is the maintenance of discipline.（学校に関する私の最大の関心事は規律の維持だ）

- The maximum speed for this street is 30 miles an hour.（この道路の最高速度は時速30マイルだ）

- Michael is a very delicate person.（マイケルはとても繊細な人だ）

- The artificial flowers need no care, but they look cheap.（その造花は手入れが必要ないが、安っぽく見える）

- The mountain was so steep that they had to use their hands to climb it.（その山は険しかったので、彼らは登るために手を使う必要があった）

- It is inevitable that he will take over his father's business.（彼が父親の事業を引き継ぐのは避けられないだろう）

WEEK 1 / WEEK 2 / WEEK 3 / WEEK 4 / WEEK 5 / WEEK 6 / WEEK 7 / WEEK 8 / WEEK 9 / WEEK 10

Day 63 》CD-B28
Quick Review
答えは左ページ下

- colony
- nationality
- parliament
- territory
- cabinet
- election
- republic
- welfare
- crisis
- majority
- administration
- military
- democratic
- political
- domestic
- official

Day 65

★★★★
Level 4 _ 形容詞(Adjective) **2**

Check 1　Listen 》CD-B30

☐ 1025
accurate
/ǽkjurət/
- 形 **正確な**、間違いのない（⇔inaccurate）；精密な
- 名 accuracy（正確さ、的確さ；精度）

☐ 1026
remarkable
/rimá:rkəbl/
- 形 **注目に値する**（⇔unremarkable）；珍しい、驚くべき
- 動 remark（〜と述べる；感想を述べる）
- 副 remarkably（目立って、著しく）

☐ 1027
mature
/mətjúər/
- 形 （心身が）**成熟した**；十分に成長した；(果実などが) 熟した（⇔immature）；熟年の　動 大人になる；熟する；満期になる
- 名 maturity（成熟、十分な成長；満期[日]）

☐ 1028
thorough
/θə́:rou/
❶発音注意
- 形 **完全な**、徹底的な；細心な；周到な；全くの
- 副 thoroughly（すっかり、完全に、徹底的に）

☐ 1029
distinct
/distíŋkt/
- 形 （〜と）**全く異なった**（from 〜）（≒different）；(知覚的に) はっきりした、明確な（≒definite　⇔indistinct）
- 動 distinguish（見分ける；区別する）
- 名 distinction（区別）
- 形 distinctive（独特の）、distinguished（優れた）

☐ 1030
brief
/brí:f/
- 形 **短時間の**、つかの間の（≒short）；(話などが) 簡潔な
- 動 〜に（…の）大要を伝える（on . . .）　名 概要
- 名 brevity（[表現の] 簡潔さ；[時の] 短さ）
- 副 briefly（ちょっとの間；簡潔に）

☐ 1031
external
/ikstə́:rnl/
- 形 **外部の**、外的な（⇔internal）；(薬が) 外用の、皮膚用の；外国の、対外的な

☐ 1032
severe
/sivíər/
- 形 （状況・病気などが）**厳しい**、耐え難い（≒serious）；(評価などが) 容赦ない；厳格な
- 名 severity（厳格、[天候・苦痛などの] 激しさ；簡素）
- 副 severely（厳しく、激しく）

continued
▼

Level 4の形容詞も難しい?! そんなときこそ「繰り返し」の学習が必要。細切れ時間を活用して、語彙に触れる時間を増やそう。

☐ 聞くだけモード　Check 1
☐ しっかりモード　Check 1 ▶ 2
☐ かんぺきモード　Check 1 ▶ 2 ▶ 3

Check 2　Phrase

☐ an accurate answer（正確な答え）
☐ to be accurate（正確に言うと）

☐ a remarkable achievement（注目に値する業績）
☐ a remarkable talent（非凡な才能）

☐ a mature person（成熟した人）
☐ mature fruit（熟した果物）

☐ a thorough investigation（徹底的な調査）
☐ a thorough man（完全主義者）

☐ distinct species（別種）
☐ a distinct voice（はっきりとした声）

☐ a brief life（短い人生）
☐ a brief explanation（簡潔な説明）

☐ external pressure（外圧）
☐ external evidence（外的証拠）

☐ severe pain（激痛）
☐ a severe penalty（厳罰）

Check 3　Sentence

☐ I'm sure the data is accurate.（そのデータは正確であると私は確信している）

☐ Her latest work is remarkable and will win her an award.（彼女の最新作は注目すべきもので、彼女に賞をもたらすだろう）

☐ You are not mature enough to have a relationship with him.（彼と関係を持つには、君はまだ十分に成長していない）

☐ Architects should have a thorough knowledge of construction materials.（建築士は建設資材に関する完全な知識を持っているべきだ）

☐ I have a distinct memory of my grandfather.（私は祖父のことを鮮明に記憶している）

☐ Our meeting was brief, but we covered a lot.（私たちの会議は短時間だったが、多くのことを扱った）

☐ There was no external damage to the building after the fire.（火事の後、その建物には外部の損傷はなかった）

☐ Russia has very severe winters.（ロシアの冬はとても厳しい）

continued ▼

Day 65

Check 1　Listen 》CD-B30

1033
outstanding
/àutstǽndiŋ/

形 **傑出した**、抜群の（≒distinguished）；未解決の；未払いの

1034
passive
/pǽsiv/

形 **受け身の**、受動的な（⇔active）；消極的な；受動態の
副 passively（消極的に；おとなしく）

1035
current
/kə́:rənt/

形 **今の**、現時の（≒present）；最新の（≒up-to-date）　名（川などの）流れ；電流
名 currency（貨幣、通貨；普及）
副 currently（現在［のところ］；一般に）

1036
gross
/gróus/
❶発音注意
［類音］growth（成長 /gróuθ/）

形 **総計の**、全体の（≒total）；嫌な、不快な；ひどい、はなはだしい　名 総計、合計；総収入

1037
minimum
/mínəməm/

形 **最低(限)の**、最小(限)の（⇔maximum）　名 最小の量［数］、最低限度
動 minimize（〜を最小限にする；〜を最小限に評価する）

1038
involved
/inválvd/

形 **関係して**；(事件・犯罪などに)巻き込まれて；複雑な（≒complicated）
動 involve（〜を必然的に含む；〜をかかわらせる；［通例 be involved in 〜で］〜に参加する）
名 involvement（かかわり合い；参加）

1039
significant
/signífikənt/
❶アクセント注意

形 **重大な**、重要な（≒important）；(数・量が)かなりの；意味ありげな（≒suggestive）
名 significance（重要さ、重大性；意味；意義）
副 significantly（著しく、さらに重要なことには；意味深く）

1040
urgent
/ə́:rdʒənt/

形 **緊急の**、急を要する；(声が)差し迫っている響きの
動 urge（〜をせき立てる；〜を推進する）
副 urgently（緊急に；しつこく）

Day 64 》CD-B29　Quick Review
答えは右ページ下

☐ 遠い　☐ 過酷な　☐ 偏見のない　☐ 壊れやすい
☐ 古代の　☐ 極端な　☐ 平行の　☐ 人工の
☐ 正反対の　☐ 浅い　☐ 最も重要な　☐ 険しい
☐ 熱帯の　☐ うぬぼれの強い　☐ 最高の　☐ 避けられない

Check 2　Phrase	Check 3　Sentence
☐ an outstanding baseball player（優れた野球選手） ☐ an outstanding debt（未払いの債務）	☐ Compared to his classmates' paintings, his piece is outstanding.（クラスメートの絵と比べると、彼の作品は傑出している）
☐ a passive nature（消極的な性質）	☐ When I was a child, I was passive.（子どものころ、私は消極的だった）
☐ current occupation（現在の職業） ☐ the current issue（最新号）	☐ You should read the newspaper to keep up with current events.（時事問題に通じているために新聞を読むべきだ）
☐ a gross profit（総利益） ☐ gross income（総収入）	☐ The store had gross sales of $1 million last year.（その店は昨年、100万ドルの総売上があった）
☐ the minimum order（最低発注量） ☐ the minimum speed（最低速度）	☐ She had to work for minimum wage.（彼女は最低賃金で働かなくてはならなかった）
☐ be involved in the project（そのプロジェクトに携わっている） ☐ be involved in an accident（事故に遭う）	☐ I don't want to get involved in the argument.（私はその議論に巻き込まれたくない）
☐ a significant impact（重大な影響） ☐ a significant amount [number] of ～（かなりの量[数]の～）	☐ There are significant traffic problems during commuting hours in Tokyo.（東京では通勤時間帯に重大な交通問題がある）
☐ urgent news（緊急ニュース） ☐ be in urgent need of ～（～を緊急に必要としている）	☐ She was called away on urgent business.（彼女は急用で呼び出された）

Day 64))) CD-B29
Quick Review
答えは左ページ下

☐ remote　☐ harsh　☐ liberal　☐ delicate
☐ ancient　☐ extreme　☐ parallel　☐ artificial
☐ contrary　☐ shallow　☐ primary　☐ steep
☐ tropical　☐ vain　☐ maximum　☐ inevitable

Day 66

★★★★

Level 4＿形容詞(Adjective) **3**

Check 1　　Listen 》 CD-B31

□ 1041
primitive
/prímətiv/
- 形 **原始的な**、未開の；原始（時代）の、太古の；単純な

□ 1042
universal
/jùːnəvə́ːrsəl/
- 形 **普遍的な**、すべてに及ぶ、全世界の(≒general)；一般的な
- 名 universe（[the ~] 宇宙；全世界）
- 副 universally（普遍的に；至る所に；例外なく）

□ 1043
abstract
/æbstrǽkt/
- 形 **抽象的な**（⇔concrete [具体的な]）；理想主義的な、観念的な（⇔practical [実際的な]）；(抽象的で) 難解な　動 ~を抜粋する　名 抜粋、要約
- 名 abstraction（抽象概念；放心 [状態]）

□ 1044
conventional
/kənvénʃənl/
- 形 **型にはまった**、平凡な（⇔unconventional）；慣習的な、従来の
- 名 convention（大会；集会；[社会上の] しきたり、慣習）

□ 1045
rural
/rúərəl/
- 形 **田舎の**、田園の、田舎風の（⇔urban）

□ 1046
internal
/intə́ːrnl/
- 形 **内部の**（⇔external）；内政の、国内の（≒domestic、⇔foreign）；体内の

□ 1047
enormous
/inɔ́ːrməs/
- 形 **巨大な**、莫大な（≒huge、immense）
- 副 enormously（非常に）

□ 1048
characteristic
/kæ̀riktərístik/
- 形 (~に) **特有の**、独特の、特徴的な（of ~）；典型的な（≒typical）　名 (通例~s) 特性、特質
- 名 character（性格、個性；文字）

continued
▼

形容詞の主な働きは、名詞を修飾すること。
Check 2とCheck 3では、どのような名詞と結びついているかをしっかりと押さえよう。

- ☐ 聞くだけモード　Check 1
- ☐ しっかりモード　Check 1 ▸ 2
- ☐ かんぺきモード　Check 1 ▸ 2 ▸ 3

Check 2　Phrase

- ☐ primitive weapons（原始的な武器）
- ☐ primitive art（原始芸術）

Check 3　Sentence

- ☐ We can see how people lived during primitive times at the museum.（その博物館で、原始時代に人々がどのように生活していたかを見ることができる）

- ☐ a universal language（世界共通語）
- ☐ universal gravity（万有引力）

- ☐ Joy and sadness are universal human emotions.（喜びと悲しみは普遍的な人間の感情だ）

- ☐ an abstract word（抽象語）
- ☐ abstract ideas（抽象観念）

- ☐ I have never been impressed by abstract paintings.（今までに抽象画を見て感動したことが一度もない）

- ☐ make conventional remarks（月並みなことを言う）
- ☐ a conventional light bulb（従来の電球）

- ☐ His method of work is conventional, but the results are unique.（彼の仕事の仕方は型にはまっているのに、結果は独特だ）

- ☐ rural life（田園生活）
- ☐ rural communities（農村）

- ☐ She lives in a rural area, 20 miles outside of town.（彼女は町から20マイル離れた田園地帯に住んでいる）

- ☐ an internal investigation（内部調査）
- ☐ internal affairs（国内問題）

- ☐ His doctor told him that his internal organs were healthy.（彼の内臓は健康だと医者は彼に告げた）

- ☐ an enormous fortune（巨万の富）

- ☐ She has an enormous amount of work to finish by Friday.（彼女は金曜日までに終わらせなければならない仕事が山のようにある）

- ☐ a characteristic smell（独特のにおい）
- ☐ be characteristic of ～（～の特性を示している）

- ☐ The vase is characteristic of 13th century Chinese art.（その花瓶は13世紀の中国美術の特徴を示している）

continued
▼

Day 66

Check 1　Listen 》CD-B31

☐ 1049
medium
/míːdiəm/

形 **中間の**、中位の；(ステーキが) 並焼きの　名 (伝達などの) 手段；媒体；中間物　● 複数形のmediaは「(the ～) マスメディア」

☐ 1050
tame
/téim/

形 (動物が) **飼いならされた**、人になれた (⇔wild)；退屈な、単調な　動 ～を飼いならす；～を弱める

☐ 1051
complicated
/kámpləkèitid/
● アクセント注意

形 **複雑な**、(理解するのに) 難しい、困難な (≒difficult)
動 complicate (～を複雑にする、困難にする)
名 complication ([通例～s] 合併症；複雑な状態、面倒な問題)

☐ 1052
annual
/ǽnjuəl/

形 **年に1度の**、例年の；1年間の　名 一年生植物；年報、年鑑
名 annuity (年金 [≒pension])
形 annually (毎年；年1度)

☐ 1053
latter
/lǽtər/
[類音] ladder (はしご /lǽdər/)

形 (the ～) **後者の**；後の、後半の　名 (the ～) 後者 (⇔former)

☐ 1054
fatal
/féitl/

形 **命にかかわる**、致命的な (≒deadly、mortal)；破壊 [破滅] 的な
名 fate (運命、運；[しばしばF～] 運命の力)、fatality (不慮の死；致死性、死の危険性)

☐ 1055
radical
/rǽdikəl/

形 (改革などが) **徹底的な**、完全な；急進的な、過激な (⇔conservative)；根本的な (≒fundamental)　名 過激論者、急進主義者
名 radicalism (急進 [過激] 主義)

☐ 1056
efficient
/ifíʃənt/
● アクセント注意

形 **能率的な**、効率がよい (⇔inefficient)；(～に) 有能な (in ～)
名 efficiency (効率；能率)

Day 65 》CD-B30
Quick Review
答えは右ページ下

☐ 正確な
☐ 注目に値する
☐ 成熟した
☐ 完全な

☐ 全く異なった
☐ 短時間の
☐ 外部の
☐ 厳しい

☐ 傑出した
☐ 受け身の
☐ 今の
☐ 総計の

☐ 最低の
☐ 関係して
☐ 重大な
☐ 緊急の

Check 2 Phrase

- ☐ medium and small companies（中小企業）
- ☐ medium size（中型、Mサイズ）

- ☐ a tame bear（飼いならされたクマ）
- ☐ a tame story（退屈な話）

- ☐ a complicated experiment（複雑な実験）

- ☐ an annual event（例年の行事）
- ☐ an annual income（年収）

- ☐ the latter half（後半部）

- ☐ a fatal injury（致命傷）
- ☐ a fatal mistake（取り返しのつかない失敗）

- ☐ a radical change（徹底的な変革）
- ☐ a radical politician（急進的な政治家）

- ☐ an efficient machine（能率的な機械）
- ☐ an efficient doctor（有能な医師）

Check 3 Sentence

- ☐ Boil it at medium heat.（それを中火で煮てください）

- ☐ The tiger was tame, but we were still careful.（そのトラは飼いならされていたが、それでも私たちは十分な注意を払った）

- ☐ The political situation in Iraq is extremely complicated.（イラクの政治状況は非常に複雑だ）

- ☐ I got my annual check-up last week.（私は先週、年に1度の健康診断を受けた）

- ☐ The latter part of the novel is boring.（その小説の後半部分は退屈だ）

- ☐ AIDS is still a fatal disease.（エイズはいまだに不治の病だ）

- ☐ His radical ideas got him into much trouble.（彼の過激な意見が彼を多くのトラブルに巻き込んだ）

- ☐ She is efficient, but sometimes too cold.（彼女は有能だが、とても冷淡になることがある）

Day 65 》CD-B30
Quick Review
答えは左ページ下

- ☐ accurate
- ☐ remarkable
- ☐ mature
- ☐ thorough
- ☐ distinct
- ☐ brief
- ☐ external
- ☐ severe
- ☐ outstanding
- ☐ passive
- ☐ current
- ☐ gross
- ☐ minimum
- ☐ involved
- ☐ significant
- ☐ urgent

Day 67

★★★★

Level 4＿形容詞(Adjective) **4**

Check 1　Listen ») CD-B32

□ 1057
civil
/sívəl/
- 形 **国内の**（⇔foreign）；一般市民の、民間の；市民の；礼儀正しい
- 動 civilize（〜を文明化する）
- 名 civilization（文明；文明化）
- 形 civilian（民間の；文官の）

□ 1058
immense
/iméns/
- 形 **非常に大きな**、巨大な、計り知れない（≒huge、enormous）
- 副 immensely（非常に、とても；広大に）

□ 1059
precise
/prisáis/
- 形 **正確な**、精密な（≒exact、accurate）；まさにその、ぴったりの；きちょうめんな
- 名 precision（正確さ、精密さ）
- 副 precisely（正確に；まさに；[返事として] 全くその通り）

□ 1060
fundamental
/fʌ̀ndəméntl/
- 形 **基本的な**、根本的な（≒basic）；重要な、必須の（≒essential）　名（通例〜s）基本、根本、原理
- 副 fundamentally（基本的に、根本的に；全く）

□ 1061
visible
/vízəbl/
- 形 **目に見える**、可視の（⇔invisible）；明らかな；人目につく
- 名 visibility（視界、見える範囲；知名度）
- 副 visibly（目に見えて、明らかに）

□ 1062
peculiar
/pikjúːljər/
- 形 **奇妙な**、変な（≒odd、strange）；（〜に）独特の、特有の（to 〜）（≒proper）
- 名 peculiarity（特性、特質；奇妙な癖［習性］）
- 副 peculiarly（特に、特別に；奇妙に）

□ 1063
alternative
/ɔːltə́ːrnətiv/
❶アクセント注意
- 形 **代わりの**、代替の；伝統にとらわれない、型にはまらない
- 名 二者択一；代替案、代替手段
- 動 alternate（交互に起こる）
- 名 alternate（代替物、交代要員）
- 形 alternate（代わりの、交互の）

□ 1064
intense
/inténs/
- 形 **強烈な**、激しい；極度の、猛烈な
- 動 intensify（激しくなる、強まる；〜を激しくする、強める）
- 名 intensity（激しさ；強さ）
- 形 intensive（集中的な；激しい、強い）

continued
▼

今日でLevel 4の形容詞は最終日。Level別の語彙学習も今日が最後。「私の語彙力は4000語レベル」と胸を張れる日ももうすぐ！

- ☐ 聞くだけモード　Check 1
- ☐ しっかりモード　Check 1 ▶ 2
- ☐ かんぺきモード　Check 1 ▶ 2 ▶ 3

Check 2　Phrase

- ☐ civil war（内戦）
- ☐ civil society（市民社会）

- ☐ an immense palace（非常に大きな宮殿）
- ☐ an immense amount of money（莫大な額のお金）

- ☐ the precise calculations（厳密な計算）
- ☐ this precise location（まさしくこの場所）

- ☐ fundamental human rights（基本的人権）
- ☐ a fundamental mistake（根本的な間違い）

- ☐ visible light（可視光線）
- ☐ a visible change（目に見える変化）

- ☐ It is peculiar that ~.（~とは奇妙だ）
- ☐ a style peculiar to Shakespeare（シェークスピア独特の文体）

- ☐ an alternative plan（代案）
- ☐ an alternative lifestyle（新しいライフスタイル）

- ☐ intense heat（酷暑）
- ☐ intense study（猛勉強）

Check 3　Sentence

- ☐ The civil rights movement was very active in the 60's.（公民権運動は60年代に非常に盛んだった）

- ☐ They couldn't move the immense rock.（彼らにはその巨大な岩は動かせなかった）

- ☐ They couldn't find the precise location of the sunken ship.（彼らは沈没船の正確な場所を見つけることができなかった）

- ☐ There are fundamental differences of opinion between two companies.（両社の間には根本的な意見の相違がある）

- ☐ His house is visible from the office.（彼の家は職場から見える）

- ☐ This fruit has a peculiar smell.（この果物は変わったにおいがする）

- ☐ We should find alternative ways of dealing with this situation.（私たちはこの状況に対処する代替方法を見つけるべきだ）

- ☐ Some students are under intense pressure to pass the exam.（生徒の中には試験に合格するために極度のプレッシャーを感じている者もいる）

continued
▼

Day 67

Check 1　Listen))) CD-B32

1065 reverse /rivə́ːrs/
形 **逆の**、反対の（≒opposite）；裏の、背面の　動 〜を逆にする；〜をひっくり返す　名 逆、反対

1066 apt /ǽpt/
形 (be apt to doで) **〜しがちである**；適切な；利発な

1067 mutual /mjúːtʃuəl/
形 **相互の**、互いの；（友達・趣味などが）共通の（≒common）
副 mutually（相互に、互いに；共通に）

1068 tidy /táidi/
形 （部屋などが）**整頓された**、きちんとした（≒neat ⇔untidy）；（収入などが）かなりの；きれい好きな　動 〜を整頓する（+up）

1069 marvelous /máːrvələs/
形 **素晴らしい**、優秀な、見事な（≒splendid）；驚くべき（≒wonderful）
動 marvel（[〜に] 驚く [at 〜]）
名 marvel（驚くべきこと；驚異）

1070 appropriate /əpróupriət/
形 **適切な**；（〜に）適した、ふさわしい（for 〜）（⇔inappropriate）　動 (/əpróuprièit/) 〜を私物化する；（金など）を（特別な目的などに）充てる
名 appropriation（充当、流用；専用、私用；横領）

1071 extraordinary /ikstrɔ́ːrdənèri/
形 **並外れた**（≒exceptional）、驚くべき；異常な、非常な；臨時の
副 extraordinarily（非常に、並外れて）

1072 stable /stéibl/
形 **安定した**、しっかりした（≒steady）；（性格などが）安定した、変わらない
動 stabilize（〜を安定させる；安定する）
名 stability（安定 [性]、固定）

Day 66))) CD-B31
Quick Review
答えは右ページ下

- □ 原始的な
- □ 普遍的な
- □ 抽象的な
- □ 型にはまった
- □ 田舎の
- □ 内部の
- □ 巨大な
- □ 特有の
- □ 中間の
- □ 飼いならされた
- □ 複雑な
- □ 年に1度の
- □ 後者の
- □ 命にかかわる
- □ 徹底的な
- □ 能率的な

Check 2 Phrase

- in reverse order (逆の順番で)
- the reverse direction (反対方向)

- be apt to forget (忘れっぽい)

- mutual agreement (双方の合意)
- mutual affection (相思相愛)

- a tidy room (整頓された部屋)
- a tidy profit (かなりの利益)

- a marvelous party (素晴らしいパーティー)
- It is marvelous that ~. (~とは驚くべきことだ)

- appropriate action (適切な行動)

- an extraordinary talent (並外れた才能)
- extraordinary weather (異常な天候)

- a stable economy (安定した経済)
- a stable peace (安定した平和)

Check 3 Sentence

- The reverse side of that coin has a picture of an eagle. (そのコインの反対側にはワシの絵が描かれている)

- She's apt to be late because she always does things slowly. (物事をするのが遅いので、彼女は遅刻しがちだ)

- A mutual friend introduced me to my future wife. (共通の友人が、私を将来私の妻となる女性に紹介してくれた)

- Keep your room tidy! (部屋を整頓しておきなさい！)

- He has a marvelous sense of humor. (彼には素晴らしいユーモアのセンスがある)

- Your short skirt is not appropriate for this office. (君の短いスカートはこのオフィスにはふさわしくない)

- Dogs have an extraordinary sense of smell. (そのイヌは並外れた嗅覚を持っている)

- Children need a stable family environment. (子どもたちは安定した家庭環境を必要としている)

Day 66 》CD-B31
Quick Review
答えは左ページ下

- primitive
- universal
- abstract
- conventional
- rural
- internal
- enormous
- characteristic
- medium
- tame
- complicated
- annual
- latter
- fatal
- radical
- efficient

WEEK 1
WEEK 2
WEEK 3
WEEK 4
WEEK 5
WEEK 6
WEEK 7
WEEK 8
WEEK 9
WEEK 10

Day 68

経済(Economy) **1**

Check 1　Listen 》CD-B33

1073
employ
/implɔ́i/

🟥動 **~を雇う**、雇用する (≒ hire ⇔ fire)；~を利用する；(時間など) を費やす (≒ spend)
🟧名 employee (従業員)、employer (雇用者)、employment (雇用；職；就業人口 [⇔ unemployment]；使用)

1074
purchase
/pə́ːrtʃəs/
❶発音注意
❶アクセント注意

🟥動 **~を購入する**、買う (≒ buy)　🟧名 購入；購入品

1075
invest
/invést/

🟥動 (金・資本) **を投資する**、運用する；(時間・精力など) を使う
🟧名 investment (投下資本；投資金 [額]；[時間・精力などの] 投下)、investor (投資者、投資家)

1076
export
/ikspɔ́ːrt/

🟥動 **~を輸出する** (⇔ import)；~を外国に広める；(情報) を転送する　🟧名 (/ékspɔːrt/) 輸出；(通例 ~s) 輸出品
🟧名 exportation (輸出 [⇔ importation]；輸出品)、exporter (輸出業者 [⇔ importer])

1077
deposit
/dipázit/

🟥動 **~を預金する**；(貴重品など) を預ける；~を置く　❶「(預金) を引き出す」は withdraw　🟧名 敷金；手付金；預金；堆積物
🟧名 deposition (宣誓証言；堆積；免職)、depositor (預金者)

1078
yield
/jíːld/

🟥動 (利益など) **を生じる**、もたらす (≒ produce)；~を産出する；(結果など) をもたらす　🟧名 収益；産出 [収穫] 高

1079
import
/impɔ́ːrt/

🟥動 **~を輸入する** (⇔ export)；~を導入する；(情報) を取り込む　🟧名 (/ímpɔːrt/) 輸入；(通例 ~s) 輸入品
🟧名 importation (輸入 [⇔ exportation]；輸入品)；importer (輸入業者 [⇔ exporter])

1080
earn
/ə́ːrn/

🟥動 (働いて) (金) **を稼ぐ**、得る；(利益など) を生む、得る
🟧名 earnings (収入、所得；[企業などの] 利益、収益)

continued
▼

今日から最終日までの3日間は、「経済」関連の語彙をチェック。入試だけでなく、TOEICテストでも頻出のものばかり。

- ☐ 聞くだけモード　Check 1
- ☐ しっかりモード　Check 1 ▶ 2
- ☐ かんぺきモード　Check 1 ▶ 2 ▶ 3

WEEK 1
WEEK 2
WEEK 3
WEEK 4
WEEK 5
WEEK 6
WEEK 7
WEEK 8
WEEK 9
WEEK 10

Check 2　Phrase

☐ be employed as an accountant（会計係として雇われている）

☐ purchase a piece of land（土地を購入する）
☐ make a purchase（購入する）

☐ invest one's money in stocks（株に投資する）
☐ invest time and energy into ～（～に時間と精力をかける）

☐ export cars to ～（車を～に輸出する）
☐ major exports（主要輸出品）

☐ deposit money in the bank（お金を銀行に預ける）
☐ withdraw a deposit（預金を引き出す）

☐ yield large profits（大きな利益を生む）
☐ yield a good [poor] result（よい[悪い]結果をもたらす）

☐ import wine from ～（～からワインを輸入する）
☐ import restriction（輸入制限）

☐ earn $～ a day（1日～ドルを稼ぐ）
☐ earn interest on an investment（投資で利子を得る）

Check 3　Sentence

☐ His company employs 10 people in the office and 20 in the factory.（彼の会社は事務所に10人、工場に20人を雇っている）

☐ He is going to purchase a new computer for our office.（彼はオフィス用に新しいコンピューターを購入する予定だ）

☐ Grandfather invested all his money in that company.（祖父は全財産をその会社に投資した）

☐ Japan exports a variety of manufactured products.（日本はさまざまな製品を輸出している）

☐ Jill will deposit 10 percent of her pay into a savings account.（ジルは給料の10パーセントを預金口座に預金するつもりだ）

☐ This bank account yields high interest.（この銀行の口座は高い利息がついてくる）

☐ Japan imports oil and other raw materials.（日本は石油やほかの原材料を輸入している）

☐ She earns 950 yen an hour at her job.（彼女は仕事で時給950円を得ている）

continued
▼

Day 68

Check 1 Listen)) CD-B33

1081 economy /ikánəmi/
- 名 (国家の) **経済**；節約、倹約　形 (サイズなどが) 徳用の；安価な
- 名 economics (経済学；経済的意味)、economist (経済学者)
- 形 economic (経済[上]の)、economical (経済的な、安い)

1082 property /prápərti/
- 名 **財産**、資産；所有物；特性、属性 (≒quality)
- 名 propriety (礼儀正しさ)
- 形 proper (適した；礼儀正しい；[〜に] 固有の [to 〜])
- 副 properly (適切に；礼儀正しく)

1083 value /vǽljuː/
- 名 **価値**；重要性；価格；(〜s) 価値観　動 〜を高く評価する；〜を (…の値段であると) 見積もる (at …)
- 名 valuation ([金銭的] 評価、見積もり)、valuable ([〜s] 貴重品)
- 形 valuable (高価な；価値のある；重要な)

1084 wage /wéidʒ/
- 名 (通例〜s) **賃金**、給料　●主に肉体労働や技術職に対する「給料」を指す。事務職や専門職に対する「給料」はsalary　動 (戦争・闘争など) を行う

1085 goods /gúdz/
- 名 **商品**、品物 (≒merchandise)

1086 commerce /kάmərs/
❶アクセント注意
- 名 **商業**；貿易、通商 (≒trade)
- 名 commercial (コマーシャル)
- 形 commercial (商業[上]の；営利の)
- 副 commercially (商業上、商業的に)

1087 insurance /inʃúərəns/
❶アクセント注意
- 名 **保険**、保険業；保護 [予防] 手段
- 動 insure (〜に保険をかける；〜を保証する)
- 名 insurer (保険業者 [会社])

1088 finance /fáinæns/
- 名 **財政**、財務；(〜s) 財源、資金　動 〜に資金を提供する；〜に融資する
- 名 financier (財政家；財務官)
- 形 financial (財務の、財政上の)
- 副 financially (財政的に；財政上)

Day 67)) CD-B32 Quick Review
答えは右ページ下

- □ 国内の
- □ 非常に大きな
- □ 正確な
- □ 基本的な
- □ 目に見える
- □ 奇妙な
- □ 代わりの
- □ 強烈な
- □ 逆の
- □ 〜しがちである
- □ 相互の
- □ 整頓された
- □ 素晴らしい
- □ 適切な
- □ 並外れた
- □ 安定した

Check 2 Phrase

- a planned economy(計画経済)
- a false economy(不経済、見かけの節約)

- private [public, national] property(私有［共有、国有］財産)
- a man of property(資産家)

- the value of education(教育の価値［重要性］)
- market value(市場価値)

- get [obtain] high wages(高給を取る)
- the minimum wage(最低賃金)

- essential goods(必需品)
- goods in stock(在庫品)

- commerce and industry(商工業)
- foreign [international] commerce(外国［国際］貿易)

- accident [car, unemployment] insurance(傷害［自動車、失業］保険)

- public finance(国家財政)
- the finance minister [ministry](財務大臣［省］)

Check 3 Sentence

- I hope the economy gets better soon.(私は経済が早く回復することを望んでいる)

- Homeowners have to pay property tax.(住宅所有者は資産税を払わなくてはならない)

- What's the value of this land?(この土地の価値はどのくらいですか?)

- His daily wage is 9,000 yen.(彼の日給は9000円だ)

- A big truck delivered the goods to the store.(大きなトラックがその店に商品を届けた)

- My division is international commerce.(私の部局は国際貿易だ)

- Luckily, he had insurance when his house burned down.(幸いにも、家が焼けた落ちた時に、彼は保険に入っていた)

- The finance department made all payments at the end of the month.(財務部は月末にすべての支払いを済ませた)

WEEK 1
WEEK 2
WEEK 3
WEEK 4
WEEK 5
WEEK 6
WEEK 7
WEEK 8
WEEK 9
WEEK 10

Day 67))) CD-B32
Quick Review
答えは左ページ下

- civil
- immense
- precise
- fundamental

- visible
- peculiar
- alternative
- intense

- reverse
- apt
- mutual
- tidy

- marvelous
- appropriate
- extraordinary
- stable

Day 69

経済(Economy) 2

Check 1 Listen)) CD-B34

□ 1089
resource
/ríːsɔːrs/
❶アクセント注意

- 名 **資源**；(非常の際の) 手段、方策；(〜s) 資産、財産
- 形 resourceful ([臨機の才がある、工夫 [機知] に富んだ；資源に富んだ)

□ 1090
debt
/dét/
❶発音注意

- 名 **借金**、負債；借金のある状態
- 名 debtor (借り主、債務者 [⇔creditor])

□ 1091
negotiation
/nigòuʃiéiʃən/

- 名 (条約・商談などでの) **交渉**、話し合い、折衝
- 動 negotiate (交渉する；[交渉によって]〜を[人と]取り決める [with ...])
- 形 negotiable ([価格・賃金などが] 交渉の余地がある)

□ 1092
demand
/dimǽnd/

- 名 **需要** (⇔supply)；要求、請求 動 〜を要求 [請求] する；〜を尋ねる
- 形 demanding ([仕事などが] きつい、骨の折れる；[人が] 要求の厳しい)

□ 1093
trade
/tréid/

- 名 **貿易**、通商；商売；〜業；(熟練を要する) 職業 動 〜を売買する；〜を(…と) 交換する (for ...)
- 名 trader (貿易業者；株の売買をする人)

□ 1094
industry
/índəstri/
❶アクセント注意

- 名 **産業**；製造業；(産業各部門の) 〜業；勤勉、努力
- 動 industrialize (〜を産業 [工業] 化する)
- 形 industrial (産業 [工業] の；産業の発達した)、industrious (勤勉な、よく働く)

□ 1095
client
/kláiənt/

- 名 **取引先**、顧客、得意先；(弁護士などへの) 依頼人
- 名 clientele ([商店・レストランなどの] 顧客、常連)

□ 1096
stock
/sták/

- 名 **在庫品**、ストック；株式 (≒share)；(会社の) 資本金
- 動 (商品を) 備える、蓄える 形 在庫の；ありふれた

continued

いよいよラストスパート！ 経済はキライ！、なんて言わないで、ゴールを目指して一緒に頑張ろう。

☐ 聞くだけモード　Check 1
☐ しっかりモード　Check 1 ▶ 2
☐ かんぺきモード　Check 1 ▶ 2 ▶ 3

Check 2　Phrase

☐ mineral resources（鉱物資源）
☐ human resources（人的資源、人材）

☐ owe [pay] a debt（借金をしている［返す］）
☐ a bad debt（返済できない借金）

☐ peace [trade] negotiations（和平［貿易］交渉）
☐ enter into [start] negotiations with ~（~と交渉を始める）

☐ supply and demand（需要と供給［語順は日本語と逆の場合が多い］）
☐ meet demand（需要に応じる）

☐ the arms trade（武器貿易）
☐ the tourist trade（観光業）

☐ the development of industry（産業の発展）
☐ the airplane industry（航空機産業）

☐ the restaurant's clients（そのレストランのお客さん）

☐ be in [out of] stock（在庫がある［切れている］）
☐ stock market（株式市場）

Check 3　Sentence

☐ Oil is a natural resource that can't last forever.（石油は、永遠に続くことはない天然資源だ）

☐ I am in debt for $100,000 to my father.（私は父親に10万ドルの借金がある）

☐ He continued negotiations with his client.（彼は取引先との交渉を続けた）

☐ There is much demand for new products.（新製品に対する多くの需要がある）

☐ The main business of our company is foreign trade.（私たちの会社の主要事業は外国貿易だ）

☐ The automobile industry is doing well.（自動車産業は順調にいっている）

☐ The lawyer asked his client to tell him the truth.（弁護士は依頼人に真実を話すように頼んだ）

☐ I'm sorry but that item is out of stock.（申し訳ありませんが、その品目は在庫切れです）

WEEK 1
WEEK 2
WEEK 3
WEEK 4
WEEK 5
WEEK 6
WEEK 7
WEEK 8
WEEK 9
WEEK 10

continued ▼

Day 69

Check 1　Listen 》CD-B34

1097 profession
/prəféʃən/
- 名 **専門的職業**、知的職業；同業者仲間；公言、告白
- 動 profess（〜を公言する；〜を信仰する）
- 名 professional（[知的] 職業人；プロ）
- 形 professional（プロの；職業的な；専門職の）

1098 venture
/véntʃər/
- 名 **投機的事業**、冒険的事業、ベンチャー　動 危険を冒して行く [やる]；〜を賭ける

1099 branch
/bræntʃ/
- 名 **支店**、支部；枝　動（川・道・鉄道などが）分かれる（+ off）

1100 wealth
/wélθ/
- 名 **富**；財産；(a wealth of 〜で) 豊富な〜、たくさんの〜
- 名 wealthy（[the 〜] 裕福な人々、金持ち）
- 形 wealthy（富裕な、裕福な [≒rich、⇔poor]）

1101 risk
/rísk/
- 名 **危険**、恐れ（≒danger）　動 〜を危険にさらす；〜の危険を冒す
- 形 risky（危険な、冒険的な）

1102 income
/ínkʌm/
- 名 **所得**、(定期) 収入（⇔outgo）

1103 corporation
/kɔ̀:rpəréiʃən/
- 名 **企業**、株式会社、法人　● 略語はcorp.
- 形 corporate（法人組織の；企業の；団体 [共同] の）

1104 transportation
/træ̀nspərtéiʃən/
- 名 **輸送**、運送；輸送 [交通] 機関 [手段]
- 動 transport（〜を輸送する、運ぶ）

Day 68 》CD-B33　Quick Review　答えは右ページ下

- □ 〜を雇う
- □ 〜を購入する
- □ 〜を投資する
- □ 〜を輸出する
- □ 〜を預金する
- □ 〜を生じる
- □ 〜を輸入する
- □ 〜を稼ぐ
- □ 経済
- □ 財産
- □ 価値
- □ 賃金
- □ 商品
- □ 商業
- □ 保険
- □ 財政

Check 2 Phrase

- the profession of accounting（会計士の職業）
- make a profession of ~（~を公言［告白］する）

- a joint venture（合併事業）
- a profitable venture（有利な投機）

- a local branch of a bank（銀行の支店）
- a dead branch（枯れ枝）

- a man of wealth（財産家）
- a wealth of experience（豊富な知識）

- take risks（危険を冒す）
- at the risk of ~（~の危険を冒して）

- income tax（所得税）
- gross [net] income（総［実］収入）

- a multinational corporation（多国籍企業）
- corporation tax（法人税）

- transportation routes（輸送ルート）
- public transportation（公共交通機関）

Check 3 Sentence

- When asked about her profession, she said she was a doctor.（職業について聞かれると、彼女は医者であると言った）

- He invested $1,000,000 in his friend's venture.（彼は友人の投機的事業に100万ドルを投資した）

- The Tokyo branch of the department store will be closed this month.（そのデパートの東京支店は今月閉店する）

- The country's wealth comes from its natural resources.（その国の富は天然資源からきている）

- I don't like the risk of playing the stock market.（私は株式市場に投機するような危険は好まない）

- Although he had a high income, his taxes were high too.（彼は高収入を得ていたが、税金も高かった）

- Our corporation is just beginning to make a profit.（私たちの会社はやっと利益を出し始めている）

- Bicycles are a popular mode of transportation in the Netherlands.（自転車はオランダでは一般的な交通手段だ）

WEEK 1 / WEEK 2 / WEEK 3 / WEEK 4 / WEEK 5 / WEEK 6 / WEEK 7 / WEEK 8 / WEEK 9 / **WEEK 10**

Day 68 ») CD-B33
Quick Review
答えは左ページ下

- employ
- purchase
- invest
- export
- deposit
- yield
- import
- earn
- economy
- property
- value
- wage
- goods
- commerce
- insurance
- finance

Day 70

経済(Economy) 3

Check 1　Listen)) CD-B35

1105 reward /riwɔ́ːrd/
- 名 **報酬**、報償；報償金；謝礼金　動 ～に報酬を与える
- 形 rewarding（やりがいのある、報いのある）

1106 capital /kǽpətl/
- 名 **資本**（金）；首都；(産業などの) 中心地；大文字　形 資本の；大文字の；死刑の
- 名 capitalism（資本主義）、capitalist（資本家；資本主義者）

1107 fund /fʌ́nd/
[類音] fond（好きで /fɑ́nd/）
- 名 **資金**、基金；(～s) 所持金、財源　動 ～に資金を提供する
- 形 fundamental（基本的な；重要な）

1108 saving /séiviŋ/
- 名 (～s) **貯金**；節約された物［金］；節約、倹約　形 救いの；倹約の
- 動 save（～を救う；[金など] を蓄える）
- 名 savior（救済者、救う人）

1109 output /áutpùt/
- 名 **生産高**、産出量（≒production）；(コンピューターの) 出力、アウトプット

1110 supply /səplái/
- 名 **供給**、支給（⇔demand）；(～ies) 必需品　動 ～に (…を) 供給する（with …）（≒provide）
- 名 supplier（供給会社；供給［納入］業者）

1111 budget /bʌ́dʒit/
- 名 **予算**；経費　動 ～の予算を立てる；(時間・金額) を割り当てる
- 形 budgetary（予算上の）

1112 profit /prɑ́fit/
- 名 **利益**、収益（⇔loss [損失]）；益、得（≒advantage）　動 ～の利益になる；(～から) 利益を得る（from [by] ～）
- 形 profitable（利益になる、もうかる；ためになる、役立つ）
- 副 profitably（有利に；有益に）

continued
▼

ご苦労さま！ 今日でとうとう『キクタンBasic』も最終日です。今まで一緒に学習してくれてありがとう！

- ☐ 聞くだけモード　Check 1
- ☐ しっかりモード　Check 1 ▶ 2
- ☐ かんぺきモード　Check 1 ▶ 2 ▶ 3

Check 2　Phrase

☐ give [pay] a reward for ~（~に報酬を与える［支払う］）

☐ a capital alliance（資本提携）
☐ the capital of the automobile industry（自動車産業の中心地）

☐ a reserve fund（積み立て基金）
☐ fund a project（計画に資金を出す）

☐ a lot of [a little] savings（多くの［少しの］蓄え）
☐ savings account（［普通］預金口座）

☐ monthly output（月間の生産高）
☐ agricultural output（農業生産高）

☐ a plentiful supply of ~（~の豊富な供給）
☐ emergency supplies（防災用品）

☐ a government budget（政府予算）
☐ within budget（予算内で）

☐ profit and loss（損益［語順は日本語と逆］）
☐ profit from one's investments（投資でもうける）

Check 3　Sentence

☐ The police are offering a reward for information on the killer.（警察は殺人者に関する情報に対して報奨金を申し出ている）

☐ He started a venture business with 5,000,000 yen in capital.（彼は資本金500万円でベンチャービジネスを始めた）

☐ The company is running short of funds.（その会社は資金が不足してきている）

☐ Higher taxes may affect savings and investment.（増税は貯蓄と投資に影響を与えるかもしれない）

☐ Toyota plans to increase its car output next year.（トヨタは来年の自動車生産高を増加することを計画している）

☐ Fresh vegetables are in very short supply.（新鮮な野菜が非常に供給不足となっている）

☐ The firm's annual budget is $1,000,000.（その会社の年間予算は100万ドルだ）

☐ Companies must make a profit.（会社は利益を上げなければならない）

continued
▼

Day 70

Check 1 Listen))) CD-B35

1113 estate
/istéit/
名 **財産**；遺産；地所（≒ land）

1114 prosperity
/prɑspérəti/
名 **繁栄**；幸運（≒ luck）；(~ies) 好況、順境
動 prosper（成功する；繁栄する；成長する）
形 prosperous（繁栄している；[経済的に] 成功した）

1115 manufacture
/mæ̀njufǽktʃər/
❶アクセント注意
名 **製造業**；製造；(~s) 製品 動 (大規模に機械で) ~を作る、製造する；(口実など) をでっち上げる
名 manufacturer（製造業者、メーカー）

1116 tax
/tæks/
名 **税金**、税　動 ~に税金を課する、課税する
名 taxation（税制）
形 taxable（課税できる、課税対象の）

1117 contract
/kɑ́ntrækt/
名 **契約**；契約書　動 (/kəntrǽkt/)（重い病気）にかかる；収縮する；縮小する；契約を結ぶ
名 contraction（[筋肉の] 収縮；縮小）、contractor（契約人、請負業者）

1118 labor
/léibər/
名 **労働**；仕事（≒ work, job）；出産　動 (精出して) 働く；(~に) 取り組む (over ~)
名 laborer（[肉体] 労働者）
形 laborious（[仕事などが] 骨の折れる、困難な）

1119 enterprise
/éntərpràiz/
❶アクセント注意
名 **事業**（≒ business）；企業；事業計画
形 enterprising（進取的な；積極 [企業] 的な）

1120 customer
/kʌ́stəmər/
名 **顧客**、取引先、得意先
動 customize（~を注文で特製する）
名 custom（[~s] 税関 [手続き]；[社会の] 慣習；[人の] 習慣）
形 customary（習慣的な）

Day 69))) CD-B34
Quick Review
答えは右ページ下

☐ 資源　☐ 貿易　☐ 専門的職業　☐ 危険
☐ 借金　☐ 産業　☐ 投機的事業　☐ 所得
☐ 交渉　☐ 取引先　☐ 支店　☐ 企業
☐ 需要　☐ 在庫品　☐ 富　☐ 輸送

Check 2 Phrase	Check 3 Sentence	WEEK
☐ real estate (不動産) ☐ buy an estate (地所を買う)	☐ He left his entire estate to his only son. (彼は彼の全財産を一人息子に残した)	1
☐ national prosperity (国の繁栄)	☐ Our president promised us prosperity, but now we are all fired. (社長は繁栄を約束したが、今や私たち全員が首だ)	2
☐ glass manufacture (ガラス製造業)	☐ The manufacture and sale of alcohol was banned in the prohibition era. (禁酒法時代にはアルコールの製造と販売が禁止されていた)	3 / 4
☐ consumption tax (消費税) ☐ tax reduction [cut] (減税)	☐ The government will have to raise taxes to pay for welfare. (政府は福祉への支出のために税金を上げなければならなくなるだろう)	5
☐ make [enter into] a contract with ~ (~と契約を結ぶ) ☐ a breach of contract (契約違反)	☐ The baseball player signed a two-year contract. (その野球選手は2年間の契約書にサインした)	6
☐ physical [mental] labor (肉体[精神]労働) ☐ a division of labor (分業)	☐ The area's cheap labor is attracting many new businesses from foreign countries. (その地域の安い労働力が外国からの多くの新事業を引き寄せている)	7
☐ embark on a new enterprise (新事業に乗り出す) ☐ large enterprises (大企業)	☐ They began a new enterprise after they were fired from their jobs. (仕事を解雇された後、彼らは新しい事業を始めた)	8 / 9
☐ a regular customer (常連客)	☐ That store is always full of customers. (その店はいつも客でいっぱいだ)	10

Day 69))) CD-B34
Quick Review
答えは左ページ下

☐ resource ☐ trade ☐ profession ☐ risk
☐ debt ☐ industry ☐ venture ☐ income
☐ negotiation ☐ client ☐ branch ☐ corporation
☐ demand ☐ stock ☐ wealth ☐ transportation

Week 10 Review

今週学習した語彙の定着度をチェック！ 下の英文と右ページの訳を読みながら、赤字部分の単語がしっかりと身についているかを確認しよう。意味が分からないときは、見出し語番号を参照して学習日の語彙を復習しておこう。

Whether we are aware of it or not, economics play a distinct (1029) and significant (1039) role in our everyday lives. Although some concepts are more abstract (1043) than others, many aspects of economics are universal (1042). For example, we pay annual (1052) income (1102) taxes (1116) on the wages (1084) we earn (1080). By investing (1075) in stocks (1096) or property (1082), some people try to make the maximum (1020) profit (1112) off their savings (1108). Others prefer the path with only a minimum (1037) of risk (1101); these people deposit (1077) their money in bank accounts. Many of us pay some form of insurance (1087). This protects us against falling into debt (1090) if we are in a car accident or get sick. Nearly all of us consider our budgets (1111) before purchasing (1074) goods (1085). When we go to the store, we try to get the most value (1083) for our money. Both the rich and poor are concerned about finances (1088); to a remarkable (1026) degree, economics plays an enormous (1047) role in our lives.

☐ path：(行動などの) 方向、方針   ☐ account：(銀行) 口座   ☐ concerned：心配そうな

Day 70 » CD-B35
Quick Review
答えは右ページ下

☐ 報酬   ☐ 生産高   ☐ 財産   ☐ 契約
☐ 資本   ☐ 供給   ☐ 繁栄   ☐ 労働
☐ 資金   ☐ 予算   ☐ 製造業   ☐ 事業
☐ 貯金   ☐ 利益   ☐ 税金   ☐ 顧客

*赤字の右上の数字は、その単語の見出し番号を表しています。和文の訳は、見出し語の第1定義ではない場合があります。また、訳中の見出し語訳は、文脈に沿って訳しているため、見出し語の定義と異なることがあります。

私たちがそのことに気づいていようといまいと、経済は私たちの日常生活において明確かつ重要な役割を果たしています。いくつかの概念はほかのものよりも抽象的ですが、経済の多くの面は一般的なものです。例えば、私たちは私たちが得る賃金に対して年に1度の所得税を支払います。株や資産に投資することで、貯金から最大の利益を得ようとする人たちもいます。ほかの人たちは最小の危険しかないやり方を好みます。このような人たちは、銀行の口座に自分のお金を預けます。私たちの多くは、何らかの形の保険を払っています。これは、私たちが自動車事故に遭ったり、病気になったりした場合に、借金に陥らないように私たちを守っています。私たちのほとんどすべては、商品を購入する前に、予算について考えます。店に行くとき、私たちは自分たちのお金で最高の価値を手に入れようとします。お金持ちの人も、貧しい人も、財源を心配しています。つまり、注目に値するほどに、経済は私たちの生活において大きな役割を演じているのです。

ねぇねぇ、今までの全部覚えてる？
Hey, how many do you remember?

▶

INDEX

*見出し語は赤字、それ以外の派生語と関連語は黒字で示されています。それぞれの語の右側にある数字は、見出し語の番号を表しています。

Index

A

- about 0437
- **abroad** 0221
- absence 0231
- **absent** 0231, 0637
- absolute 0213
- **absolutely** 0213
- absorb 0732
- **absorbed** 0732
- absorbing 0732
- absorption 0732
- **abstract** 1043
- abstraction 1043
- **abuse** 0689
- abusive 0689
- **accept** 0041, 0387
- acceptable 0041
- acceptance 0041
- **access** 0480
- accessible 0480
- **accomplish** 0707, 0378
- accomplished 0707
- accomplishment 0707
- **account** 0290
- accountable 0290
- accountant 0290
- accounting 0290
- accuracy 1025
- **accurate** 1025, 0257, 1059
- accusation 0688
- **accuse** 0688
- accused 0688
- accustomed 0635
- **ache** 0830
- **achieve** 0378, 0707
- achievement 0378
- **acid** 0879
- acquaint 0913
- **acquaintance** 0913
- **acquire** 0841
- acquisition 0841
- act 0929
- **active** 0247, 1034
- activity 0247
- actual 0194, 0986
- actuality 0194
- **actually** 0194
- ad 0936
- **adapt** 0786, 0374
- adaptable 0786
- adaptation 0786
- **add** 0014
- addition 0014
- additional 0014
- **adjust** 0809
- adjustable 0809
- adjustment 0809
- administer 1003
- **administration** 1003, 0997
- administrative 1003
- admirable 0069
- admiration 0069
- **admire** 0069
- admirer 0069
- admission 0406
- **admit** 0406, 0038, 0041, 0337
- **adopt** 0374, 0786
- adoption 0374
- adulthood 0513
- adv 0936
- **advance** 0348
- advanced 0348
- **advantage** 0500, 1112
- advantageous 0500
- advertise 0936
- **advertisement** 0936
- advertising 0936
- advise 0410
- **affair** 0490
- **affect** 0381, 0119, 0391
- affection 0381
- **afford** 0311
- affordable 0311
- afraid 0723
- **agency** 0180
- agent 0180
- **agree** 0044, 0287
- agreeable 0044
- agreement 0044
- agricultural 0871
- **agriculture** 0871
- aid 0073
- **aim** 0066, 0169
- **alarm** 0450
- alarmed 0450
- alarming 0450
- alien 0118
- alkaline 0879
- **allow** 0098
- allowance 0098
- almost 0196
- also 0195
- altar 0822
- **alter** 0822
- alteration 0822
- alternate 0822, 1063
- **alternative** 1063, 0822
- altitude 0862
- ambassador 0896
- **ambulance** 0548
- amuse 0412
- **analysis** 0859
- analyst 0859
- analytic 0859
- analyze 0859
- **ancestor** 0948
- ancestral 0948
- ancestry 0948
- **ancient** 1010
- anger 0487, 0905
- angry 0751
- **anniversary** 0536
- **announce** 0011
- announcement 0011
- annoy 0829
- **annual** 1052
- annually 1052
- annuity 1052
- answer 0394

☐ antipathy	0516	
☐ anxiety	0437, 0744	
☐ **anxious**	0744	
☐ anxiously	0744	
☐ **anyway**	0211	
☐ apologetic	0814	
☐ **apologize**	0814	
☐ apology	0814	
☐ apparent	0021, 0520	
☐ apparently	0021	
☐ **appeal**	0528	
☐ appealing	0528	
☐ **appear**	0021, 0049, 0698	
☐ appearance	0021	
☐ **appetite**	0644	
☐ applicable	0075	
☐ applicant	0075	
☐ application	0075	
☐ **apply**	0075	
☐ appoint	0466	
☐ **appointment**	0466	
☐ **appreciate**	0328	
☐ appreciation	0328	
☐ **appreciative**	0328	
☐ **approach**	0018	
☐ **appropriate**	1070	
☐ appropriation	1070	
☐ approval	0386	
☐ **approve**	0386	
☐ approximately	0258	
☐ **apt**	1066	
☐ **argue**	0355	
☐ argument	0355	
☐ **arm**	0614	
☐ armed	0614	
☐ armor	0614	
☐ armored	0614	
☐ arms	0889	
☐ army	0614	
☐ **arrange**	0094	
☐ arrangement	0094	
☐ **arrest**	0343, 0819	
☐ arrival	0989	
☐ **article**	0434	

☐ **artificial**	1022, 0248	
☐ ascend	0799	
☐ ascertain	0256	
☐ **ashamed**	0722, 0496	
☐ ask for	0413	
☐ **aspect**	0898	
☐ **assert**	0712	
☐ assertion	0712	
☐ assertive	0712	
☐ **assist**	0073	
☐ assistance	0073	
☐ assistant	0073	
☐ **associate**	0674	
☐ association	0674	
☐ **assume**	0827	
☐ assumption	0827	
☐ assurance	0805, 0958	
☐ **assure**	0805	
☐ assured	0805	
☐ **athlete**	0658	
☐ athletic	0658	
☐ athletics	0658	
☐ **atmosphere**	0864	
☐ atmospheric	0864	
☐ **atom**	0868	
☐ atomic	0868	
☐ **attach**	0376, 0040	
☐ attachment	0376	
☐ attack	0062	
☐ **attempt**	0397, 0160	
☐ attempted	0397	
☐ **attend**	0318	
☐ attendance	0318	
☐ attendant	0318	
☐ attention	0318	
☐ **attitude**	0517	
☐ **attract**	0399	
☐ attraction	0399	
☐ attractive	0399	
☐ **audience**	0170	
☐ **author**	0495	
☐ authoritative	0476	
☐ **authority**	0476	
☐ authorize	0476	
☐ autograph	0144	

☐ avail	0577	
☐ **available**	0577	
☐ avenge	0838	
☐ **average**	0497	
☐ **avoid**	0369	
☐ avoidance	0369	
☐ **awake**	0047	
☐ **award**	0985	
☐ **aware**	0240, 0569	
☐ awareness	0240	
☐ **awful**	0268	
☐ awfully	0268	

B

☐ baby	0953	
☐ **back**	0650	
☐ **background**	0460	
☐ bad	0607	
☐ baggage	0654	
☐ bald	0747	
☐ ballot	0895	
☐ ballpark	0283	
☐ **ban**	0687	
☐ bare	0217	
☐ **barely**	0217, 0204	
☐ barley	0649	
☐ basic	1060	
☐ **battery**	0529, 0875	
☐ be apt	0341	
☐ be composed of	0676	
☐ be going to do	0093	
☐ be likely	0341	
☐ be located	0964	
☐ beam	0861	
☐ **bear**	0419, 0297, 0720	
☐ beat	0358	
☐ beautiful	0603	
☐ **behave**	0105	
☐ behavior	0105, 0455	
☐ **belief**	0512, 0172, 0617	
☐ believe	0512	
☐ **belong**	0079	
☐ belonging	0079	
☐ **bend**	0326	
☐ beneficial	0481	

どれだけチェックできた？ 1 ☐ 2 ☐

☐ **benefit**	0481, 0500	☐ **branch**	1099	☐ **canal**	0904
☐ bent	0326	☐ **brave**	0731, 0747	☐ **cancer**	0852
☐ berry	0393	☐ bravely	0731	☐ **capability**	0739, 0932
☐ **besides**	0195, 0214	☐ bravery	0731	☐ **capable**	0739, 0932
☐ **betray**	0801	☐ breadth	0226, 0865, 0870	☐ **capacity**	0932, 0739
☐ betrayal	0801			☐ **capital**	1106
☐ beware	0240	☐ **break**	0609	☐ capitalism	1106
☐ **bill**	0446	☐ breath	0095	☐ capitalist	1106
☐ billfold	0336	☐ **breathe**	0095	☐ captivate	0804
☐ **bite**	0305	☐ breathless	0095	☐ captive	0804
☐ **blame**	0012	☐ breathtaking	0095	☐ **capture**	0804
☐ blameless	0012	☐ **breed**	0353	☐ **care**	0177
☐ blaze	0982	☐ breeze	0095	☐ **career**	0758
☐ bleed	0353	☐ brevity	1030	☐ careful	0120, 0177
☐ **board**	0289	☐ **brief**	1030	☐ carefully	0177
☐ boarding	0289	☐ briefly	1030	☐ careless	0177
☐ **boast**	0402	☐ bright	0750	☐ carry out	0024
☐ boastful	0402	☐ **broad**	0226, 0267	☐ **case**	0445, 0148, 0909
☐ body	0154, 0468, 0505	☐ **broadcast**	0753, 0226	☐ **cash**	0550
☐ **bold**	0747	☐ broadcaster	0753	☐ cashier	0550
☐ boldly	0747	☐ broadcasting	0753	☐ **casual**	0562
☐ boldness	0747	☐ broadly	0226	☐ casualty	0562
☐ **bomb**	0521	☐ brutal	0566	☐ catastrophe	0949
☐ bombard	0521	☐ **budget**	1111	☐ catch	0804
☐ bombardment	0521	☐ budgetary	1111	☐ **cause**	0123, 0119, 0186
☐ **book**	0280, 0028	☐ building	0499	☐ **caution**	0912
☐ booking	0280	☐ **burden**	0916	☐ cautious	0912
☐ **border**	0770, 0884, 0887	☐ burdensome	0916	☐ cautiously	0912
		☐ burglar	0537	☐ **ceiling**	0560
☐ borderline	0770	☐ burial	0393	☐ **cell**	0875, 0529
☐ bore	0665	☐ **burst**	0071, 0842	☐ cellar	0875
☐ bored	0665	☐ **bury**	0393	☐ cellphone	0875
☐ **boring**	0665, 0598	☐ business	1119	☐ cellular	0875
☐ **borrow**	0323, 0030	☐ buy	1074	☐ cent	0530
☐ borrower	0323			☐ centigrade	0867
☐ borrowing	0323	**C**		☐ **certain**	0256, 0272
☐ bother	0829	☐ **cabinet**	0997	☐ certainly	0256
☐ bothersome	0829	☐ calamity	0949	☐ certify	0256
☐ **bottom**	0134	☐ **calculate**	0815, 0278	☐ **chance**	0623, 0491
☐ bottomless	0134	☐ calculated	0815	☐ **change**	
☐ **bound**	0601	☐ calculating	0815		0626, 0813, 0822
☐ **boundary**	0884, 0770	☐ calculation	0815	☐ change purse	0336
☐ boundless	0884	☐ calculator	0815	☐ changeable	0626
☐ **bow**	0039	☐ **calm**	0587	☐ chaos	0869, 0930
☐ brain	0114	☐ calmly	0587	☐ **character**	

0426, 0457, 0624, 1048	☐ clever 0750	☐ comparative 0104
☐ **characteristic**	☐ **client** 1095	☐ **compare** 0104
1048, 0426, 0526	☐ clientele 1095	☐ comparison 0104
☐ **charge**	☐ **climate** 0863	☐ compassion 0914
0424, 0145, 0688	☐ climatic 0863	☐ **compete** 0695
☐ charitable 0768	☐ climb 0775	☐ competition 0695
☐ **charity** 0768	☐ **close** 0246, 0260	☐ competitive 0695
☐ **charm** 0972	☐ closed 0246	☐ competitor 0695
☐ charming 0972	☐ closely 0246	☐ **complain** 0004
☐ **chase** 0380, 0101, 0690	☐ cloud 0131	☐ **complete** 0264
☐ cheap 0266	☐ clue 0155	☐ completely
☐ **cheat** 0708, 0677	☐ coast 0430	0213, 0264, 0563
☐ **check** 0611	☐ coin purse 0336	☐ completion 0264
☐ **cheer** 0181	☐ **collapse** 0787	☐ **complex** 0596
☐ cheerful 0181	☐ colleague 0153	☐ complexity 0596
☐ cheerfully 0181	☐ collect 0257	☐ complicate 1051
☐ chief 0599	☐ collision 0488	☐ **complicated**
☐ chiefly 0599	☐ colonial 0993	1051, 1038
☐ child 0953	☐ colonist 0993	☐ complication 1051
☐ **childhood** 0513	☐ colonize 0993	☐ **component** 0976
☐ childish 0513	☐ **colony** 0993	☐ compute 0815
☐ childlike 0513	☐ combination 0692	☐ conceal 0054, 0803
☐ choose 0064	☐ **combine** 0692	☐ **concentrate** 0807
☐ **circumstance**	☐ combined 0692	☐ concentrated 0807
0962, 0945, 0947	☐ come upon 0681	☐ concentration 0807
☐ circumstantial 0962	☐ comfort 0230	☐ **concern** 0437
☐ cite 0161, 0964	☐ **comfortable** 0230	☐ concerned 0437, 0744
☐ **citizen** 0118	☐ comfortably 0230	☐ concerning 0437
☐ citizenship 0118	☐ **command** 0800, 0273	☐ **conclude** 0680
☐ **civil** 1057, 1004	☐ commander 0800	☐ conclusion 0680
☐ civilian 1057	☐ **commerce** 1086	☐ conclusive 0680
☐ civilization 1057	☐ commercial 1086	☐ concrete 1043
☐ civilize 1057	☐ commercially 1086	☐ **condition** 0171
☐ **claim** 0019, 0347	☐ commission 0282	☐ conditional 0171
☐ clash 0941	☐ **commit** 0282	☐ **conduct** 0455
☐ **class** 0433, 0149	☐ committee 0282	☐ conductor 0455
☐ classic 0433	☐ **common**	☐ **conference** 0907
☐ classify 0433	0239, 0608, 1067	☐ **confidence** 0467, 0461
☐ clean 0314, 0324, 0652	☐ commonly 0239	☐ confident 0467
☐ **cleaning** 0652	☐ commonplace 0239	☐ confidential 0467
☐ cleanly 0652	☐ **community** 0764	☐ **confirm** 0338
☐ **clear** 0586, 0598	☐ **companion** 0153	☐ confirmation 0338
☐ clergy 0553	☐ companionship 0153	☐ **conflict** 0941
☐ clerical 0553	☐ **company** 0631, 0629	☐ confront 0286
☐ **clerk** 0553	☐ comparable 0104	☐ **congress** 0881

どれだけチェックできた？ 1 ☐ 2 ☐

☐ Congress	0995	☐ contractor	1117	☐ creation	0008
☐ congressional	0881	☐ **contrary**	1011	☐ creative	0008
☐ congressman	0881	☐ **contrast**	0713	☐ creature	0008
☐ connect	0385, 0674	☐ contribute	0899	☐ **credit**	0617, 0172
☐ **conquer**	0843	☐ **contribution**	0899	☐ creditable	0617
☐ conqueror	0843	☐ contributor	0899	☐ creditor	0617, 1090
☐ conquest	0843	☐ convenience	0669	☐ **creep**	0686
☐ conscience	0569	☐ **convenient**	0669	☐ **crew**	0155
☐ **conscious**	0569, 0240	☐ conveniently	0669	☐ **crime**	0775, 0756
☐ consciously	0569	☐ convention	1044	☐ criminal	0775
☐ consciousness	0569	☐ **conventional**	1044	☐ **crisis**	1001
☐ **consequence**	0984	☐ conviction	0845	☐ critic	0812
☐ consequent	0984	☐ **convince**	0845, 0699	☐ critical	0812, 1001
☐ consequently	0984	☐ convinced	0845	☐ critically	1001
☐ conservative	1055	☐ convincing	0845	☐ criticism	0812
☐ **consider**		☐ cooked	0663	☐ **criticize**	0812
	0360, 0007, 0278	☐ cooperate	0917	☐ **crop**	0463
☐ **considerable**		☐ **cooperation**	0917	☐ **cross**	0067
	0582, 0360	☐ cooperative	0917	☐ crossing	0067
☐ considerably	0582	☐ cope	0058	☐ **crowd**	0131
☐ considerate	0360	☐ copy	0719	☐ crowded	0131
☐ consideration	0360	☐ corp.	1103	☐ crucial	0584
☐ **consist**	0676	☐ corporate	1103	☐ **cruel**	0566
☐ consistency	0676	☐ **corporation**	1103, 0629	☐ cruelly	0566
☐ consistent	0676	☐ **correct**	0257, 0227	☐ cruelty	0566
☐ constitute	0890	☐ correction	0257	☐ **crush**	0411, 0189
☐ **constitution**	0890	☐ correctly	0257	☐ **cure**	0504, 0682
☐ constitutional	0890	☐ cosmic	0869	☐ curiosity	0726
☐ construct	0074	☐ **cosmos**	0869	☐ **curious**	0726
☐ construction	0890	☐ **cost**	0430	☐ curiously	0726
☐ **contain**	0043	☐ costly	0430	☐ currency	1035
☐ contamination	0766	☐ **cough**	0645	☐ **current**	1035
☐ **content**	0633	☐ **count**	0278	☐ currently	1035
☐ contented	0633	☐ **courage**	0128	☐ **custom**	
☐ contentment	0633	☐ courageous	0128, 0731		0621, 0176, 1120
☐ **context**	0945	☐ **court**	0757	☐ customary	0621, 1120
☐ **continent**	0489	☐ courteous	0757	☐ **customer**	1120, 0621
☐ continental	0489	☐ courtesy	0757	☐ customize	0621, 1120
☐ continual	0077	☐ cousin	0554, 0643		
☐ continuation	0077	☐ cover	0959	**D**	
☐ **continue**	0077	☐ **coward**	0957		
☐ continuity	0077	☐ cowardice	0957	☐ damage	0151
☐ continuous	0077	☐ cowardly	0957	☐ **danger**	0183, 1101
☐ **contract**	1117	☐ **crash**	0189, 0411, 0488	☐ dangerous	0183
☐ contraction	1117	☐ **create**	0008	☐ date	0540
				☐ dawn	0451

どれだけチェックできた？ 1 ☐ 2 ☐

☐ deadly 1054	☐ **deliver** 0099	☐ destructive 0074
☐ **deaf** 0233	☐ delivery 0099	☐ detach 0376
☐ **deal** 0015	☐ **demand**	☐ **detail** 0115
☐ dealer 0015	1092, 0407, 1110	☐ detailed 0115
☐ debatable 0789	☐ demanding 1092	☐ details 0241
☐ **debate** 0789	☐ democracy 1005	☐ determination 0351
☐ **debt** 1090	☐ democrat 1005	☐ **determine** 0351
☐ debtor 0617, 1090	☐ **democratic** 1005	☐ determined 0351
☐ **decade** 0968	☐ demolish 0074	☐ **develop** 0002, 0685
☐ **decay** 0823	☐ **demonstrate** 0714	☐ developing 0002
☐ deceit 0677	☐ demonstration 0714	☐ development 0002
☐ deceitful 0677	☐ denial 0038	☐ **device** 0508
☐ **deceive** 0677, 0708	☐ dental 0655	☐ devise 0508
☐ **decide** 0108, 0351, 0793	☐ **dentist** 0655	☐ dew 0588
☐ decided 0108	☐ **deny** 0038, 0406	☐ **diet** 0627
☐ decision 0108	☐ depart 0989	☐ Diet 0881, 0995
☐ decisive 0108	☐ **department** 0438	☐ dietary 0627
☐ declaration 0833	☐ **departure** 0989	☐ **differ** 0847, 0813
☐ **declare**	☐ **depend** 0060, 0359	☐ difference 0847
0833, 0712, 0846	☐ dependence 0060	☐ different 0847, 1029
☐ **decline** 0696, 0356	☐ dependent 0060, 0600	☐ difficult 0597, 1051
☐ **decorate** 0831	☐ **deposit** 1077	☐ **digest** 0849
☐ decoration 0831	☐ deposition 1077	☐ digestion 0849
☐ decorative 0831	☐ depositor 1077	☐ digestive 0849
☐ **decrease** 0383, 0384	☐ **depth** 0856	☐ **direct** 0102, 0173, 0273
☐ **deed** 0929	☐ **descend** 0799	☐ **direction**
☐ deep 0666, 0856, 1015	☐ descendant 0799, 0948	0173, 0102, 0898
☐ deepen 0856	☐ descent 0799	☐ directly 0102, 0173
☐ deeply 0856	☐ **describe** 0110	☐ director 0102
☐ **defeat** 0358, 0825, 0843	☐ description 0110	☐ disagree 0044
☐ **defend** 0062	☐ descriptive 0110	☐ **disappear**
☐ defense 0062	☐ **desert** 0300	0049, 0021, 0700
☐ defensive 0062	☐ deserter 0300	☐ disappearance 0049
☐ define 0928	☐ desertion 0300	☐ disappoint 0605
☐ definite 0586, 0928, 1029	☐ **deserve** 0389	☐ **disappointed** 0605
☐ definitely 0928	☐ desirable 0365	☐ disappointing 0605
☐ **definition** 0928	☐ **desire** 0365	☐ disappointment 0605
☐ **degree** 0440	☐ **despair** 0908	☐ **disaster** 0949
☐ **delay** 0342	☐ desperate 0908	☐ disastrous 0949
☐ deliberately 0169	☐ desperately 0908	☐ **discipline** 0965
☐ delicacy 1021	☐ **destination** 0979	☐ disciplined 0965
☐ **delicate** 1021	☐ destined 0979	☐ disclose 0803
☐ **delight** 0510	☐ destiny 0979	☐ discontinue 0077
☐ delighted 0510	☐ **destroy** 0074	☐ discourage 0415
☐ delightful 0510	☐ destruction 0074	☐ discuss 0355, 0789

どれだけチェックできた？ 1 ☐ 2 ☐

☐ **disease** 0124	☐ dullness 0598	☐ emergent 0698, 0991
☐ diseased 0124	☐ dully 0598	☐ **emotion** 0507
☐ dislike 0052	☐ duly 0588	☐ emotional 0507
☐ **dismiss**	☐ dusk 0451	☐ emphasis 0818
0375, 0097, 0277	☐ **dust** 0539	☐ **emphasize** 0818
☐ dismissal 0375	☐ dusty 0539	☐ emphatic 0818
☐ **display** 0405, 0795	☐ dutiful 0185	☐ emphatically 0818
☐ disregard 0404	☐ **duty**	☐ **empire** 0892
☐ dissimilar 0242	0185, 0477, 0620, 0922	☐ **employ** 1073
☐ dissolve 0089	☐ duty-free 0185	☐ employee 1073
☐ distance 0260		☐ employer 1073
☐ **distant** 0260	# E	☐ employment 1073
☐ **distinct** 1029, 0817	☐ **eager** 0743, 0590, 0744	☐ emptiness 0243
☐ distinction 0817, 1029	☐ eagerly 0743	☐ **empty** 0243
☐ distinctive 0817, 1029	☐ eagerness 0743	☐ **enable** 0790
☐ **distinguish**	☐ **earn** 1080	☐ **enclose** 0716, 0388
0817, 0416, 1029	☐ earnings 1080	☐ enclosure 0716
☐ distinguished	☐ earth 0454	☐ **encounter** 0681
0817, 1029, 1033	☐ economic 1081	☐ **encourage** 0415
☐ distract 0399	☐ economical 1081	☐ encouragement 0415
☐ **distribute** 0832	☐ economics 1081	☐ encouraging 0415
☐ distribution 0832	☐ economist 1081	☐ end 0680
☐ distributor 0832	☐ **economy** 1081	☐ endeavor 0160
☐ **district** 0883	☐ edit 0920	☐ endurance 0720
☐ **divide** 0065	☐ edition 0920	☐ **endure**
☐ division 0065	☐ **editor** 0920	0720, 0297, 0419
☐ do 0024	☐ editorial 0920	☐ **enemy** 0188
☐ doctor 0662	☐ **effect** 0119, 0123, 0381	☐ **engage** 0837
☐ doll 0598	☐ effective 0119	☐ engaged 0837
☐ **domestic** 1007, 1046	☐ effectively 0119	☐ engagement 0837
☐ domesticate 1007	☐ efficiency 1056	☐ engaging 0837
☐ donation 0899	☐ **efficient** 1056	☐ **enormous** 1047, 1058
☐ **doubt** 0033	☐ **effort** 0160	☐ enormously 1047
☐ doubtful 0033	☐ elect 0998	☐ enough 0575
☐ doubtless 0033	☐ **election** 0998	☐ **enterprise** 1119
☐ down 0451	☐ electoral 0998	☐ enterprising 1119
☐ **draw** 0106, 0641	☐ electric 0138	☐ **entertain** 0412
☐ **drawer** 0641, 0106	☐ electrical 0138	☐ entertainment 0412
☐ drawing 0106, 0641	☐ **electricity** 0138	☐ enthusiasm 0749
☐ drawn 0063	☐ **element** 0473	☐ enthusiast 0749
☐ dream 0459	☐ elemental 0473	☐ **enthusiastic**
☐ **drift** 0836	☐ elementary 0473	0749, 0590
☐ **drown** 0063	☐ **emerge** 0698, 0991	☐ enthusiastically 0749
☐ **due** 0588	☐ emergence 0698, 0991	☐ **entire** 0563
☐ dull 0598	☐ **emergency** 0991, 0698	☐ entirely 0563

☐ envelop	0546	
☐ **envelope**	0546	
☐ envious	0721, 0937	
☐ enviously	0937	
☐ **environment**	0779, 0962	
☐ environmental	0779	
☐ environmentalist	0779	
☐ **envy**	0937	
☐ epoch	0902	
☐ **equal**	0253	
☐ equality	0253	
☐ equalize	0253	
☐ equally	0253	
☐ equip	0483	
☐ **equipment**	0483	
☐ **era**	0902, 0113	
☐ error	0902	
☐ essence	0584	
☐ **essential**	0584, 0897, 1060	
☐ essentially	0584	
☐ **establish**	0361, 0371	
☐ established	0361	
☐ establishment	0361	
☐ **estate**	1113	
☐ **estimate**	0701	
☐ estimation	0701	
☐ even	0640	
☐ event	0148, 0201	
☐ eventual	0201	
☐ **eventually**	0201	
☐ **evidence**	0520	
☐ evident	0520	
☐ evidently	0520	
☐ **evil**	0607	
☐ **exact**	0227, 0257, 1059	
☐ exactly	0227	
☐ examination	0005	
☐ **examine**	0005, 0396	
☐ example	0909	
☐ except	0469	
☐ **exception**	0469	
☐ exceptional	0469, 1071	
☐ exceptionally	0469	

☐ **exchange**	0344	
☐ excited	0749	
☐ exclusion	0469	
☐ **excuse**	0135	
☐ exercise	0157	
☐ **exhibit**	0795, 0405	
☐ exhibition	0795	
☐ exhibitor	0795	
☐ **exist**	0034	
☐ existence	0034	
☐ **expand**	0685	
☐ expanse	0685	
☐ expansion	0685	
☐ expansive	0685	
☐ **expect**	0085	
☐ expectant	0085	
☐ expectantly	0085	
☐ expectation	0085, 0938	
☐ expend	0266	
☐ expenditure	0266	
☐ expense	0266, 0430	
☐ **expensive**	0266	
☐ **experience**	0164	
☐ experienced	0164	
☐ **experiment**	0877	
☐ experimental	0877	
☐ **explain**	0059	
☐ explanation	0059	
☐ **explode**	0842, 0071	
☐ exploration	0396	
☐ **explore**	0396	
☐ explorer	0396	
☐ explosion	0842	
☐ explosive	0842	
☐ **export**	1076, 1079	
☐ exportation	1076, 1079	
☐ exporter	1076, 1079	
☐ **expose**	0824	
☐ exposure	0824	
☐ **express**	0078	
☐ expression	0078	
☐ expressive	0078	
☐ **extend**	0718	
☐ extension	0718	
☐ extensive	0718	

☐ extent	0440, 0718	
☐ **external**	1031, 1046	
☐ extraordinarily	1071	
☐ **extraordinary**	1071, 0608	
☐ **extreme**	1014	
☐ extremely	1014	
☐ extremism	1014	
☐ extremist	1014	
☐ eyesight	0459	

F

☐ **face**	0286	
☐ facial	0286	
☐ **fact**	0506	
☐ **factor**	0954	
☐ faculty	0438	
☐ **fade**	0791	
☐ Fahrenheit	0867	
☐ **fail**	0080, 0294, 0301, 0787	
☐ failure	0080	
☐ **faint**	0303	
☐ faintly	0303	
☐ fair	0145	
☐ **faith**	0461, 0512	
☐ faithful	0461	
☐ faithfully	0461	
☐ fall down	0787	
☐ **false**	0248	
☐ **fame**	0925, 0943	
☐ **familiar**	0237	
☐ familiarity	0237	
☐ family	0237	
☐ famous	0925	
☐ fanciful	0636	
☐ **fancy**	0636	
☐ far away	1009	
☐ **fare**	0145	
☐ farm	0629	
☐ farming	0871	
☐ fashion	0518	
☐ fat	0668	
☐ **fatal**	1054	
☐ fatality	1054	

どれだけチェックできた？ 1 ☐ 2 ☐

☐ fate	0486, 1054	☐ flight	0559	☐ **frightened**	0723
☐ **fault**	0174	☐ **float**	0331	☐ frightening	0723
☐ faultless	0174	☐ **flood**	0184	☐ front	0915
☐ faulty	0174	☐ floor	0560	☐ **frontier**	0887
☐ **favor**	0121, 0261	☐ fly	0559	☐ **fuel**	0542
☐ favorable	0121, 0261	☐ foam	0619	☐ full	0243
☐ **favorite**	0261, 0121	☐ **focus**	0969	☐ **function**	0477
☐ fear	0450	☐ **fold**	0702	☐ functional	0477
☐ **feature**	0526	☐ folder	0702	☐ **fund**	1107
☐ **fee**	0660, 0145	☐ **follow**	0101	☐ **fundamental**	
☐ **feed**	0050	☐ follower	0101	1060, 0584, 1055, 1107	
☐ feeder	0050	☐ following	0101, 0574	☐ fundamentally	1060
☐ feeling	0901	☐ fond	1107	☐ **funeral**	0763
☐ **female**	0244, 0250	☐ foolish	0271	☐ furnish	0646
☐ feminine	0244, 0250	☐ forbid	0098, 0687	☐ furnished	0646
☐ **fever**	0556	☐ **force**	0143	☐ **furniture**	0646
☐ feverish	0556	☐ forceful	0143	☐ further	0214
☐ field	0996	☐ **forecast**	0933	**G**	
☐ fiery	0277	☐ foreign	1007, 1046, 1057		
☐ fight against	0673	☐ **forgive**	0022	☐ **gain**	0013
☐ figurative	0443, 0511	☐ forgiveness	0022	☐ gas	0857, 0866
☐ **figure**	0443	☐ **form**	0619	☐ **gather**	0026, 0807
☐ **finance**	1088	☐ formal	0619	☐ gathering	0026
☐ financial	1088	☐ formation	0619	☐ gaze	0694
☐ financially	1088	☐ **former**	0234, 1053	☐ general	0564, 0606, 1042
☐ financier	1088	☐ formerly	0234	☐ generosity	0734
☐ **fine**	0444	☐ formula	0619	☐ **generous**	0734, 1017
☐ finely	0444	☐ **fortunate**	0486	☐ generously	0734
☐ finish	0680	☐ fortunately	0206, 0486	☐ **genius**	0950
☐ **fire**		☐ **fortune**	0486	☐ **gentle**	0737, 0670
0277, 0097, 0375, 1073		☐ **found**	0371, 0361	☐ gentleman	0737
☐ **firm**	0629, 0561	☐ foundation	0371	☐ gently	0737
☐ firmly	0629	☐ founder	0371	☐ gentry	0737
☐ first	0291	☐ fragile	1021	☐ geographical	0853
☐ **fit**	0088, 0276	☐ fragrance	0530	☐ **geography**	0853
☐ fitness	0088	☐ **frame**	0505, 0982	☐ get	0013, 0691, 0841
☐ **fix**	0275, 0016	☐ framework	0505	☐ get back	0084
☐ fixed	0275	☐ frank	0252	☐ get well	0084
☐ fixedly	0275	☐ **freeze**	0308	☐ **gift**	0613
☐ **flame**	0982, 0505	☐ freezing	0308	☐ gifted	0613
☐ flaming	0982	☐ frequency	0200	☐ **glance**	0515
☐ **flavor**	0532	☐ frequent	0200	☐ **global**	0783
☐ flavoring	0532	☐ **frequently**	0200	☐ globe	0783
☐ flea	0844	☐ fridge	0551	☐ glorify	0921
☐ **flee**	0844	☐ frighten	0723	☐ glorious	0921

☐ **glory**	0921	☐ **hardly**	0204, 0215	☐ **housework**	0549
☐ **glow**	0942	☐ hardly ever	0193	☐ however	0219
☐ go down	0799	☐ **harm**	0151	☐ **huge**	
☐ go over	0295	☐ harmful	0151, 0607	0571, 0251, 1047, 1058	
☐ good point	0946	☐ harmless	0151	☐ humane	0978
☐ goodness	0946	☐ **harsh**	1013	☐ humanitarian	0978
☐ **goods**	1085	☐ **harvest**	0939	☐ **humanity**	0978
☐ govern	0293, 0894	☐ **haste**	0926	☐ humankind	0187
☐ **government**	0894	☐ hasten	0926	☐ **humble**	0746, 0728
☐ governor	0894	☐ hastily	0926	☐ humbly	0746
☐ grab	0819	☐ hasty	0926	☐ humility	0746
☐ gradation	0149	☐ **hate**	0052	☐ **hurry**	0100, 0926
☐ **grade**	0149	☐ hateful	0052	☐ **hurt**	0109, 0820
☐ gradual	0149, 0222	☐ hatred	0052	☐ hydrogen	0878
☐ **gradually**	0222, 0149	☐ have	0372	☐ hypothesis	0855
☐ **graduate**	0364	☐ **headache**	0335		
☐ graduation	0364	☐ **heal**	0682	**I**	
☐ **grain**	0987	☐ heart	0109, 0872	☐ idea	0127, 0130
☐ **grasp**	0798, 0819	☐ **heaven**	0140	☐ **ideal**	0578
☐ **grateful**	0727	☐ heavenly	0140	☐ idealism	0578
☐ gratification	0727	☐ heel	0682	☐ idealistic	0578
☐ gratify	0727	☐ **height**	0862	☐ idealize	0578
☐ gratifying	0727	☐ heighten	0862	☐ identical	0416
☐ **grave**	0428, 0733	☐ hell	0140	☐ identification	0416
☐ gravitation	0428	☐ help	0073	☐ **identify**	0416
☐ gravity	0428	☐ helping	0910	☐ identity	0416
☐ **greet**	0366	☐ hesitant	0826	☐ idle	0741
☐ greeting	0366	☐ **hesitate**	0826	☐ if	0367
☐ grief	0977	☐ hesitation	0826	☐ ignoble	0235
☐ **gross**	1036	☐ hexagon	0854	☐ ignorance	0339
☐ grow	0942	☐ **hide**	0054	☐ ignorant	0339
☐ growth	1036	☐ high	0862	☐ **ignore**	0339, 0404
☐ **guarantee**	0958, 0805	☐ hire	1073	☐ illegal	0782
☐ **guess**	0031, 0373	☐ hold	0702	☐ illness	0124
☐ guidance	0173	☐ hole	0259	☐ illusion	0459
☐ guilt	0781, 0784	☐ hollow	0101	☐ imaginary	0057
☐ guiltless	0781	☐ **honor**	0456, 0952	☐ imagination	0057, 0459
☐ **guilty**	0781, 0784	☐ honorable	0456	☐ imaginative	0057
		☐ honorably	0456	☐ **imagine**	0057
H		☐ hope	0908	☐ **imitate**	0719
☐ **habit**	0176, 0621	☐ **horrible**	0593	☐ imitation	0719
☐ habitual	0176	☐ horribly	0593	☐ immature	1027
☐ hall	0259	☐ horrify	0593	☐ immediate	0208
☐ **handle**	0082	☐ horror	0593	☐ **immediately**	0208
☐ happen	0349	☐ **household**	0772	☐ **immense**	1058, 1047

どれだけチェックできた？ 1 ☐ 2 ☐

Word	Page
immensely	1058
immoral	0595
impact	0488
impatient	0752
imperial	0892
imperialism	0892
imply	0056
impolite	0724, 0742
import	1079, 1076
important	1039
importation	1076, 1079
importer	1076, 1079
impose	0834
imposing	0834
imposition	0834
impress	0392
impression	0392
impressive	0392
improper	0249
improve	0096
improvement	0096, 0159
in other words	0212
inaccurate	1025
inactive	0247
inappropriate	1070
incident	0992
incidental	0992
incidentally	0992
include	0086
included	0086
including	0086
inclusive	0086
income	1102
incomplete	0264
inconvenient	0669
incorrect	0257
increase	0384, 0383, 0717
increasingly	0384
indeed	0216
independence	0600
independent	0600
indicate	0704
indication	0704
indicative	0704
indicator	0704
indistinct	1029
individual	0564
individuality	0564
individually	0564
industrial	1094
industrialize	1094
industrious	1094
industry	1094
inefficient	1056
inescapable	1024
inevitable	1024
inevitably	1024
inexpensive	0266
infancy	0953
infant	0953
influence	0479, 0381
influential	0479
inform	0003
information	0003
informative	0003
informed	0003
inherent	0788
inherit	0788
inheritance	0788
initiate	0683
injure	0820, 0109
injured	0820
injury	0523, 0820
injustice	0761
innocence	0781, 0784
innocent	0784, 0781
inquire	0802
insist	0362
insistence	0362
insistent	0362
inspect	0005
inspiration	0839
inspire	0839
instance	0909
instant	0909
instantaneous	0909
instantly	0909
instead	0197
instinct	0923
instinctive	0923
instinctively	0923
institute	0509
institution	0509
instruct	0470
instruction	0470
instructive	0470
instructor	0470
instrument	0525
instrumental	0525
insufficient	0575
insult	0709
insulting	0709
insurance	1087
insure	1087
insurer	1087
intelligence	0114, 0750
intelligent	0750
intelligently	0750
intelligible	0750
intend	0093
intense	1064
intensify	0862, 1064
intensity	1064
intensive	1064
intent	0093
intention	0093
interest	0431, 0437
interested	0431
interesting	0431
interfere	0693
interfere with	0350, 0796
interference	0693
internal	1046, 1031
interrupt	0350, 0693
interruption	0350
introduce	0023
introduction	0023
introductory	0023
invade	0796
invader	0796
invasion	0796
invent	0414
invention	0414
inventive	0414

☐ inventor	0414	
☐ **invest**	1075	
☐ **investigate**	0802, 0005	
☐ investigation	0802	
☐ investigator	0802	
☐ investment	1075	
☐ investor	1075	
☐ invisible	1061	
☐ involve	1038	
☐ **involved**	1038	
☐ involvement	1038	
☐ irreligious	0759	
☐ irresponsible	0634	
☐ **issue**	0618	
☐ **item**	0452	

J

☐ **jail**	0754, 0777
☐ **jam**	0630
☐ **jealous**	0721
☐ jealously	0721
☐ jealousy	0721, 0937
☐ job	0922, 1118
☐ **join**	0040
☐ joint	0040
☐ journey	0919
☐ **judge**	0778
☐ judgement	0448, 0778
☐ jump	0848
☐ **junior**	0270, 0594
☐ **justice**	0761
☐ justifiable	0761
☐ justification	0761
☐ justify	0761

K

☐ **keen**	0590, 0743
☐ keenly	0590
☐ keep	0010, 0028, 0797
☐ **kidney**	0872
☐ **knit**	0316
☐ knitting	0316
☐ know	0147
☐ **knowledge**	0147
☐ knowledgeable	0147

L

☐ **labor**	1118
☐ laborer	1118
☐ laborious	1118
☐ **lace**	0657, 0610
☐ **lack**	0167
☐ **ladder**	0533, 1053
☐ land	1113
☐ **landscape**	0940
☐ **lane**	0492
☐ large	0199
☐ **largely**	0199
☐ **last**	0291, 0077
☐ lasting	0291
☐ lastly	0291
☐ late	0163, 0203, 0591
☐ **lately**	0203
☐ **latest**	0591
☐ **latter**	1053, 0234, 0533
☐ **launch**	0683
☐ launder	0555
☐ **laundry**	0555
☐ lay	0966
☐ **layer**	0966
☐ lazily	0741
☐ laziness	0741
☐ **lazy**	0741
☐ **lead**	0083
☐ leader	0083
☐ leading	0083
☐ **lean**	0398
☐ **leap**	0848
☐ **leave**	0435, 0010
☐ **lecture**	0501
☐ lecturer	0501
☐ **legal**	0782, 0767
☐ **legislation**	0767, 0782
☐ legislative	0767, 0782
☐ legislature	0767, 0782
☐ **leisure**	0464, 0255
☐ leisurely	0464
☐ **lend**	0030, 0323
☐ **length**	0865, 0226, 0870
☐ lengthen	0865

☐ lest	0427
☐ **letter**	0624
☐ **liberal**	1017
☐ liberate	1017
☐ liberty	1017
☐ **lid**	0543
☐ lift	0025
☐ **lightning**	0482
☐ likelihood	0236
☐ **likely**	0236
☐ **limb**	0975
☐ **line**	0648, 0129
☐ lineage	0648
☐ linear	0648
☐ **liquid**	0857, 0866
☐ literacy	0511
☐ literal	0443, 0511
☐ literally	0511
☐ literate	0511
☐ **literature**	0511
☐ live	0034
☐ liver	0872
☐ **load**	0141, 0916
☐ local	0882
☐ **logic**	0980
☐ logical	0980
☐ **long**	0296, 0865
☐ longevity	0296
☐ longing	0296
☐ look after	0318
☐ look into	0802
☐ look like	0697
☐ look up	0382
☐ loose	0263
☐ lord	0141
☐ lose	0013, 0691
☐ loss	1112
☐ love	0052
☐ low	0129
☐ lower	0025, 0862
☐ luck	0167, 1114
☐ lucky	0486
☐ **luggage**	0654
☐ lunch	0683
☐ **lung**	0872

どれだけチェックできた？ 1 ☐ 2 ☐

| ☐ luxurious | 0897 |
| ☐ luxury | 0897 |

M

☐ machine	0967
☐ machinery	0967
☐ mad	0751
☐ madly	0751
☐ madness	0751
☐ mail	0250
☐ mainly	0599, 1019
☐ maintain	0347, 0019, 0712
☐ maintenance	0347
☐ major	0298, 0893, 1002
☐ majority	1002, 0298, 0893
☐ make up one's mind	0108
☐ male	0250, 0244
☐ man	0187
☐ manage	0058, 0408, 0422
☐ management	0058
☐ manager	0058
☐ manhood	0187
☐ mankind	0187, 0876, 0978
☐ manly	0187
☐ manner	0133, 0152
☐ mansion	0051
☐ manual	0616
☐ manufacture	1115
☐ manufacturer	1115
☐ marvel	1069
☐ marvelous	1069
☐ masculine	0244, 0250
☐ mass	0158
☐ massive	0158
☐ material	0192, 0166, 0579, 0860
☐ materialism	0192
☐ materialize	0192
☐ math	0158
☐ matter	0279, 0166
☐ mature	1027
☐ maturity	1027
☐ maximize	1020
☐ maximum	1020, 1037
☐ mean	0027
☐ meaning	0027, 0633
☐ meaningful	0027
☐ meaningless	0027
☐ means	0478
☐ meanwhile	0202
☐ measure	0045, 0298
☐ measurement	0045
☐ meat	0299
☐ media	1049
☐ medicine	0538
☐ medium	1049
☐ meet	0299, 0681
☐ meeting	0299
☐ melt	0089
☐ memorial	0906
☐ mend	0703, 0275
☐ mental	0568, 0423, 0579, 0662
☐ mentality	0423, 0568
☐ mention	0051, 0382
☐ merchandise	1085
☐ merciful	0914
☐ mercifully	0914
☐ merciless	0914
☐ mercy	0914, 0471
☐ mess	0930, 0292
☐ messy	0930
☐ method	0152
☐ methodical	0152
☐ methodology	0152
☐ metro	0535
☐ mild	1013
☐ militant	1004
☐ militarism	1004
☐ military	1004
☐ militia	1004
☐ mimic	0719
☐ mind	0423, 0279
☐ minimize	1037
☐ minimum	1037, 1020
☐ minister	0896
☐ ministry	0896
☐ minor	0585, 0298, 0893, 1002
☐ minority	0893, 0585, 1002
☐ minute	0639
☐ minutely	0639
☐ miserable	0961
☐ misery	0961
☐ miss	0292, 0035, 0930
☐ missing	0292
☐ mistake	0174
☐ moderate	1014
☐ modern	1010
☐ modest	0728, 0746
☐ modestly	0728
☐ modesty	0728
☐ molecule	0868
☐ monarchy	0999
☐ monument	0906
☐ monumental	0906
☐ moral	0595
☐ morality	0595
☐ morally	0595
☐ more and more	0384
☐ moreover	0214
☐ mortal	1054
☐ most important	1019
☐ mostly	0210
☐ motion	0420
☐ motive	0420
☐ move	0420, 0711
☐ movement	0420
☐ moving	0420
☐ mud	0751
☐ multiplication	0717
☐ multiply	0717
☐ murder	0125
☐ murderer	0125
☐ murderous	0125
☐ murmur	0679
☐ mutual	1067
☐ mutually	1067

N

- **namely** 0212
- **nap** 0547
- narrow 0226
- **narrow** 0267
- narrowly 0267
- narrow-minded 1017
- nastily 0735
- **nasty** 0735
- nation 0994
- national 0994
- nationalism 0994
- **nationality** 0994
- **native** 0238
- natural 0191, 1022
- naturally 0191
- **nature** 0191
- near 0196, 0260
- **nearly** 0196
- **neat** 0262, 1068
- need 0407
- negation 0576
- **negative** 0576
- **neglect** 0404
- negligence 0404
- negligent 0404
- negligible 0404
- negotiable 1091
- negotiate 1091
- **negotiation** 1091
- **neighbor** 0541
- neighborhood 0541
- neighboring 0541
- **nephew** 0643, 0554
- nerve 0730
- **nervous** 0730
- nervously 0730
- **nevertheless** 0219
- new 0602
- **niece** 0554, 0643
- nobility 0235
- **noble** 0235
- **nod** 0322
- notable 0284
- notably 0284
- **note** 0284
- **notice** 0053, 0284, 0675
- noticeable 0053
- notify 0053
- **notion** 0851
- **novel** 0462
- novelist 0462
- novelty 0462
- **nuclear** 0880
- nucleus 0880

O

- obedience 0811
- obedient 0811
- **obey** 0811, 0101
- **object** 0287
- objection 0287
- objective 0287
- obscure 0604
- observance 0390
- observation 0390
- **observe** 0390
- observer 0390
- **obtain** 0691, 0013
- **obvious** 0604, 0252, 0520
- obviously 0252, 0604
- **occasion** 0148, 0223, 0491
- occasional 0148, 0223
- **occasionally** 0223, 0148
- occupant 0354
- occupation 0354
- **occupy** 0354
- **occur** 0349
- occurrence 0349
- **odd** 0640, 0726, 1062
- oddity 0640
- oddly 0640
- offend 0729
- **offended** 0729
- offense 0729
- offensive 0729
- **offer** 0068
- offering 0068
- office 1008
- officer 1008
- **official** 1008
- officially 1008
- often 0200
- on purpose 0169
- **operate** 0408
- operation 0408
- operator 0408
- opinion 0130
- opportune 0491
- **opportunity** 0491, 0148, 0623
- oppose 0245
- **opposite** 0245, 1065
- opposition 0245
- **order** 0273, 0407, 0800
- orderly 0273
- ordinarily 0608
- **ordinary** 0608
- **organ** 0858
- organic 0858
- organization 0792, 0858
- **organize** 0792, 0858
- organized 0792
- **origin** 0990, 0198
- original 0198, 0564, 0990
- **originally** 0198
- originate 0198, 0990
- **otherwise** 0220
- **outcome** 0956
- outgo 1102
- outlook 0898, 0938
- **output** 1109
- **outstanding** 1033
- **overcome** 0825
- overseas 0221
- **owe** 0006
- owing 0006
- **own** 0254, 0372
- owner 0254
- ownership 0254
- oxide 0878

☐ oxidize	0878	
☐ **oxygen**	0878	

P

☐ pack	0334	
☐ **package**	0334	
☐ packet	0334	
☐ pail	0666	
☐ **pain**	0120	
☐ painful	0120, 0671	
☐ painstaking	0120	
☐ **pale**	0666	
☐ pane	0120	
☐ **paper**	0162	
☐ **parallel**	1018	
☐ **park**	0283	
☐ parking	0283	
☐ **parliament**	0995	
☐ parliamentary	0995	
☐ **part**		
0447, 0137, 0769, 0910		
☐ partial	0447, 0563	
☐ participate in	0040	
☐ **particular**	0241	
☐ particularly	0241	
☐ partly	0447	
☐ **party**	0891	
☐ **pass**	0301, 0132, 0136	
☐ **passage**	0132, 0301	
☐ **passenger**	0178, 0132	
☐ passing	0301	
☐ **passion**	0449	
☐ passionate	0449	
☐ **passive**	1034, 0247	
☐ passively	1034	
☐ past	0637	
☐ **path**	0136, 0301	
☐ patience	0752	
☐ **patient**	0752	
☐ patiently	0752	
☐ **pause**	0190	
☐ pave	0534	
☐ **pavement**	0534	
☐ **pay**	0112	
☐ payment	0112	

☐ **peculiar**	1062	
☐ peculiarity	1062	
☐ peculiarly	1062	
☐ pension	1052	
☐ pentagon	0854	
☐ **perceive**	0675	
☐ perception	0675	
☐ perfect	0578	
☐ **perform**	0024	
☐ performance	0024	
☐ **period**	0113	
☐ periodic	0113	
☐ periodical	0113	
☐ perm	0567	
☐ permanence	0567	
☐ **permanent**	0567, 0581	
☐ permanently	0567	
☐ permission	0090	
☐ **permit**	0090	
☐ person	0426	
☐ perspiration	0642	
☐ **persuade**	0699, 0845	
☐ persuasion	0699	
☐ persuasive	0699	
☐ petition	0528	
☐ philosopher	0934	
☐ philosophical	0934	
☐ **philosophy**	0934	
☐ **physical**		
0579, 0423, 0568, 0662		
☐ physically	0579, 0662	
☐ **physician**	0662, 0579	
☐ physics	0579, 0662	
☐ **pile**	0522	
☐ **pill**	0653	
☐ pitiful	0471	
☐ **pity**	0471	
☐ place	0485	
☐ **plain**	0252, 0604	
☐ plainly	0252	
☐ plane	0252	
☐ **planet**	0850	
☐ planetary	0850	
☐ **plant**	0432	
☐ plantation	0432	

☐ planter	0432	
☐ play	0001	
☐ pleasant	0603	
☐ pleasure	0510	
☐ **plot**	0973	
☐ point out	0704	
☐ **poison**	0165, 0538	
☐ poisonous	0165	
☐ **policy**	0885	
☐ **polish**	0312	
☐ polished	0312	
☐ **polite**	0742	
☐ politely	0742	
☐ **political**	1006	
☐ politician	1006	
☐ politics	1006	
☐ pollutant	0766	
☐ pollute	0766	
☐ **pollution**	0766	
☐ poor	0927, 1100	
☐ **popular**	0672	
☐ popularity	0672	
☐ populate	0755	
☐ **population**	0755	
☐ populous	0755	
☐ **portion**	0910	
☐ pose	0190	
☐ position	0947	
☐ **positive**	0272, 0576	
☐ positively	0272	
☐ **possess**	0372	
☐ possession	0372	
☐ possessive	0372	
☐ possibility	0986	
☐ **postpone**	0806	
☐ **potential**	0986	
☐ potentiality	0986	
☐ **pour**	0332	
☐ **poverty**	0927	
☐ power	0476	
☐ practical		
0157, 0738, 1043		
☐ **practice**	0157, 0855	
☐ practitioner	0157	
☐ **praise**	0175, 0012, 0069	

どれだけチェックできた？ 1 ☐　2 ☐

☐ praiseworthy	0175	
☐ **pray**	0001	
☐ prayer	0001	
☐ **precious**	0225	
☐ **precise**	1059, 0227	
☐ precisely	1059	
☐ precision	1059	
☐ predict	0933	
☐ prediction	0933	
☐ prefecture	0882	
☐ **prefer**	0064	
☐ preferable	0064	
☐ preference	0064	
☐ preferential	0064	
☐ preparation	0029	
☐ preparatory	0029	
☐ **prepare**	0029	
☐ presence	0637	
☐ **present**		
0637, 0231, 0613, 1035		
☐ presentation	0637	
☐ presently	0637	
☐ preservation	0785	
☐ preservative	0785	
☐ **preserve**	0785, 0347	
☐ **press**	0625	
☐ pressing	0625	
☐ pressure	0625	
☐ prestige	0947	
☐ **pretend**	0391	
☐ pretense	0391	
☐ pretension	0391	
☐ pretentious	0391	
☐ **pretty**	0207	
☐ **prevent**	0081, 0710	
☐ preventative	0081	
☐ prevention	0081	
☐ preventive	0081	
☐ **previous**	0574	
☐ previously	0574	
☐ prey	0001	
☐ price	0225	
☐ priceless	0225	
☐ primarily	1019	
☐ **primary**	1019	
☐ **primitive**	1041
☐ **principal**	0599, 0873
☐ principally	0599
☐ **principle**	0873, 0599
☐ prior	0900
☐ **priority**	0900
☐ **prison**	0777, 0754
☐ prisoner	0777
☐ private	0265
☐ **privilege**	0952
☐ privileged	0952
☐ prize	0985
☐ probability	0205
☐ probable	0205
☐ **probably**	0205
☐ procedure	0417, 0684
☐ **proceed**	
0684, 0348, 0417	
☐ proceeding	0417, 0684
☐ **process**	0417, 0684
☐ procession	0417, 0684
☐ **produce**	0439, 1078
☐ producer	0439
☐ product	0439
☐ production	0439, 1109
☐ productive	0439
☐ profess	1097
☐ **profession**	1097
☐ professional	1097
☐ **profit**	1112, 0500
☐ profitable	1112
☐ profitably	1112
☐ **progress**	0159
☐ progressive	0159
☐ prohibit	0687
☐ **prolong**	0706
☐ promise	0589
☐ **promising**	0589
☐ **promote**	0835, 0415
☐ promotion	0835
☐ **pronounce**	0846
☐ pronounced	0846
☐ pronunciation	0846
☐ proof	0070, 0520
☐ **proper**	0249, 1062, 1082
☐ properly	0249, 1082
☐ **property**	1082, 0249
☐ proposal	0037
☐ **propose**	
0037, 0056, 0348	
☐ proposition	0037
☐ propriety	0249, 1082
☐ **prospect**	0938
☐ prospective	0938
☐ prosper	1114
☐ **prosperity**	1114
☐ prosperous	1114
☐ protect	0785
☐ **protest**	0484, 0712
☐ Protestant	0484
☐ **prove**	0070, 0714
☐ **provide**	0046, 1110
☐ provided	0046
☐ **province**	0882
☐ provincial	0882
☐ provision	0046
☐ **public**	0265
☐ publication	0092, 0265
☐ publicity	0265
☐ **publish**	0092
☐ publisher	0092
☐ publishing	0092
☐ **punish**	0055
☐ punishment	0055
☐ **purchase**	1074
☐ **purpose**	0169
☐ purposeful	0169
☐ purposely	0169
☐ purse	0544, 0301
☐ **pursue**	0690, 0101, 0380
☐ pursuit	0690
☐ put off	0342, 0806

Q

☐ qualitative	0457
☐ **quality**	
0457, 0191, 0963, 1082	
☐ quantitative	0963
☐ **quantity**	0963, 0457
☐ **quarrel**	0325

☐ quarrelsome	0325	
☐ **quarter**	0122	
☐ quarterly	0122	
☐ **quit**	0808, 0307	

R

☐ **race**	0610, 0657, 0776	
☐ racial	0610	
☐ **radical**	1055	
☐ radicalism	1055	
☐ **rage**	0905	
☐ rail	0179	
☐ rain	0492	
☐ **raise**	0025	
☐ **range**	0498	
☐ **rapid**	0229	
☐ rapidly	0229	
☐ **rare**	0565, 0915	
☐ rarely	0193, 0565	
☐ rarity	0565	
☐ **rate**	0163	
☐ rating	0163	
☐ **raw**	0663	
☐ **ray**	0861	
☐ real	0248, 0506, 0578	
☐ realistic	0506	
☐ **reality**	0506	
☐ realize	0506	
☐ really	0506	
☐ **rear**	0915, 0565	
☐ **reason**	0142, 0123	
☐ reasonable	0142	
☐ reasonably	0142	
☐ reasoning	0142	
☐ **rebel**	0988	
☐ rebellion	0988	
☐ rebellious	0988	
☐ **recall**	0715	
☐ receipt	0446	
☐ **recent**	0602	
☐ recently	0602	
☐ recognition	0337	
☐ recognizable	0337	
☐ **recognize**	0337	
☐ **recommend**	0410	

☐ recommendation	0410	
☐ **recover**	0084	
☐ recovery	0084	
☐ **reduce**	0400	
☐ reduction	0400	
☐ **refer**	0382	
☐ refer to	0051	
☐ reference	0382	
☐ **reflect**	0346	
☐ reflection	0346	
☐ reflective	0346	
☐ **reform**	0401	
☐ reformation	0401	
☐ refrigerate	0551	
☐ **refrigerator**	0551	
☐ refusal	0356	
☐ **refuse**	0356, 0041, 0696	
☐ **regard**	0007	
☐ regarding	0007	
☐ regardless	0007	
☐ **region**	0769, 0883, 0996	
☐ regional	0769	
☐ **regret**	0370	
☐ regretful	0370	
☐ regrettable	0370	
☐ **reject**	0387, 0356, 0696	
☐ rejection	0387	
☐ **relate**	0385, 0441	
☐ relation	0385, 0441	
☐ **relative**	0441, 0218, 0385	
☐ **relatively**	0218, 0441	
☐ **release**	0352	
☐ reliable	0359	
☐ **religion**	0759	
☐ religious	0759	
☐ **rely**	0359	
☐ **remain**	0010	
☐ **remark**	0816, 1026	
☐ **remarkable**	1026, 0816	
☐ remarkably	0816, 1026	
☐ **remember**	0048, 0715	
☐ remembrance	0048	
☐ **remind**	0377	
☐ reminder	0377	

☐ **remote**	1009	
☐ remotely	1009	
☐ removal	0097	
☐ **remove**	0097	
☐ **rent**	0474	
☐ rental	0474	
☐ **repair**	0016, 0275, 0703	
☐ reparation	0016	
☐ **replace**	0368	
☐ replacement	0368	
☐ **reply**	0061	
☐ **represent**	0340	
☐ representation	0340	
☐ representative	0340	
☐ **republic**	0999	
☐ republican	0999	
☐ reputable	0943	
☐ **reputation**	0943, 0925	
☐ **require**	0407	
☐ requirement	0407	
☐ requisite	0407	
☐ **research**	0453	
☐ researcher	0453	
☐ resemblance	0697	
☐ **resemble**	0697	
☐ reservation	0028, 0280, 0466	
☐ **reserve**	0028, 0280	
☐ reserved	0028	
☐ reside	0773	
☐ residence	0773	
☐ **resident**	0773	
☐ residential	0773	
☐ resign	0808	
☐ **resist**	0673	
☐ resistance	0673	
☐ resolute	0793	
☐ resolution	0793	
☐ **resolve**	0793	
☐ **resort**	0281	
☐ **resource**	1089	
☐ resourceful	1089	
☐ **respect**	0126	
☐ respectable	0126	
☐ respective	0126	

☐ respectively	0126	☐ roomy	0436	☐ **scream**	0020
☐ **respond**	0394	☐ **rough**	0258	☐ **search**	0357
☐ response	0394	☐ roughly	0258	☐ Secretary	0896
☐ responsibility	0634	☐ **row**	0129, 0663	☐ **seed**	0651
☐ **responsible**	0634	☐ **rub**	0333, 0379	☐ **seek**	0413
☐ **rest**	0427	☐ **rude**	0724, 0742	☐ seem	0021
☐ restful	0427	☐ rudely	0724	☐ **seize**	0819
☐ restoration	0821	☐ ruin	0493	☐ seizure	0819
☐ **restore**	0821	☐ **rule**	0293, 0894	☐ **seldom**	0193
☐ **restrain**	0710	☐ ruler	0293	☐ **selfish**	0745
☐ restrained	0710	☐ ruling	0293	☐ selfishly	0745
☐ **result**	0186, 0956, 0984	☐ **rumor**	0647, 0679	☐ sell	0875
☐ resultant	0186	☐ **run**	0422, 0408	☐ semester	0612
☐ **retain**	0797	☐ **rural**	1045	☐ senator	0881
☐ retainer	0797	☐ **rush**	0100, 0926	☐ **senior**	0594, 0270
☐ **retire**	0307			☐ **sensation**	0901
☐ retirement	0307	**S**		☐ sensational	0901
☐ **reveal**	0803, 0824	☐ **sacrifice**	0955	☐ **sense**	0182, 0572, 0738
☐ revelation	0803	☐ safety	0183	☐ senseless	0572, 0738
☐ **revenge**	0838	☐ salary	1084	☐ **sensible**	
☐ **reverse**	1065	☐ salute	0366		0738, 0182, 0572
☐ **review**	0295	☐ **save**	0076, 1108	☐ **sensitive**	
☐ **revolution**	0780	☐ **saving**	1108, 0076		0572, 0182, 0738
☐ revolutionary	0780	☐ savior	0076, 1108	☐ **sentence**	0448
☐ revolutionize	0780	☐ say	0418, 0816	☐ **separate**	
☐ revolve	0780	☐ scarce	0215		0036, 0026, 0065
☐ **reward**	1105, 0985	☐ **scarcely**	0215, 0204	☐ separately	0036
☐ rewarding	1105	☐ scarcity	0215	☐ separation	0036
☐ rich	1100	☐ scare	0740	☐ **serious**	0733, 1032
☐ **right**	0620, 0185	☐ **scared**	0740	☐ seriously	0733
☐ righteous	0620	☐ scary	0740	☐ seriousness	0733
☐ rightly	0620	☐ **scatter**	0794	☐ servant	0091
☐ rip	0285	☐ scattered	0794	☐ **serve**	0091
☐ rise	0025	☐ scenery	0130	☐ service	0091
☐ **risk**	1101, 0183	☐ **scent**	0530	☐ set free	0352
☐ risky	1101	☐ **scheme**	0924, 0508	☐ **settle**	0274
☐ rite	0620	☐ **scholar**	0970	☐ settlement	0274
☐ river	0139	☐ scholarly	0970	☐ settler	0274
☐ **rob**	0379, 0333	☐ scholarship	0970	☐ **severe**	1032
☐ robber	0379, 0537	☐ scientist	0970	☐ severely	1032
☐ robbery	0379	☐ **scissors**	0558	☐ severity	1032
☐ **role**	0137, 0447	☐ **scold**	0310	☐ **sew**	0313
☐ roll	0137	☐ **score**	0156, 0186	☐ sewing	0313
☐ roof	0560	☐ scorer	0156	☐ **shade**	0116
☐ **room**	0436	☐ **scratch**	0319	☐ shadow	0116

どれだけチェックできた？ 1 ☐ 2 ☐

☐ shady	0116	☐ **site**	0964, 0161	☐ **spectacle**	0918
☐ **shallow**	1015	☐ situate	0485	☐ spectacular	0918
☐ **shame**	0496, 0722	☐ situated	0485	☐ spectator	0918
☐ shameful	0496, 0722	☐ **situation**		☐ spend	1073
☐ shameless	0496, 0722		0485, 0171, 0962	☐ **spill**	0317
☐ **share**	0425, 0910, 1096	☐ **skill**	0502	☐ **spirit**	0154, 0468
☐ shears	0558	☐ skilled	0502	☐ spirited	0154
☐ sheep	0288	☐ skillful	0502	☐ spiritual	0154
☐ **shelf**	0514	☐ **slave**	0765	☐ splendid	1069
☐ **shelter**	0959	☐ slavery	0765	☐ **split**	0345
☐ **shift**	0711	☐ smart	0750	☐ **spoil**	0403
☐ **ship**	0288	☐ **smell**	0306	☐ **spread**	0111, 0718
☐ shipment	0288	☐ smooth	0258	☐ **square**	0854
☐ shipping	0288	☐ sneeze	0645	☐ squarely	0854
☐ short	0931, 1030	☐ soar	0671	☐ **squeeze**	0329
☐ short story	0462	☐ society	0764	☐ stability	1072
☐ **shortage**	0931, 0167	☐ soft	0670	☐ stabilize	1072
☐ shorten	0865	☐ **soil**	0454	☐ **stable**	1072
☐ show	0405, 0795	☐ sole	0468	☐ staff	0166
☐ **shy**	0736	☐ **solid**	0866, 0857	☐ stair	0694
☐ shyly	0736	☐ solidarity	0866	☐ stalk	0944
☐ shyness	0736	☐ solution	0042, 0504	☐ **stand**	0297, 0419, 0720
☐ sick	0664	☐ **solve**	0042	☐ standing	0297
☐ **sidewalk**	0659, 0534	☐ some	0524	☐ star	0315, 0850
☐ siege	0819	☐ sometimes	0210	☐ **stare**	0694
☐ **sigh**	0321	☐ **somewhat**	0209	☐ starvation	0678
☐ **sight**	0161, 0918, 0964	☐ **sore**	0671, 0667	☐ **starve**	0678
☐ sightseeing	0161	☐ **sorrow**	0977	☐ starved	0678
☐ **sign**	0144	☐ sorrowful	0977	☐ **state**	0418, 0882
☐ signal	0144	☐ sorrowfully	0977	☐ stately	0418
☐ signature	0144	☐ **sort**	0302	☐ statement	0418
☐ significance	1039	☐ **soul**	0468	☐ statesman	0418
☐ **significant**	1039	☐ soulful	0468	☐ **statue**	0519
☐ significantly	1039	☐ **sound**	0638	☐ **status**	0947
☐ **silly**	0271	☐ soundly	0638	☐ stay	0010
☐ **similar**	0242, 1018	☐ **sour**	0667, 0671, 0879	☐ steadily	0561
☐ similarity	0242	☐ **source**	0911	☐ steadiness	0561
☐ similarly	0242	☐ **spare**	0255	☐ **steady**	0561, 1072
☐ simple	0596	☐ sparing	0255	☐ steal	0379, 0537
☐ **sin**	0756, 0775	☐ specialize	0298	☐ **steep**	1023
☐ **sincere**	0580	☐ **species**	0876	☐ steeple	1023
☐ sincerely	0580	☐ **specific**	0606	☐ **stem**	0944
☐ sincerity	0580	☐ specifically	0606	☐ **stiff**	0583
☐ sinful	0756	☐ specification	0606	☐ stiffen	0583
☐ sink	0331	☐ specify	0606	☐ stiffly	0583

☐ stingy	0734	☐ suffering	0032	**T**	
☐ **stir**	0315	☐ sufficiency	0575		
☐ stirring	0315	☐ **sufficient**	0575	☐ tablet	0653
☐ **stock**	1096, 0425	☐ sufficiently	0575	☐ tail	0472
☐ stomachache	0335	☐ **suggest**		☐ take away	0097
☐ stop	0190	0056, 0037, 0410		☐ take off	0097
☐ storage	0421	☐ suggestion	0056	☐ take part in	0040
☐ **store**	0421	☐ suggestive	0056, 1039	☐ **tale**	0472
☐ stormy	0587	☐ **suit**	0276	☐ **tame**	1050, 1007
☐ story	0472	☐ suitable	0276	☐ **task**	0922
☐ strange	0640, 1062	☐ **sum**	0524	☐ **taste**	0330, 0532
☐ **stream**	0139	☐ summarize	0524	☐ tasteful	0330
☐ **strength**	0874	☐ summary	0849	☐ tasty	0330
☐ strengthen	0874	☐ supplier	1110	☐ **tax**	1116
☐ **stretch**	0072	☐ **supply** 1110, 0046, 1092		☐ taxable	1116
☐ stretcher	0072	☐ **suppose**	0367, 0373	☐ taxation	1116
☐ **strict**	0592	☐ supposed	0367	☐ **tear**	0285
☐ strictly	0592	☐ supposedly	0367	☐ tearful	0285
☐ **string**	0545	☐ supposing	0367	☐ technical	0458
☐ strong	0874	☐ sure	0256, 0272	☐ technically	0458
☐ structural	0499	☐ **surface**	0494	☐ **technique**	0458
☐ **structure**	0499, 0890	☐ **surrender**	0888	☐ tell	0385, 0472
☐ **struggle**	0107	☐ **surround**	0388, 0716	☐ **temper**	0487
☐ **stuff**	0166	☐ surrounding	0388	☐ temperament	0487
☐ stuffy	0166	☐ surroundings	0779	☐ temperance	0487
☐ **subject**	0628, 0618	☐ **survey**	0981	☐ temperate	0487, 0867
☐ subjection	0628	☐ survive	0034	☐ **temperature**	0867
☐ subjective	0628	☐ **suspect**	0373	☐ temporarily	0581
☐ submission	0810	☐ suspicion	0373	☐ **temporary**	0581, 0567
☐ submissive	0810	☐ suspicious	0373	☐ **tend**	0341
☐ **submit**	0810	☐ suspiciously	0373	☐ tendency	0341, 0518
☐ **substance**	0860	☐ swap	0344	☐ **tender**	0670
☐ substantial	0860	☐ **sweat**	0642	☐ tense	0960
☐ substantially	0860	☐ sweater	0642	☐ **tension**	0960
☐ **suburb**	0974	☐ **sweep**	0324	☐ **term**	0612
☐ suburban	0974	☐ sweeper	0324	☐ terminology	0612
☐ **subway**	0535	☐ sweeping	0324	☐ **terrible**	0232
☐ **succeed**	0294, 0080	☐ sweet	0667	☐ terribly	0232
☐ success	0294	☐ **swell**	0320	☐ territorial	0996
☐ successful	0294	☐ swelling	0320	☐ **territory**	0996
☐ succession	0294	☐ sympathetic	0516	☐ thankful	0727
☐ successive	0294	☐ sympathize	0516	☐ that is to say	0212
☐ successor	0294	☐ **sympathy**	0516, 0471	☐ theme	0628
☐ **suffer**	0032	☐ synthesis	0859	☐ theoretical	0855
☐ sufferer	0032	☐ system	0509	☐ theoretically	0855

どれだけチェックできた？ 1 ☐ 2 ☐

☐ theorize	0855	☐ traditional	0465	**U**	
☐ **theory**	0855, 0157	☐ **traffic**	0771		
☐ **therefore**	0224, 0984	☐ **transfer**	0363	☐ **ugly**	0603
☐ **thick**	0664, 0668	☐ **translate**	0409	☐ umpire	0778
☐ thicken	0664	☐ translation	0409	☐ unable	0790
☐ thickness	0664	☐ translator	0409	☐ unavailable	0577
☐ **thief**	0537	☐ transport	1104	☐ unavoidable	1024
☐ thieve	0537	☐ **transportation**	1104	☐ uncomfortable	0230
☐ **thin**	0668, 0664	☐ **treasure**	0527	☐ uncommon	0239
☐ thing	0166	☐ treasurer	0527	☐ unconventional	1044
☐ think	0367	☐ treasury	0527	☐ underground	0535
☐ thinly	0668	☐ **treat**	0395	☐ understand	
☐ **thorough**		☐ treatment	0395		0328, 0675, 0798
	1028, 0120, 0264	☐ **treaty**	0886, 0395	☐ unemployment	1073
☐ thoroughly	1028	☐ **trend**	0518	☐ unequal	0253
☐ **thought**	0127	☐ trendy	0518	☐ unfold	0702
☐ thoughtful	0127	☐ **trial**	0760	☐ unfortunate	0206
☐ thoughtless	0127	☐ tribal	0776	☐ **unfortunately**	
☐ **thread**	0557	☐ **tribe**	0776, 0610		0206, 0486
☐ **threat**	0503	☐ **triumph**	0935	☐ unimportant	0585
☐ threaten	0503	☐ triumphant	0935	☐ **union**	0762
☐ **throat**	0656	☐ triumphantly	0935	☐ **unite**	0705, 0762
☐ thunder	0482	☐ **tropical**	1012	☐ united	0705, 0762
☐ **tidy**	1068	☐ **trouble**	0117	☐ **universal**	1042, 0241
☐ **tight**	0263	☐ troublesome	0117	☐ universally	1042
☐ tighten	0263	☐ truce	0146	☐ universe	0869, 1042
☐ tightly	0263	☐ truck	0179	☐ unlikely	0236
☐ timid	0736	☐ true	0146, 0248	☐ unpleasant	0735
☐ **tiny**	0251, 0571	☐ truly	0146	☐ unpromising	0589
☐ tire	0725	☐ **trust**		☐ unreasonable	1023
☐ **tired**	0725	0172, 0461, 0467, 0512, 0617		☐ unremarkable	1026
☐ tireless	0725	☐ trustee	0172	☐ unsteady	0561
☐ tiresome	0725	☐ trustworthy	0172	☐ untidy	1068
☐ tomb	0428	☐ **truth**	0146	☐ untypical	0570
☐ **tool**	0150, 0525	☐ truthful	0146	☐ upgrade	0096
☐ toothache	0335	☐ try	0397, 0760	☐ **upset**	0748
☐ top	0134, 0543	☐ tube	0535	☐ up-to-date	1035
☐ topic	0628	☐ tumor	0852	☐ urban	1045
☐ total	1036	☐ **tune**	0442	☐ urge	1040
☐ **tough**	0597, 0670	☐ **turn**	0622	☐ **urgent**	1040, 0625
☐ **trace**	0903	☐ **twist**	0309	☐ urgently	1040
☐ **track**	0179	☐ **typical**	0570, 1048	☐ use	0075, 0168
☐ **trade**	1093, 1086	☐ typically	0570	☐ **used**	0635
☐ trader	1093			☐ useful	0470
☐ tradition	0465			☐ useless	1016

V

- ☐ vague — 0586
- ☐ vaguely — 0586
- ☐ vain — 1016
- ☐ valuable — 1083
- ☐ valuation — 1083
- ☐ value — 1083
- ☐ vanish — 0700, 0049
- ☐ vanity — 1016
- ☐ variable — 0813
- ☐ variance — 0813
- ☐ variation — 0813
- ☐ various — 0813
- ☐ vary — 0813, 0847
- ☐ vast — 0573
- ☐ vastly — 0573
- ☐ vastness — 0573
- ☐ vehicle — 0531
- ☐ vein — 1016
- ☐ venture — 1098
- ☐ very — 0232, 0268, 0813
- ☐ very bad — 0232
- ☐ vice — 0971, 0946
- ☐ vicious — 0971
- ☐ victim — 0774
- ☐ victimize — 0774
- ☐ victory — 0935
- ☐ view — 0130, 0161, 0938
- ☐ viewer — 0130
- ☐ viewpoint — 0130
- ☐ virtue — 0946, 0971
- ☐ virtuous — 0946
- ☐ visibility — 1061
- ☐ visible — 1061, 0459
- ☐ visibly — 0459, 1061
- ☐ vision — 0459
- ☐ visionary — 0459
- ☐ vote — 0895
- ☐ voter — 0895
- ☐ voyage — 0919

W

- ☐ wage — 1084
- ☐ waist — 0035
- ☐ wake — 0047
- ☐ wallet — 0336
- ☐ wander — 0828, 0017
- ☐ want — 0365
- ☐ war — 0941
- ☐ warn — 0009
- ☐ warning — 0009, 0912
- ☐ waste — 0035
- ☐ wasteful — 0035
- ☐ watch — 0284, 0390
- ☐ way — 0429, 0103, 0133, 0152, 0478
- ☐ wealth — 1100, 0486
- ☐ wealthy — 1100
- ☐ weapon — 0889, 0614
- ☐ wear — 0304
- ☐ weary — 0304
- ☐ weather — 0863
- ☐ weave — 0327
- ☐ weed — 0552
- ☐ weigh — 0103, 0429
- ☐ weight — 0103
- ☐ weighty — 0103
- ☐ welfare — 1000
- ☐ well-being — 1000
- ☐ wheat — 0649
- ☐ wheel — 0661
- ☐ wheelchair — 0661
- ☐ whisper — 0679
- ☐ whole — 0259
- ☐ wide — 0267, 0870
- ☐ widen — 0870
- ☐ width — 0870, 0226
- ☐ wild — 1007, 1050
- ☐ wildlife — 0951
- ☐ will — 0615
- ☐ willing — 0228
- ☐ willingly — 0228
- ☐ wipe — 0314
- ☐ wisdom — 0983
- ☐ wise — 0983
- ☐ wish — 0365
- ☐ withdraw — 1077
- ☐ witness — 0475
- ☐ wonder — 0017, 0828
- ☐ wonderful — 0017, 1069
- ☐ word — 0632
- ☐ wording — 0632
- ☐ wordy — 0632
- ☐ work — 1118
- ☐ worldwide — 0783
- ☐ worried — 0087
- ☐ worry — 0087, 0829
- ☐ worse — 0269
- ☐ worth — 0269
- ☐ worthless — 0269
- ☐ worthy — 0269
- ☐ wound — 0523
- ☐ write — 0620
- ☐ wrong — 0296, 0620

Y

- ☐ yawn — 0840
- ☐ yield — 1078
- ☐ youth — 0168
- ☐ youthful — 0168

資料(無料)のご請求は今すぐ!
アルクの通信講座は目的・レベルに合わせた充実のラインナップ!!

レベル	入門／初級				中級		上級
英検	5級	4級	3級	準2級	2級	準1級	1級
TOEIC	−	−	350点	470点	600点	730点	860点
TOEFL	(iBT)		32点	46点	61点	80点	100点

聞く力をつけたい
- ヒアリングマラソン・ベーシック kikuzo!　英語聞き取りのコツをつかむ!
- 日常会話へステップアップ。　ヒアリングマラソン中級コース
- 100万人が実感した、人気ナンバーワン講座。　新1000時間ヒアリングマラソン

聞く・話す力をつけたい
- 英語用の耳と口を徹底して鍛える。　リピーティングマラソン
- もっと英語らしく、もっと自由に話したい!　リピーティングマラソン実践コース
- 21種類の通訳トレーニング法で英語力を強化!　通訳トレーニング入門
- 発音できると聞き取れる。　ヒアリング力完成 発音トレーニング

話す力をつけたい
- イングリッシュ キング　1日20分×週3日の新英会話習慣!
- 英語は声に出して覚える! 4カ月でこんなに話せる!!　英会話コエダス
- イメージどおりに英語を操る!　英会話コエダス・アドバンス

語彙力 文法力をつけたい
- 驚異の定着率で3,000語をマスター。　ボキャビルマラソンMUST(マスト)
- 英字新聞・英語放送を辞書なしで理解するための3120語を習得。　ボキャビルマラソン パワーアップコース
- 英語の基礎力をつける!　英文法マラソン

書く力をつけたい
- 3カ月で英文メールに自信が持てる!　ビジネスEメール速習パック ライティングエイド

TOEICテストに備えたい
- 改訂版 TOEICテスト超入門キット　1日15分、聞くだけで身につく!
- 改訂版 TOEICテスト470点入門マラソン　1日30分×週4日の学習で無理なく完走!
- 海外出張をこなせる力を養う!　改訂版 TOEICテスト650点突破マラソン
- 海外派遣の基準点を目指す!　奪取730点 TOEICテスト攻略プログラム
- 目標はノンネイティブ最高レベル!　挑戦900点 TOEICテスト攻略プログラム

※各講座のレベルは目安です。

資料のご請求(無料)は下記フリーダイヤルまたはインターネットで

通話料無料のフリーダイヤル
0120-120-800 (24時間受付)
※携帯・PHSからもご利用いただけます。

インターネット アルク オンラインショップ
http://shop.alc.co.jp/
講座の詳細をご覧いただけるほか、資料請求もできます。

※ご提供いただく個人情報は、資料の発送および小社からの商品情報をお送りするために利用し、その目的以外での使用はいたしません。

24時間いつでもOK！ あなたにぴったりの学び方を探すなら

アルクの
オンラインショップで！

アルクのオンラインショップは語学書や通信講座を豊富にご用意。
初めてなのでちょっと不安…という方も、以下を参考に早速アクセス！

❶ まずはアルクのオンラインショップへアクセス。

http://shop.alc.co.jp/

❷ 画面左上の商品検索に、ご希望の商品名を入れて検索をクリック。

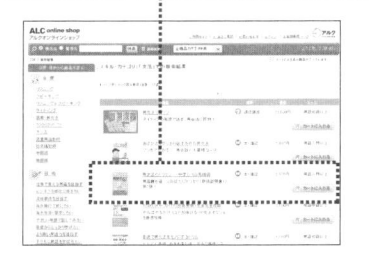

❸ ご希望の商品を選んで…

❹ あとはカートに入れて、レジへ進むだけ！

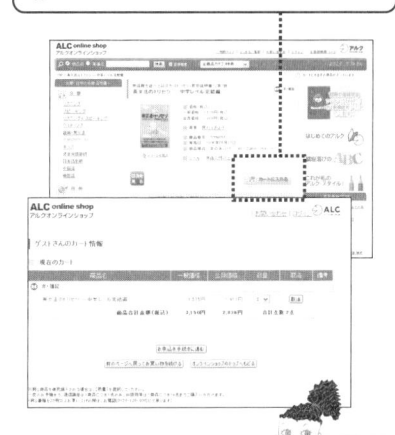

❺ 1週間程度で発送します。

通話料無料のフリーダイヤルでも承ります。
0120-120-800
[通話料無料／24時間受付]

※1回あたりのご購入金額が3,150円（税込）未満の場合には、発送手数料150円が加算されます。ご了承ください。

聞いて覚えるコーパス英単語

キクタン
【 Basic 】
4000

発行日	2005年8月1日（初版） 2007年12月17日（第12刷発行）
企画	株式会社 アルク　高校教材編集部
編著	一杉武史
編集	田島 亮
編集協力	田中ライカ、富沢比奈、木村 麗
英文執筆・校正	Peter Branscombe、Joel Weinberg、 Christopher Kossowski
イラスト	shimizu masashi (gaimgraphics)
アートディレクター	細山田 光宣
デザイン	奥山志乃（細山田デザイン事務所）
ナレーション	Greg Dale、Julia Yermakov
録音・編集	千野幸男（有限会社 ログスタジオ）
CD製作	株式会社 学研エリオン
DTP	株式会社 秀文社
印刷・製本	図書印刷株式会社
発行人	平本照麿
発行	株式会社 アルク

〒168-8611　東京都杉並区永福2-54-12
TEL：03-3327-1101（カスタマーサービス部）
TEL：03-3323-1292（高校教材編集部）

・乱丁・落丁本はお手数ですが小社カスタマーサービス部
　までご連絡ください。お取り替えします。
・定価はカバーに表示してあります。

©ALC Press Inc. 2005 Printed in Japan
PC：7005035

**アルクの
キャラクターです**
WOWI
（ウォーウィ）

WOWIは、WORLDWIDEか
ら生まれたアルクのシンボ
ルキャラクターです。遥かな
ふれあいを求める人間の心
を象徴する。言わば、地球人
のシンボルです。

http://alcom.alc.co.jp/
学んで教える人材育成コミュニティ・サイト